ESSAI

SUR

LES INSTITUTIONS DE BIENFAISANCE

ET

LA RÉFORME PÉNITENTIAIRE

EN FRANCE,

CONTENANT UN EXAMEN DU PROJET DE LOI SUR LES PRISONS, ADOPTÉ, LE 18 MAI 1844,
PAR LA CHAMBRE DES DÉPUTÉS,

ET SUIVI

D'UNE NOTICE SUR LE PÉNITENCIER DE TOURS

(INDRE-ET-LOIRE).

PAR GATIAN DE CLÉRAMBAULT,

Juge au tribunal civil de Tours, membre de la Société d'Agriculture, des Sciences,
Arts et Belles-Lettres du département d'Indre-et-Loire.

Au profit de Mettray. — Prix : 4 fr.

TOURS,

CHEZ LÉCESNE, IMPRIMEUR-LITHOGRAPHE, RUE ROYALE, 58.
1845.

Tours, Imp. de LECESNE.

ESSAI

SUR

LES INSTITUTIONS DE BIENFAISANCE

ET

LA RÉFORME PÉNITENTIAIRE

EN FRANCE.

ESSAI

SUR

LES INSTITUTIONS DE BIENFAISANCE

ET

LA RÉFORME PÉNITENTIAIRE

EN FRANCE,

CONTENANT UN EXAMEN DU PROJET DE LOI SUR LES PRISONS, ADOPTÉ, LE 18 MAI 1844,
PAR LA CHAMBRE DES DÉPUTÉS,

ET SUIVI

D'UNE NOTICE SUR LE PÉNITENCIER DE TOURS

(INDRE-ET-LOIRE)

PAR GATIAN DE CLÉRAMBAULT,

Juge au tribunal civil de Tours, membre de la Société d'Agriculture, des Sciences
Arts et Belles-Lettres du département d'Indre-et-Loire.

DEUXIÈME PARTIE.

Au profit de Mettray. — Prix : 3 fr.

TOURS,

CHEZ LECESNE, IMPRIMEUR-LITHOGRAPHE, RUE ROYALE, 58.

1845

AVIS.

Cet ouvrage embrassant deux ordres d'idées bien distinctes, les premières ayant pour objet les institutions de bienfaisance, c'est-à-dire l'amélioration du sort des classes pauvres considérée comme moyen de prévenir les crimes ; les secondes, la réforme pénitentiaire, c'est-à-dire la répression de ces mêmes crimes, considérée comme moyen de moraliser le condamné, l'auteur a cru convenable de le diviser en deux parties séparées.

ERRATA.

Page 6, *ligne* 31, *au lieu de* commerce illicites, *lisez :* commerces illicites.
Page 10, *ligne* 6, *au lieu de* s'ennuyant, du régime, *lisez :* s'ennuyant du régime.
Page 12, *ligne* 4 de la note, *au lieu de* Cheny-Hill, *lisez :* Cherry-Hill.
Page 22, *ligne* 12, *au lieu de* coups de fouets, *lisez :* coups de fouet.
Page 36, *ligne* 14, *au lieu de* pue lui, *lisez* que lui .
Page 43, *ligne* 25, *au lieu de* Foucher, *lisez :* Fouché.
Page 44, *ligne* 5 de la note, *au lieu de* suri un, *lisez :* sur un.
Page 50, *ligne* 5, *au lieu de* la population n'est plus que de 2 0|0, *lisez :* la mortalité n'est, etc...
Page 52, *ligne* 15 de la note, *au lieu de* taus, *lisez :* tous.
Page 53, *ligne* 9, *au lieu de* Charlstown, *lisez :* Charlestown.
  Id.   ligne 23, *au lieu* d'Ysses, *lisez :* d'Eysses.
Page 54, *ligne* 13, *au lieu de* les jeunes y étaient, *lisez :* les jeunes prévenus y étaient.
Page 55, *ligne* 5, *au lieu de* individue, devrait au contraire avoir, pour, *lisez :* individuel devrait au contraire avoir pour.
Page 56, *ligne* 23, *au lieu de* 1° l'emprisonnement , *lisez :* 4° l'emprisonnement.
Page 62, *ligne* 1, *au lieu de* Cantagrella combat, *lisez :* Cantagrel la combat.
Page 94, titre, *au lieu de* 19 mai, *lisez :* lisez le 18 mai.
Page 138, *ligne* 14, *au lieu de* en vertu de l'art. 33, *lisez :* en vertu de l'art. 34.
Page 140 *ligne* 21,   Id.   Id.   Id.   Id.   Id.   Id.   Id.   Id.
Page 154, *ligne* 4, *au lieu de* écrit déjà cité (*page*, etc.), *lisez :* (écrit déjà cité, *page*, etc.)
Page 158, *ligne* 14, *au lieu de* soit des outils, *lisez :* soit les outils.
Page 159, *ligne* 7, *au lieu de* dans quels que rangs, *lisez :* dans quelques rangs.
Page 166, *ligne* 14, *au lieu de* Loi des suspects; est, *lisez :* loi des suspects, est.
Page 167, à la note, *au lieu de* rupture de banc, *lisez :* rupture de ban.
Page 168, *ligne* 16, *au lieu de* donnait avis, *lisez :* donnerait avis.

INTRODUCTION.

Chargé par la Société d'Agriculture, des Sciences, Arts et Belles-Lettres du département d'Indre-et-Loire, de lui faire un rapport sur une brochure ayant pour titre *Mettray et Ostwald, étude sur ces deux colonies agricoles*, par F. Cantagrel, j'ai dû la lire avec une scrupuleuse attention. Quoique écrit dans un esprit évidemment plein de bienveillance pour Mettray, cet opuscule m'a semblé contenir quelques critiques erronées provenant d'une fausse appréciation. La sympathie qui me lie à un établissement si éminemment utile pour l'humanité, si précieux pour notre département et principalement pour notre ville aux portes de laquelle il est situé, m'a engagé à combattre certaines opinions qu'en porte M. Cantagrel et les préventions défavorables qu'auraient pu concevoir quelques gens du monde qui ne se sont pas en-

core rendu un compte raisonné du but de la colonie agricole
de Mettray et des résultats qu'elle a déjà obtenus.

Pour me livrer au travail que j'entreprenais, j'ai recueilli
des renseignements que je n'avais pas en ma possession, et
je me suis entouré des lumières et de l'expérience de ceux
qui se sont occupés de la réforme du système pénitentiaire.
J'ai aussi étudié Mettray dans les différents rapports soumis,
jusqu'à ce jour, aux assemblées générales des fondateurs :
parfois, bravant le reproche de plagiat, j'ai transcrit textuellement des passages entiers des autorités que j'ai con-
sultées, confessant ainsi que les efforts que j'aurais pu faire
pour dissimuler ces emprunts qui n'auraient pas été moins
réels n'auraient eu souvent pour résultat que d'altérer les
sources où je puisais. La bienveillance et le zèle inépuisable
de MM. Demetz et de Bretignères de Courteilles, qui se sont
empressés de m'initier à quelques-unes des idées qui les ont
dirigés dans la création de cet établissement, m'ont été d'un
grand secours, et je considère comme un devoir de leur
adresser ici un témoignage public de gratitude. Je ne dois
pas non plus passer sous silence l'empressement et la com-
plaisance à toute épreuve avec lesquels MM. Jacquemin, père
et fils, architectes du pénitencier, Desfrancs, juge d'instruction, mon collègue, Potet et Bluteau, l'un, directeur,
l'autre, aumônier de cette prison, ont mis à ma disposition
tous les documents dont j'ai pu avoir besoin, ni les facilités
que j'ai trouvées à le visiter et à entrer dans ses détails les
plus intimes toutes les fois que je l'ai désiré.

Lorsque tous mes matériaux ont été réunis, un horizon
plus vaste s'est développé devant moi ; j'ai pensé que moi
aussi j'étais peut-être appelé à fournir ma part de labeur au
grand œuvre de la régénération sociale par la réforme pénitentiaire ! Cette réforme est, en France, depuis plus de dix

ans, un objet d'étude et d'expérimentation auquel les hommes les plus compétents ont, sans acception de parti ou d'opinion, apporté le tribut de leur savoir et de leurs méditations.

Le président de la Société paternelle, dans l'assemblée générale du 20 mai 1841, adressait aux membres fondateurs ces paroles que je reproduis ici : « Le gouvernement « dont le devoir était de ne pas accepter de projets hasar- « deux et de ne pas compromettre l'ordre existant, en allant « à la recherche des utopies, qui devait se borner, comme « il l'a fait, à favoriser les essais, le gouvernement ne « peut plus se dispenser de vous suivre ; s'il différait trop « longtemps, Mettray deviendrait pour lui un reproche inces- « sant, une accusation permanente ! (*Compte-rendu du* 20 *mai* 1841.)

Ce que M. le comte de Gasparin disait en parlant des jeunes détenus et de la colonie de Mettray, je le dis de tous les condamnés en général : en présence de l'état de démoralisation qui règne dans nos prisons actuelles et des succès obtenus partout où l'emprisonnement individuel a été introduit, la réforme du système pénitentiaire en France non-seulement est désirable, mais elle est nécessaire ! Le gouvernement l'a d'ailleurs si bien senti, qu'il a présenté aux chambres un projet de loi sur cet objet. Dans un royaume du Nord, dont le dernier souverain était né Français et fut l'une de nos gloires militaires, on s'occupe, depuis 1832, de cette grande question ; un projet de Code pénal a été soumis à la législature du pays et le prince assis aujourd'hui sur le trône dont il était alors l'héritier présomptif, se mettant à la tête du progrès, a publié sur cette matière un ouvrage qui, lors de son apparition, a produit une vive sensation et a placé son illustre auteur au premier rang parmi les économistes. En Suisse, en Belgique, en Prusse, en Hollande, en Angleterre, le régime des prisons a également été le sujet d'études et d'essais

EXTRAIT DU MAGASIN PITTORESQUE. — 3.ᵉ LIVRAISON. — ANNÉE 1842.

de réforme. La France, qui toujours a marché la première dans tout ce qui intéresse la civilisation, ne saurait se laisser devancer!

L'on comprendra que, sous l'empire de ces préoccupations, l'opuscule de M. Cantagrel, au lieu de rester l'objet unique de mon travail, n'ait plus été pour moi qu'une occasion d'examen de la colonie agricole de Mettray et du système pénitentiaire en général, dont cet établissement peut être considéré comme le premier anneau. Après avoir soumis mon rapport à la Société d'Agriculture, je l'ai refondu et incorporé dans une œuvre plus étendue et plus complète que je publie aujourd'hui. Sans doute, je n'ai fait que répéter ce que d'autres ont dit avant moi et mieux que moi; mais si mes paroles peuvent arriver à quelques lecteurs restés étrangers jusqu'alors à cette grande controverse de la réforme pénitentiaire; si je puis, par quelques aperçus nouveaux, fortifier dans leurs convictions les partisans de cette réforme ou modifier quelques idées chez les personnes qui l'ont combattue jusqu'à ce jour et lui acquérir ainsi de nouveaux prosélytes, bien convaincu des avantages que le pays doit retirer de la nouvelle voie dans laquelle on veut le faire entrer, j'aurai rempli mon but, et mes désirs se trouveront accomplis.

Ici commencent les p. 9-24 de la
IIe partie (en double, sauf la
planche).

CHAPITRE PREMIER.

Origine de la réforme pénitentiaire en Amérique. — Maisons de refuge.

La première pensée d'une réforme dans les prisons d'Amérique appartient, disent MM. de Beaumont et de Tocqueville, aux Quakers, secte religieuse de la Pensylvanie, dont les principes repoussent toute effusion de sang : en 1786, leur voix parvint à se faire entendre ; la peine de mort, la mutilation et le fouet furent successivement abolis dans presque tous les cas par la législature de cet État ; mais bientôt la société se vit désarmée : encouragé par l'impunité ou l'insuffisance du châtiment, le crime se multiplia rapidement ! Il fallut, dès lors, songer à protéger la sûreté des citoyens compromise, à rendre le châtiment redoutable et à assurer la complète exécution des jugements. La loi autorisa les tribunaux à infliger l'emprisonnement solitaire dans une cellule, pendant le jour et la nuit, à tous les coupables de crimes capitaux.

1

Il n'entre pas dans mon plan de suivre le développement de ce système aux États-Unis; je me borne à en indiquer le point de départ, et je renvoie les personnes qui seraient curieuses d'en connaître toutes les phases, à l'ouvrage si intéressant de MM. de Beaumont et de Tocqueville, intitulé : *Du système pénitentiaire aux États-Unis*, ouvrage qui m'a servi de guide dans plus d'une circonstance.

Plus tard, la réforme américaine passait en Angleterre sous les auspices du célèbre Howard, de sir Georges Paul et de sir Williams Blackstone : Enfin, dans les dernières années de la restauration, elle devint en France l'objet des études des économistes et de la polémique des journaux ; l'opinion publique s'en préoccupa vivement et, peu de temps avant la révolution de 1830, le gouvernement envoya MM. de Beaumont et de Tocqueville en Amérique avec mission d'y étudier le système pénitentiaire : les documens précieux et les observations qu'ils ont rapportés de ce voyage ont servi de bases aux premiers essais que l'on a faits en France de ce régime. Ultérieurement, (en 1837) pour reconnaître les résultats moraux obtenus depuis leur départ, M. Demetz fut envoyé de nouveau aux États-Unis, et M. Blouet lui fut adjoint muni d'instructions concernant la partie architecturale. Le résultat de leurs explorations et de leurs travaux fut la matière d'un volumineux rapport à M. le ministre de l'intérieur, rapport des plus complets et qui est en quelque sorte la deuxième partie de l'ouvrage de MM. de Beaumont et de Tocqueville : ces deux livres peuvent, à bon droit, être considérés comme le manuel indispensable de toute personne qui voudra s'occuper fructueusement de cette question.

Au cours de ses investigations, M. Demetz fut surtout frappé des maisons de refuge qui existent en Amérique, et dont la première fut créée à New-York, en 1825. Avant cette époque, les jeunes délinquants gémissaient confondus dans les prisons avec les criminels endurcis. Touchés des maux qui résultaient de cet état de choses, quelques particuliers de New-York, en donnant l'exemple de sacrifices pécuniaires, réunirent une multitude de souscriptions, et une maison de refuge fut établie. Nées du concours de plusieurs charités individuelles, les maisons de refuge sont donc, dans leur origine, une institution privée ; sanctionnées par l'autorité publique, les individus qu'elles renferment y sont retenus légalement ; mais la loi ne s'immisce aucunement dans leur direction et dans leur surveillance, dont elle laisse le soin aux particuliers qui en sont les fondateurs. (Nous verrons plus tard que la colonie agricole de Mettray a été instituée sur les mêmes bases et par les mêmes moyens).

Ces maisons de refuge se composent de deux classes d'enfants : 1° de ceux de l'un et de l'autre sexe âgés de moins de vingt ans, frappés d'une condamnation pour crime ou délit ; 2° de ceux qui, sans avoir commis aucun crime, peuvent inspirer des craintes pour la société et pour eux-mêmes ; des orphelins que leur misère a conduits au vagabondage ou à la mendicité ; des enfants abandonnés par leurs parents et qui mènent une vie désordonnée ; de tous ceux enfin qui, par leur faute, celle de leurs parents ou celle même de la fortune, sont tombés

dans un état si voisin du crime, qu'ils deviendraient infailliblement coupables, s'ils conservaient leur liberté. Le
droit d'envoyer ces derniers dans une maison de refuge
appartient à tous les magistrats de police et aux commis-
saires de l'hôpital des pauvres.

CHAPITRE II.

Absence des maisons de refuge en France. — Nécessité d'y suppléer. —
Pensée d'une colonie agricole. — Création d'une société paternelle.

En voyant les maisons de refuge, M. Demetz songea
que le législateur français s'était également préoccupé du
sort des jeunes délinquants, et que, dans leur intérêt, il
avait inscrit dans notre Code pénal les deux articles suivants :

« Art. 66. Lorsque l'accusé aura moins de seize ans,
« s'il est décidé qu'il a agi *sans discernement*, il sera ac-
« quitté; mais il sera, selon les circonstances, remis à
« ses parents ou conduit dans une maison de correction,
« pour y être élevé et détenu pendant tel nombre d'années
« que le jugement déterminera, et qui, toutefois, ne
« pourra excéder l'époque où il aura accompli sa ving-
« tième année.

« Art. 67. S'il est décidé qu'il a agi *avec discerne-
« ment*, les peines seront prononcées ainsi qu'il suit:

« S'il a encouru la peine de mort, des travaux forcés à

« perpétuité, de la déportation, il sera condamné à la
« peine de dix à vingt ans d'emprisonnement dans *une*
« *maison de correction.*

« S'il a encouru la peine des travaux forcés à temps,
« de la détention ou de la réclusion, il sera con-
« damné à être renfermé dans *une maison de correction*
« pour un temps égal au tiers au moins, et à la moitié au
« plus de celui pour lequel il aurait pu être condamné à
« l'une de ces peines.

« Dans tous les cas, il pourra être mis par l'arrêt
« ou le jugement sous la surveillance de la haute police,
« pendant cinq ans au moins et dix ans au plus.

« S'il a encouru la peine de la dégradation civique
« ou du bannissement, il sera condamné à être enfermé
« d'un à cinq ans, dans *une maison de correction.* »

Ces articles contenaient la promesse d'établissements
spécialement et uniquement destinés aux jeunes détenus,
promesse jusque-là restée sans effet, puisque les enfants
en vue desquels elle avait été faite étaient envoyés dans
les maisons centrales; ils étaient, il est vrai, renfermés
dans des *quartiers séparés,* et quant à ceux qui se trouvaient dans le cas prévu par l'art. 66, comme ils n'étaient
pas détenus par suite d'une peine, mais d'une mesure de
police et de discipline, des circulaires du ministre de l'intérieur des 3 décembre 1832, 15 avril 1833, 23 novembre 1836, et du ministre de la justice du 15 janvier 1833,
avaient autorisé leur placement en apprentissage par l'autorité administrative, de concert avec le procureur du
roi près le tribunal qui avait rendu le jugement, en vertu
duquel ils devaient être détenus dans une maison de cor-

rection. Ces placements, d'ailleurs, étaient rares, et le plus grand nombre restait soumis au même régime que les réclusionnaires les plus endurcis. L'on comprend combien était difficile la surveillance et la moralisation de jeunes gens ne faisant qu'une catégorie dans les maisons centrales, ou disséminés chez des maîtres qui ne songeaient qu'à les exploiter.

En présence d'un état de choses si fâcheux, il arrivait que les tribunaux aimaient mieux renvoyer absous les jeunes délinquants et les remettre en liberté, que d'ordonner l'emploi d'une mesure qui, au lieu de les ramener au bien, devait infailliblement consommer leur perte; mais alors abandonnés, la plupart, sur le pavé de nos villes, l'impunité et le mauvais exemple amenaient chez eux la corruption que l'on avait espéré éviter. De pareils abus que la législation avait voulu prévenir ne pouvaient se perpétuer plus longtemps sans injustice; il y avait donc nécessité indispensable d'y porter remède.

M. Demetz se demanda s'il était permis d'établir une confusion entre les détenus ayant moins de seize ans et les condamnés adultes, lorsque la loi, aux termes des articles que j'ai cités précédemment et de l'article 69 du même code, avait distingué si expressément; il se demanda si la société ne devait pas se reprocher l'état d'abandon dans lequel elle laissait ces enfants, abandon qui contribuait à en faire plus tard des criminels; et, si ce n'était pas un devoir impérieux pour elle de songer à prévenir avant de songer à châtier. Il pensa qu'en leur inspirant des idées religieuses, en éclairant leurs intelligences, en leur donnant des habitudes de travail, d'ordre et d'économie, ce serait extirper dans sa racine le vice, source habituelle de tous les crimes; l'expérience lui avait appris que, chez le plus grand nombre des condamnés qui viennent finir au bagne ou sur l'échafaud, on retrouve presque toujours le germe du crime développé dès l'enfance, sous l'influence de la misère, de l'oisiveté et des passions ardentes de la jeunesse.

Lorsque personne encore en France ne s'était utilement occupé d'une réforme si impérieusement réclamée par l'humanité, il résolut, à son retour des États-Unis, de tenir, lui, simple citoyen, la promesse écrite dans la loi. Son zèle et son courage suppléant aux ressources qui lui manquaient, il abandonna une position élevée, et, devenant pour les jeunes détenus un nouveau saint Vincent-de-Paule, il fonda la société paternelle, dont le but, ainsi que l'énonce l'art. 1er de ses statuts, est :

1° D'exercer une tutelle bienveillante sur les enfants acquittés, comme ayant agi *sans discernement*, qui lui seraient confiés par l'administration, en exécution de l'instruction ministérielle du 3 décembre 1832; de procurer à ces enfants, mis en état de liberté provisoire et recueillis dans une colonie agricole, l'éducation morale et religieuse, ainsi que l'instruction primaire élémentaire; de leur faire apprendre un métier, de les accoutumer aux travaux de l'agriculture et de les placer ensuite à la campagne, chez des artisans ou des cultivateurs.

2° De surveiller la conduite de ces enfants et de les aider de son patronage, pendant trois années après leur sortie de la colonie.

Entreprenant une tâche à laquelle toutes les forces d'un

homme pouvaient à peine suffire, il espérait, sans doute, que, stimulé par son exemple, le gouvernement qui seul en a le droit, s'occuperait à fonder des établissements destinés aux jeunes délinquants âgés de moins de seize ans, qui, reconnus avoir agi *avec discernement*, seraient condamnés en vertu de l'art. 67 du code pénal.

CHAPITRE III.

Fondation de la Colonie agricole de Mettray — Personnel de l'administration. — Composition de la famille. — Habitation. — Vêtements. — Coucher. — Nourriture. — Conditions d'admission. — Emploi du temps. — Travaux. — Instruction. — Discipline. — Punitions. — Récompenses. — Résultats obtenus.

Les premiers fonds indispensables réunis au moyen de souscriptions, M. Demetz s'occupa de choisir un terrain convenable pour établir la colonie agricole.

Vers la même époque, M. le vicomte de Bretignères de Courteilles, membre du conseil général du département d'Indre-et-Loire, venait de publier un ouvrage intitulé : *les Condamnés et les Prisons*, ouvrage dans lequel l'auteur appelait avec talent et conviction la réforme du système pénitentiaire: M. Demetz avait été son condisciple; préoccupés tous deux de la même pensée, marchant vers le même but; leurs anciennes relations furent bientôt renouées, et mettant en commun leurs études et leur dévouement, ils s'associèrent pour travailler à l'œuvre de régénération des jeunes détenus.

Le choix du terrain sur lequel devait être établie la colonie n'était assurément pas d'un médiocre intérêt, et exigeait plusieurs conditions : ce terrain devait être nu ; il devait être fertile ; il devait être, enfin, dans le voisinage d'une grande ville.

Il devait être nu, afin, comme l'ont dit les directeurs de Mettray dans leur rapport de 1841, de n'être pas obligés de plier leur système aux exigences de dispositions préexistantes, et de pouvoir conserver toute liberté d'action. Aux États-Unis, où l'on s'est efforcé d'approprier d'anciennes prisons au nouveau système pénitentiaire, l'expérience a démontré qu'une telle manière d'opérer ne pouvait engendrer qu'un système bâtard, duquel résultaient de nombreux obstacles pour l'administration de l'établissement et la réforme des détenus.

Ce terrain devait être fertile : pour que le travail exerce une heureuse influence sur l'enfance, qui ne vit que du présent et se préoccupe peu de l'avenir, il faut que les yeux soient frappés par de prompts résultats. Si l'on veut donner le goût d'une science, ne doit-on pas la présenter par son beau côté, au lieu d'en dévoiler de prime abord toutes les difficultés?

D'ailleurs, si l'on eût tenté de défricher des landes et des bruyères, on eût épuisé à lutter contre l'aridité du sol toutes les ressources disponibles; on eût amené le doute et le découragement, lorsqu'il fallait, avant tout, donner l'amour du travail, et l'on se fût trouvé dans la triste nécessité d'abandonner l'œuvre commencée. C'est ce qui est arrivé aux colonies agricoles de la Belgique et de la Hollande : A des gens dont le mauvais vouloir était certain, on a donné des terres qui eussent découragé les volontés les plus énergiques et les plus persévérantes ; six millions de francs ont été dépensés, et déjà les colonies de la Belgique n'existent plus ; celles de la Hollande sont en pleine décadence, et elles auraient également succombé, si elles n'eussent été soutenues par les sacrifices et le zèle incessant du général Van-Derbose, ministre des colonies! De tels résultats sont d'autant plus à éviter, que, loin d'accélérer le progrès, ils ne font que l'arrêter et y mettre obstacle.

Enfin, ce terrain devait être dans le voisinage d'une grande ville, car c'était le premier essai, en France, d'un établissement agricole, d'une sorte de maison du refuge destinée à l'éducation et à la réforme des jeunes détenus. Cet essai devait donc être fait au grand jour, et le nouvel établissement devait être à la portée des visites de tout le monde.

Dans la commune de Mettray, aux portes de Tours, au centre de l'un des départements de la France dont le climat est le plus beau, le plus sain et le plus tempéré, dont le sol est le plus facile à cultiver et le plus fécond ; entourée, dans un rayon de trente lieues, par sept chefs-lieux aussi importants que le sont Orléans, Blois, Angers, le Mans, Châteauroux, Bourges et Poitiers, M. de Bretignières possédait, dans un site délicieux, une propriété réunissant toutes les conditions désirables qu'il s'empressa de mettre à la disposition de la société paternelle.

Le choix une fois fait, les directeurs se mirent à l'œuvre. Il fallait trouver, avant tout, le concours d'hommes

honnêtes, intelligents et dévoués qui voulussent se consacrer à l'éducation morale et professionnelle des nouveaux colons, en se résignant à la vie des champs et à
une règle qui, sans être celle du cloître, du collége, de
la prison ou du régiment, participe de toutes ces disciplines par son exactitude et sa rigueur (*rapport du 23 janvier 1842*). Ils commencèrent donc par créer, en 1839,
une école de contre-maitres destinés à former le noyau et
à fournir les cadres du personnel de l'établissement.

La colonie est bâtie en plein champ et n'a d'autres clôtures que de faibles haies et des barrières. Sous ce rapport, on a imité ce qui existe au pénitencier de Sing-
Sing, dans l'État de New-York; à cette différence près,
qu'à Sing-Sing, les hauteurs environnantes sont couronnées de gardiens armés de carabines chargées à balles et
prêts à faire feu sur le condamné qui, tenté d'abuser de
l'apparence de liberté dans laquelle on le laisse, chercherait à s'échapper, tandis qu'à Mettray, la raison et la persuasion sont les seules armes dont on se serve pour empêcher les colons de franchir l'enceinte : pourtant on n'y
compte, jusqu'à ce jour, que trois tentatives d'évasions,
toutes trois restées sans succès, et encore l'un des fugitifs
a-t-il renoncé à son projet, presque aussitôt après l'avoir
conçu.

Dans une note pour servir à la comparaison des maisons de refuge en Allemagne et celles établies en Amérique, M. Kopf, directeur de la maison d'éducation
de Berlin pour des garçons abandonnés, a dit : « Si les
« maisons de refuge ne doivent pas être des prisons, mais
« des maisons d'éducation qui puissent remplacer la mai-

« son paternelle, il faut que tout y marche comme dans
« la maison paternelle. »

Les directeurs de la colonie agricole de Mettray s'étaient
aussi imbus de cette pensée, lorsqu'ils se sont occupés de
l'organisation de leur établissement ; leur principal soin a
été de rendre aux pauvres enfants, dont ils entreprenaient
la régénération, les habitudes et les affections de famille
si chères à l'homme, et qui sont, disent-ils, avec raison,
le premier lien des sociétés. (*Rapport du 20 mai 1842*).
C'est dans ce but que les jeunes colons sont classés par
divisions ou familles, et que les membres de chacune de
ces familles sont mis en demeure de pourvoir à tous leurs
besoins, de construire, en partie, par eux-mêmes, l'habitation commune, et de cultiver le champ et le jardin qui
en dépendent ; ils puisent dans une semblable organisation l'habitude et le besoin de la propriété, l'amour du
foyer domestique, et se familiarisent avec les sentiments
et les devoirs qui en découlent (*ibid.*)

Le personnel de l'administration de la colonie agricole
se compose :

1° De deux directeurs chargés de faire exécuter les règlements, et de proposer la nomination et provoquer la
révocation des fonctionnaires de la colonie ;

2° D'un aumônier dans les attributions duquel se trouvent l'éducation religieuse et tout ce qui concerne le culte ;

3° D'un instituteur faisant fonctions d'économe et tenant toutes les écritures de la comptabilité ;

4° De sœurs hospitalières préposées au service de l'infirmerie et de la lingerie, dont l'une a sous sa garde une

petite pharmacie exclusivement pour l'usage de la maison.

5° D'un inspecteur, chef des travaux, chargé de la
la surveillance de la conduite des colons, des inspections
d'ordre et de propreté, de la police intérieure, et transmettant aux contre-maîtres et aux autres subordonnés les
ordres des directeurs dont il est l'intermédiaire ;

6° De contre-maîtres chargés, sous leur responsabilité
particulière, de surveiller la bonne conduite et la tenue des
colons, et de leur enseigner, autant que possible, un
genre de travail particulier : l'un d'eux est assermenté en
qualité de garde-champêtre de la colonie ;

7° De garçons de service ;

8° D'un concierge.

Chaque famille comprend quarante enfants placés sous
la direction d'un contre-maître ou *père de famille*, qui
tient un journal sur lequel il consigne, pour ainsi dire,
heure par heure, les faits et gestes de la journée : ce
journal renferme en quelque sorte l'histoire de la colonie.

Chaque famille est partagée en deux sections, dirigées
par deux sous-chefs pris dans l'école normale ; il y a, en
outre, deux *frères aînés*, choisis dans les colons, et nommés
par eux à l'élection : elle occupe une maison rapprochée,
mais entièrement séparée de celles des autres familles, et
ayant douze mètres de longueur sur six mètres soixante-
six centimètres de largeur. Cette maison se compose d'un
rez-de-chaussée, d'un premier et d'un second étage.

Le rez-de-chaussée est divisé en quatre ateliers par une
cloison en planches de soixante-quinze centimètres de hauteur, qui, par son peu d'élévation, permet au surveillant,

placé au centre, d'inspecter chacune de ces divisions, sans que les enfants puissent communiquer d'un atelier à l'autre, ni même se voir, lorsqu'ils sont assis. Cette cloison, laissant libre tout l'espace supérieur, a l'avantage de maintenir la même température dans chacune de ces divisions, quelle que soit la différence du nombre d'enfants qui y travaillent.

Le premier et le second étages forment deux vastes salles bien aérées et occupées chacune par une des sections de la famille. La séparation, la nuit, dans des cellules solitaires, proscrite par M. Kopf, a été repoussée, et le coucher en commun, recommandé par lui, a été adopté. Par une disposition aussi économique qu'ingénieuse, chaque salle sert à la fois de dortoir et de réfectoire aux enfants qui l'habitent; à cet effet, des hamacs suspendus, par une extrémité, aux murs latéraux, viennent s'accrocher, par l'autre extrémité, à des traverses mobiles supportées par des poteaux ou colonnes. Pour mettre obstacle aux conversations, ces hamacs sont placés de manière à ce que, sur deux enfants, l'un ait la tête tournée au mur et l'autre en sens inverse. Les dortoirs sont précédés d'un cabinet dans lequel couche un contre-maître, qui, au moyen d'une devanture garnie de lames de persiennes, peut surveiller les colons sans être aperçu. Le jour, les hamacs sont roulés et resserrés le long des murs, comme le long des bastingages d'un vaisseau, et, lorsqu'il s'agit de prendre les repas, des tables fixées par des charnières viennent s'abattre sur ces mêmes poteaux, contre lesquels elles se relèvent, le repas terminé. La même salle sert encore

Jeune Colon de Mettray.

de classe et d'atelier pour tresser de la paille les jours de pluie et faire des paillassons de jardin potager.

Au-dessus de chaque hamac, et contre le mur, se trouve une case en bois, sur laquelle sont inscrits le nom du colon, le département où il est né, et la date de son entrée dans la colonie. Cette case renferme ses vêtements, qui consistent en :

Un habit.	Deux cravates.	Une paire de sabots.
Deux blouses de travail.	Un peigne.	Une paire de souliers pour
Deux culottes.	Une brosse à tête.	les dimanches.
Deux paires de guêtres.	Une brosse à habit.	Un berret, id.
Un pantalon de gymnas-	Un gilet pour l'hiver.	Un chapeau de paille.
tique.	Un caleçon, id.	Un paroissien.

Tous les vêtements sont confectionnés par les colons eux-mêmes; celui des contre-maîtres, en toile blanche écrue et en forme de redingote, est excessivement court, serré à la taille par un rang de boutons et liseré de rouge. La guêtre, montant jusqu'au genou, laisse échapper, en plis bouffants, le pantalon, en toile pareille. Un chapeau de paille à larges bords et orné d'une cocarde sur laquelle on lit : *école de contre-maîtres*, complète le costume qui, par le contraste des couleurs, met à même de reconnaître sur-le-champ, et à une grande distance, si chaque groupe d'enfants est surveillé. Celui des colons, semblable par la forme, en diffère essentiellement en ce qu'il est fait en toile brûlée, d'un gris foncé tirant sur l'ardoise, et que le chapeau est remplacé par un berret, dont la cocarde porte ces mots : *colonie agricole de Mettray*. Tout en étant très-pittoresque, ce dernier costume a aussi quelque chose d'assez remarquable pour les signaler à l'attention publique, en cas d'évasion.

Les chemises et les mouchoirs sont donnés tous les samedis par la sœur chargée du service de la lingerie. Chaque colon reçoit, à sa sortie de l'établissement, deux trousseaux complets et entièrement neufs, un d'hiver et un d'été.

Le coucher est ordonné par le frère aîné, sous la surveillance du chef de famille. Tout se fait au commandement, c'est-à-dire que tous les colons ôtent ensemble, la blouse, la culotte, etc. Tout cela s'exécute par temps, et avec le plus grand silence.

Le lit consiste en un hamac, ainsi que je l'ai déjà dit ; ce hamac est garni d'un matelas et d'un oreiller en zostère, d'un drap cousu en forme de sac, et d'une ou deux couvertures de laine, suivant la saison.

La nourriture se compose :

1° Pour chaque jour de la semaine, de soixante-quinze décagrammes de pain bis de la surveille, fabriqués en ration séparée ;

2° Pour le dîner et le souper, d'un litre de soupe maigre, dans laquelle il entre soixante-dix-huit grammes de pain blanc pour chaque personne, et les légumes nécessaires ;

3° Enfin, de trois décilitres de légumes, secs ou frais, assaisonnés.

Le dimanche et le jeudi, on substitue à la soupe maigre sept décilitres de soupe grasse, et aux légumes, soixante-

« Les maisons centrales et les bagnes renferment envi-
« ron 15,000 récidivistes, c'est-à-dire, plus de la moitié
« de la population criminelle. »

D'un autre côté, une augmentation dans le chiffre des
crimes et délits a été également attestée par M. de Tocqueville : « Je ne ferai partir, si l'on veut, a-t-il dit, ma
« statistique que de 1832, et je dirai qu'à partir de 1832,
« l'augmentation dont je me plains n'a cessé de se pro-
« duire comme avant. En 1833, en effet, 69,000 délits
« du droit commun ; en 1840, 96,000. Voilà les chiffres
« exacts d'après les tableaux de la justice criminelle. »
(*Chambre des députés, Moniteur du 27 avril.*)

« On a remarqué avec effroi , a dit à son tour M. Cor-
« dier, l'audace et la politesse des assassins ; ils parlent
« devant les magistrats comme des avocats , dissertent
« comme des jurisconsultes et se posent comme des juges. » (*Moniteur du 23 avril 1844.*)

Si , comme le dit encore M. de Bretignères , tout est
confus, illégal, inconséquent, inefficace, immoral et
désordonné dans le système actuel d'emprisonnement ;
s'il est vrai qu'au lieu de servir, il nuise, qu'au lieu de
remédier au mal, il l'aggrave, il y a, dans l'administration
de la justice criminelle , une perturbation évidente à laquelle il faut s'empresser d'apporter remède. Ce remède,
c'est la suppression des bagnes, c'est la réforme des prisons ! Le gouvernement l'a si bien reconnu, qu'il a présenté aux chambres, sur cette matière, un projet de loi
pour l'adoption duquel je fais des vœux.

Mais , les bagnes supprimés, quel régime leur substi-

2

tuer? Mais le mode actuel d'emprisonnement reconnu impossible, quelle réforme y apporter?

Il fut un temps où les colonies pénales créées par l'Angleterre en Australie avaient trouvé une grande faveur en France. Une commission, composée de conseillers d'État, d'officiers-généraux et supérieurs de la marine, fut chargée, en 1819, d'examiner la question de savoir s'il ne conviendrait pas de former, à la Guïane française, une colonie de forçats. Il résulte, des procès-verbaux de ses séances, que cette commission fut d'avis que le gouvernement devrait avoir la faculté de former un ou plusieurs établissements de forçats hors du territoire continental; mais qu'il fallait écarter les propositions qui tendaient à coloniser les forçats, soit à la Guïane, soit en Corse, et choisir de préférence un point de la côte occidentale de la Nouvelle-Hollande, ou l'une des îles du Grand-Océan; qu'on ne devrait déporter que des criminels condamnés à plus de dix ans, et que, pour les autres, il faudrait conserver les bagnes actuels des ports.

Ces mesures palliaient à peine le mal, au lieu de le détruire, puisque la peine des travaux forcés aurait dû être maintenue dans le code avec celle de la déportation. Aussi, leur adoption fut-elle victorieusement combattue par M. le marquis de Barbé-Marbois, dans un écrit intitulé : *Observations sur les votes de 41 conseils-généraux de département, concernant la déportation des forçats libérés, présentées à M. le dauphin par un membre de la société royale pour l'amélioration des prisons.* S'appuyant sur des faits tirés de l'histoire même des établissements anglais dans la Nouvelle-Galle du sud, et des comptes rendus à ce sujet au parlement britannique, l'auteur de cet écrit démontra que la déportation de nos condamnés serait toujours difficile, souvent impraticable, qu'elle occasionnerait des dépenses énormes et qu'elle n'aurait aucun des avantages qu'on s'en promettait.

L'insuffisance des colonies pénales de l'Angleterre ayant été solennellement proclamée, en 1832, par une enquête de la chambre des communes, leur inefficacité est aujourd'hui reconnue par la plupart des publicistes, et je pensais qu'elles ne comptaient plus chez nous que de rares partisans, lorsqu'à l'occasion d'une proposition de MM. le comte Beugnot et le président Boullet, tendant à modifier l'article 44 du code pénal, concernant les effets du renvoi sous la surveillance de la haute police des condamnés libérés, M. le baron de Bussières est venu déclarer, à la tribune de la chambre des pairs, qu'on ne donnerait pas à la sécurité de la société des garanties réelles, aussi longtemps que l'on n'aurait pas organisé, sur une plage lointaine, un lieu de déportation, déclaration qui, s'il faut en croire le compte-rendu de la séance, a été accueillie, à mon grand étonnement, par des marques nombreuses d'adhésion. Je reviendrai plus tard sur cet objet.

Je n'entends point me livrer à un examen circonstancié du régime des colonies pénales, et je renvoie le lecteur à l'ouvrage de MM. de Beaumont et de Tocqueville, et à celui de M. Blosseville. Je me bornerai à reproduire quelques-uns des principaux inconvénients, si graves, si insurmontables, à mon avis, qui devraient faire renoncer à la pensée de former de pareils établissements pour la France, s'il était possible que le gouvernement y songeât sérieusement.

Lorsqu'une population primitivement formée de condamnés commence à s'épurer et à se moraliser, il est cruel, injuste même, de lui envoyer de nouveaux éléments de corruption et de raviver la plaie qui allait se cicatriser. Aussi, est-il à craindre que, sous l'impression de cette injustice, la colonie ne saisisse le premier moment de trouble et d'embarras de la mère-patrie pour secouer un joug oppresseur et avilissant et se déclarer indépendante. Tel doit être, en effet, l'avenir vers lequel tendra toujours une colonie pénale; tel est sans doute le sort réservé, dans un temps plus ou moins éloigné, à celles de l'Angleterre (1)!

Les relations incessantes des condamnés entre eux s'opposent à leur réforme, et ne font qu'augmenter encore leurs vices et leur immoralité. D'ailleurs, si l'objet unique de la mère-patrie, en se débarrassant des malfaiteurs qu'elle a flétris, est de leur infliger une peine qui effraie les méchants, l'intérêt naturel de la colonie qui les reçoit, au contraire, est de tirer parti des bras qu'on lui envoie, et de ne sévir contre les déportés qu'autant qu'il le faut pour n'avoir rien à redouter d'eux. Dès lors, la peine de la déportation, adoptée pour le crime, est

_____

(1) J'avais déjà écrit ce passage, lorsque j'ai trouvé dans la *Presse* du 25 mars 1844 les lignes suivantes : « Les journaux anglais témoignent les plus vives inquiétudes sur la situation des colonies de Van-Diémen, de la Nouvelle-Galles et de la Nouvelle-Zélande; il paraît qu'à la fin de novembre, les colons anglais y éprouvaient les plus graves embarras. »

plus douce et offre plus d'attraits, malgré ses rigueurs, que l'emprisonnement pour délit dans la métropole. Il est vrai que, pour porter, autant que possible, remède à un tel inconvénient, le gouvernement anglais s'est efforcé d'ajouter de nouvelles sévérités au régime des colonies pénales; ainsi, on a, disent MM. de Beaumont et de Tocqueville, divise les déportés en trois classes : Ceux de la première sont sequestrés du reste des hommes et soumis, dans l'île de Norfolk, à toutes les rigueurs d'une discipline inflexible; ils travaillent sans relâche et sans salaire ; le traitement qu'on leur fait subir est tellement implacable, qu'on en a vu plusieurs commettre des crimes capitaux, dans le seul but de se faire conduire à Sidney, siége de la justice coloniale, risquant la chance d'être pendus contre celle de s'évader durant le transport d'un lieu à un autre. Les criminels de la seconde classe, traités moins sévèrement, sont cantonnés sur les routes publiques, où ils travaillent chargés de fers; ceux de la troisième, les seuls pour lesquels la discipline soit vraiment indulgente, sont admis chez les habitants libres de la colonie pour y travailler en qualité de serfs; mais ils n'ont aucun salaire, et, s'ils commettent quelque méfait, s'ils oublient le respect qu'ils doivent à leurs maîtres, s'ils violent les règles de la tempérance; en un mot, s'il se glisse dans leur conduite rien qui soit déshonnête ou irrégulier, ils sont impitoyablement punis. Cette troisième classe est la récompense d'une bonne conduite dans les deux autres, par l'une desquelles il faut toujours commencer. Le gouvernement et les autorités locales ont le pouvoir arbitraire de désigner la classe de chaque condamné, de le placer alternativement dans une, puis dans une autre; de le faire passer tantôt d'une classe sévère à une plus douce; tantôt d'une moins rigoureuse à une plus sévère. Enfin, un châtiment qui ne peut exister que chez un peuple qui a un pied dans la civilisation et l'autre dans la barbarie, dont les magistrats, après avoir déclaré la culpabilité des accusés, peuvent remettre à une autre session pour appliquer la peine, le châtiment du fouet est infligé avec une odieuse brutalité aux condamnés de chaque classe pour la moindre infraction aux lois de la discipline.

Malgré ce redoublement de rigueurs, malgré les cent vingt mille coups de fouets distribués annuellement aux quarante mille déportés des deux dernières classes (les châtiments disciplinaires infligés dans l'île de Norfolk n'étant pas compris dans ce chiffre), la déportation n'offre point une véritable puissance d'intimidation, car son régime si sévère se concilie avec certains avantages et privilèges toujours refusés aux condamnés de la métropole. C'est ainsi que, dans la Nouvelle-Galle, les condamnés de la troisième catégorie, qui forment l'immense majorité, reçoivent du froment, du maïs, de la viande, du sel, du savon; que leurs femmes et leurs enfants sont entretenus de vivres et de vêtements; qu'on permet quelquefois aux déportés de Norfolk eux-mêmes de communiquer librement avec leurs femmes, et que le commandant de l'île accorde, à tous ceux dont la conduite est bonne, la jouissance d'un petit jardin qu'ils cultivent à leur profit, tandis que, dans certaines prisons d'Angleterre, l'on ne donne que du pain aux détenus. Aussi, depuis l'adoption de cette mesure, loin de diminuer, comme on devait

l'espérer, le nombre des crimes n'a-t-il fait qu'augmenter (1) ; on s'est habitué à considérer la transportation
comme une sorte d'émigration, entreprise aux frais du
gouvernement.

Lors même qu'à l'aide de nouvelles mesures disciplinaires non découvertes jusqu'à présent par les criminalistes anglais; lors même qu'en privant le déporté de la
liberté dont il jouit dans les colonies pénales, liberté qui
est une des conditions vitales de ces sortes d'établissements, et en lui interdisant toutes communications avec
ses co-détenus, ce qui ne serait autre chose que l'emprisonnement individuel hors de la métropole, rendu plus
dispendieux par les frais de transport des condamnés et
la nécessité d'assurer leur subsistance; lors même, dis-
je, qu'on parviendrait à restituer à la déportation toute
la puissance d'intimidation qui lui manque, cette peine
ne pourrait s'appliquer qu'aux individus convaincus de
crimes, soit pendant la durée de la peine, soit après leur
libération : dans la première hypothèse, ce que je viens
de dire sur ses inconvénients, subsiste toujours ; dans
la seconde, avec les mêmes impossibilités, elle constituerait en outre de nouvelles rigueurs, une cumulation de
peine non autorisée; dans l'un et l'autre cas, son adop-

_____

(1) « Le moyen que l'Angleterre a employé pour se défaire de ses libérés, a
« dit à la tribune M. de Peyramont, a substitué, dans son sein, aux récidives des
« crimes nouveaux en bien plus grand nombre. Le nombre des crimes déférés aux
« cours d'assises, en Angleterre, a quadruplé dans l'espace de 20 ans, de 1806 à
« 1826; c'est constaté dans un document distribué à la chambre; de 1825 à 1836,
« il a augmenté dans une proportion de 45 sur 100; il s'est élevé de 14 à 21,000.
« C'est une progression effrayante, et cependant en Angleterre, ils n'ont pas de
« libérés correspondant à ceux qui sortent de nos maisons centrales et de nos ba-
« gnes. (*Chamb. des Dép. Moniteur*, 25 avril 1841.)

tion laisserait encore une lacune à l'égard des individus déclarés coupables de *délits correctionnels*, lacune qui nécessiterait toujours une réforme dans notre système d'emprisonnement.

Mais un nouvel obstacle, non moins insurmontable que tous les autres, résultant de l'impossibilité de trouver un lieu convenable de déportation, s'opposerait encore à la création de colonies pénales pour la France : Alger est trop rapproché, et le retour dans la métropole ou les évasions dans l'intérieur de l'Afrique y trouveraient trop de facilités ; nos autres colonies, déjà si peu favorisées sous tant de rapports, repousseraient, et avec raison, une population si dangereuse ; les îles de l'Océanie pourraient seules, sans doute, réunir les conditions désirables; mais, ne soulèverait-on pas, de toutes parts, des réclamations fondées, si, pour premier, pour unique présent peut-être de notre joyeux avénement au protectorat de ces pauvres sauvages, nous importions chez eux ce triste produit de notre civilisation! Le choix d'un lieu de déportation offre donc les plus grandes difficultés. Par cette cause, comme par toutes celles que j'ai exposées, la pensée d'un pareil établissement me semble devoir être abandonnée.

Quelques publicistes ont proposé de distribuer les condamnés en catégories; mais peu de mots démontreront encore l'impossibilité d'un pareil système : en effet, comment établir ces catégories, à moins de les étendre à l'infini, ce qui, dans la plupart des maisons pénitentiaires, équivaudrait à l'emprisonnement cellulaire?

A l'exemple du code pénal, commencera-t-on par établir deux grandes divisions, comprenant, la première, les crimes et délits contre la chose publique, et la seconde, les crimes et délits contre les particuliers? Ces deux grandes classes seront-elles ensuite réparties, chacune en subdivisions, et ces dernières, en un certain nombre de catégories? Il serait trop long de faire ressortir les vices d'une pareille classification : bornons-nous à démontrer son insuffisance, et, par suite, son inefficacité en ce qui concerne les crimes et délits contre les particuliers.

Cette classe de crimes et délits est divisée par le code pénal en deux chapitres ; le premier, punissant les crimes et délits contre les personnes, comprend sept sections subdivisées, quelques-unes en un certain nombre de paragraphes ; le second, composé de trois sections, dont la seconde est elle-même subdivisée en six paragraphes, s'occupe des crimes et délits contre les propriétés. Voulût-on de chacune des sections de chaque chapitre faire l'objet d'une catégorie, (ce qui, pour les crimes et délits compris seulement dans le titre deuxième du code pénal, donnerait dix catégories), cette division, quelque étendue qu'elle puisse sembler, ne le serait assurément pas encore assez. En effet, est-il possible d'établir une assimilation quelconque entre l'assassinat, le parricide ou l'empoisonnement, lorsque, grâce à l'admission de circonstances atténuantes, ces crimes n'entraînent pas la peine capitale, et de simples menaces verbales sous condition, ou même des menaces par écrit, avec ou sans condition, quoique ces divers crimes et délits soient compris dans la même section? La section première du chapitre deux du même titre comprenant tous les vols possibles , devra-t-on assimiler le vol commis à l'aide de toutes les circonstances aggravantes prévues par la loi, avec le fait du père de famille qui, pour donner du pain à ses enfants, aura commis quelque larcin, ou du saisi, qui, dans un moment de désespoir, aura détourné quelqu'un des objets confiés à sa garde ?

Mais, dira-t-on peut-être, par la classification que vous indiquez, vous réunissez dans la même division le crime et le délit, et il en résulte une disparate frappante ! Commencez donc par établir une grande division pour les crimes, et une autre grande division pour les délits :

La grande division pour crimes sera répartie ensuite en deux autres divisions, la première, ayant pour objet les crimes contre les personnes, et la seconde, les crimes contre les propriétés; il en sera de même de la grande division pour délits qui sera également répartie en deux subdivisions, l'une, ayant pour objet les délits contre les personnes, l'autre, les délits contre les propriétés ; puis enfin, ces subdivisions seront encore réparties en un certain nombre de catégories, suivant la nature du crime ou du délit.

Soit ! Qu'adviendra-t-il de ce nouveau mode de classification, si ce n'est que vous aurez presqu'autant de catégories que de genres de crimes et de délits; car il existe toujours de telles différences, (rendues plus sensibles encore par les diverses circonstances qui précèdent, accompagnent, ou suivent la perpétration du crime ou de délit), entre l'empoisonnement, par exemple, l'assassinat ou le parricide, lorsque, par l'admission de circons-

tances atténuantes, ces crimes n'entraînent que les travaux forcés, et l'infanticide, également avec circonstances
atténuantes, le faux témoignage ou la banqueroute frau-
duleuse ; entre les blessures volontaires n'ayant pas en-
traîné d'incapacité de travail, la vente à faux poids
ou l'abus de confiance, d'une part, et la destruction
d'une haie, les dégradations résultant de l'élévation d'un
déversoir ou la fabrication d'une arme prohibée, d'autre
part, qu'il serait impossible de réunir dans les mêmes
catégories, les individus qui se seraient rendus coupables de ces divers crimes ou délits. N'éprouverait-on pas
d'ailleurs de nouvelles difficultés pour classer les crimes
ou délits qui intéressent tout à la fois les personnes et
les propriétés, comme le crime d'incendie ? Dans quelle
catégorie enfin rangerait-on les individus qui, après avoir
été condamnés, une première fois, pour un attentat contre
les personnes, le seraient de nouveau pour un attentat
contre les propriétés ?

Sous la restauration, on avait tenté dans des limites
très-restreintes, il est vrai, une sorte de classement des
condamnés aux travaux forcés ; une ordonnance royale
en date des 20, — 27 août 1828, avait prescrit l'envoi
dans le bagne de Toulon des forçats condamnés à dix
ans et au-dessous, et, dans les bagnes de Brest et de Ro-
chefort, des forçats condamnés à plus de dix ans : ces derniers étaient répartis de telle manière que les condamnés
à vie ou à plus de vingt ans étaient entièrement séparés
de ceux dont la peine ne devait pas durer au-delà de
vingt ans. Dès son apparition, cette ordonnance avait
été, de la part de M. Charles Lucas, l'objet d'observa-

tions tendant à démontrer que la réunion, dans un seul bagne, de tous les condamnésà vie pouvait présenter de graves inconvénients, des dangers même, et le nouveau classement ayant produit des résultats tout opposés à ceux qu'on en avait espérés, elle a été rapportée par une autre ordonnance, en date du 9 décembre 1836, qui, faisant un premier pas vers l'emprisonnement individuel, prescrivit le transport des condamnés dans des voitures cellulaires.

Mais, en supposant qu'on pût opérer une classification quelque peu logique, qu'on fasse le calcul du nombre de catégories qu'il faudrait établir pour obtenir ce résultat et, ce calcul fait, qu'on n'oublie pas que ces catégories devraient nécessairement être divisées en nouvelles catégories motivées sur l'âge, le sexe et encore sur l'état de récidive de l'individu qu'il s'agirait de classer. Disons-le donc, pour faire une classification efficace, il faudrait pouvoir lire dans les consciences, ce qui n'appartient point à l'homme : dès lors, ce système, si difficile à pratiquer à l'égard des condamnés des bagnes ou des maisons centrales, est impossible, ou équivaudrait à l'emprisonnement individuel dans les autres maisons de détention ?

La création de colonies pénales ou la classification par catégories des condamnés démontrées impossibles, je passe à l'examen du régime pénitentiaire suivi aux États-Unis.

Là, deux systèmes, l'un dit d'Auburn et l'autre, de Philadelphie, sont en présence et ont chacun de chauds partisans.

Le premier, dont la base fondamentale est l'isolement pendant la nuit et le travail en commun pendant le jour, avec observation du silence et interdiction de toute communication entre les détenus, a, depuis quelques années, été importé en France où il est mis en pratique dans le plus grand nombre des maisons centrales, avec cette restriction néanmoins que, dans quelques-unes, au lieu de l'encellulage de nuit, le coucher a lieu en commun. Ce système a-t-il une puissance d'intimidation suffisante et réunit-il les conditions nécessaires à la réformation des condamnés ? Assurément non ! Il présente en effet la plupart des inconvénients de l'ancien mode d'emprisonnement, car, à l'aide de signes dont la clé n'est connue que d'eux seuls, les détenus parviennent toujours à mettre en défaut la surveillance de leurs gardiens pour éluder l'obligation du silence. Ainsi, M. Samuel Wood, directeur de la maison du pénitencier de Philadelphie, ayant été reconnu par un détenu, un jour qu'il visitait cette même prison d'Auburn, la nouvelle en fut transmise en un clin d'œil dans tous les ateliers. M. Demetz révèle un fait semblable : « J'ai su, dit-il, par un des détenus de Sing-
« Sing (maison soumise au régime d'Auburn), qu'il avait
« appris le but de ma visite par un de ses camarades que
« j'avais interrogé quelque temps auparavant. Au con-
« traire, à Cherry-Hill (système Pensylvanien), l'exis-
« tence du choléra était ignorée, lorsque la ville de Phi-
« ladelphie était décimée par le fléau. » (*Rapp. à M. le ministre de l'intérieur.*) « En vain, dit, à son tour,
« M. Livingston, la plus sévère discipline essaiera-t-elle
« de réprimer les chuchottements et les signes d'intelli-

« gence des condamnés; le fracas des marteaux, le bruit
« des machines leur permettra toujours de lancer un mot
« qui échappe aux gardiens, et le jour peut arriver où
« ce mot sera un mot de révolte, où il passera, avec
« une rapidité électrique, d'un bout à l'autre de la pri-
« son. »

Non seulement les condamnés savent éluder l'obligation du silence, mais ils réussissent à entretenir entre
eux ces hideuses relations dont j'ai déjà parlé, et qui
souvent engendrent de nouveaux crimes dans l'intérieur
même de la prison. En voici un exemple pris entre tant
d'autres rapportés par les journaux judiciaires; je l'emprunte au *Droit* du 31 mars 1844, qui en a rendu compte
en ces termes :

ASSASSINAT DANS LA MAISON CENTRALE.

Correspondance particulière du Droit. — (*Bulletin des tribunaux*).

Melun, 29 mars.

« Un assassinat vient d'être commis par un détenu
« sur un de ses camarades, dans des circonstances
« qui ne sont que trop capables d'éveiller l'attention des
« moralistes.

« Defournel avait avec Marchand, jeune homme de
« vingt ans, de ces relations dont la nature a horreur.
« Des soupçons d'une infâme jalousie tourmentaient son
« esprit et avaient allumé en lui une haine profonde
« contre un nommé Bernard.

« Hier, Defournel avait fait venir Marchand au cabi-
« net de serrurerie, où il travaillait ; là, après avoir
« fermé la porte, il lui fit de vifs reproches de ce qu'il
« *mangeait* avec Bernard ; c'est l'expression convenue
« entre eux ; et il leva sur lui un stylet pour le frapper.
« Marchand éloigna le coup, en lui saisissant le bras,
« et, après plus de trois quart d'heure, il parvint à sor-
« tir du cabinet, blessé seulement à la main.

« Quelques instants plus tard, Bernard, ouvrier chef,
« entrait dans le cabinet. A peine y avait il mis le pied,
« que Defournel se jeta sur lui, le frappa violemment
« de plusieurs coups d'une arme pointue ; deux de ces
« coups, portés au cœur et à l'aisne, étaient mortels.
« La victime tomba en versant des flots de sang, et ex-
« pira quelques minutes après.

« L'arme de l'assassin est une lime de serrurier, qu'il
« avait aiguisée et affilée avec soin, et qu'il avait même
« recourbée pour la rendre meurtrière.

« Il ne cache pas, d'ailleurs, le motif abominable qui
« l'a décidé à ce crime. »

De mystérieux moyens de correspondre, d'une extrémité
à l'autre des ateliers, servent à ménager aux détenus des
rapprochements ignorés des gardiens, et, dans ces entre-
tiens à la dérobée, se racontant leur vie antérieure, ils se
font gloire des attentats qui ont motivé leur condamnation
et en complottent de nouveaux qu'ils mettront à exécution,
lorsqu'ils auront recouvré leur liberté. Rendus à la société, ils en deviendront les ennemis les plus acharnés
et les plus redoutables : on se rappellera que c'est dans
la maison centrale que Poulmann recevait d'un autre

détenu les instructions nécessaires pour voler, à l'aide
d'un assassinat, le malheureux aubergiste de Nangis, l'infortuné Genthon, qui, jusqu'au jour de l'exécution de ce
crime, lui était entièrement inconnu. « Un grand nombre
« de vols, dit l'auteur des *Mystères de Paris*, se *donnent*,
« s'achètent et se complottent ainsi en prison, autres dé-
« testables conséquences de la réclusion en commun. »

Avec le travail dans les ateliers, la discipline doit être
d'autant plus rigoureuse, que la moindre faiblesse, le
moindre relâchement, compromettrait la sûreté des gardiens, en trop petit nombre, pour maintenir l'obéissance
dans un lieu où sont réunis tant d'hommes si enclins
à ne tenir compte d'aucun avertissement. En vain la
moindre infraction est-elle punie sur-le-champ ; pour
maintenir la règle, on est dans la nécessité d'avoir recours
à des punitions qui exaspèrent encore le prisonnier et le
rendent indomptable. « Le résultat d'un système si ri-
« goureux, dit M. Demetz, page 144 de son rapport,
« est que, partout où le pouvoir de punir est abandonné
« sans bornes à des surveillants, pour la plupart gens
« brutaux et d'une moralité douteuse, il y a cruauté ;
« partout où ce droit leur est refusé, il y a impunité. »

Parmi les châtiments pour réprimer l'inobservation
du silence, s'il faut en croire les révélations produites
à l'audience de la cour d'assises du Nord, du 6 février
1844, par plusieurs détenus de l'abbaye de Loos, les
coups, la privation d'une certaine portion de nourriture
et, surtout, la peine du piton, qui consiste à attacher un
homme par les deux mains à deux anneaux en fer fixés
dans un mur, et à lui lier les pieds de sorte qu'il se trouve

sentant, divisé par 365, nombre des jours de l'année, un effectif de 57 colons 87 c°. . . . . . 2 décès.

   En 1841, 41,349 id., soit, 113 28 c°.   5

   En 1842, 58,034 id., soit, 159 » » .   4

   En 1843, 68,082 id., soit, 186 50 .   4

   En 1844, 102,842 id., soit, 281 75 .   3

                                 Total, 18 décès,

Si l'on réunit le nombre des journées de présence, pendant cette période de cinq ans, on aura un total de 291,430, qui, divisé par 365, représentera 798 colons, plus 160 journées pour reste ; dès lors, 18 décès, pendant le même espace de temps, donnent une moyenne de 1 sur 44, ou un peu plus de 2 pour 0/0 ; encore, sur ces 18 enfants décédés, conviendrait-il d'en déduire 6, morts, après leur sortie des maisons centrales, à l'infirmerie, qu'on a jugé devoir séparer de l'établissement, et qui, en conséquence, n'ont pas mis le pied à la colonie.

CHAPITRE IV.

Réfutation de quelques objections adressées à Mettray.

Après avoir exposé la pensée qui a présidé à la fondation de la colonie agricole de Mettray et fait connaître les diverses phases de sa création ; après avoir développé les principes et la discipline qui régissent l'établissement, j'arrive aux objections dont il a été l'objet.

Tout en reconnaissant que, sous le rapport de la santé, de l'éducation, de l'avenir des jeunes colons, comme

                                         3

sous celui de l'emploi qu'ils seront appelés à faire de leur liberté, les avantages de Mettray sont incontestables ; que l'œuvre de la société paternelle exerce sur le moral des enfants qui sont encore en prison une réaction telle que, dans plusieurs maisons centrales, les jeunes détenus ont adopté une prière pour demander à Dieu leur prompt envoi à la colonie, M. Cantagrel, dans sa brochure intitulée : *Mettray et Ostwald*, dont j'ai déjà parlé, se faisant en cela l'organe des adversaires du premier de ces deux établissements, croit devoir lui adresser quelques reproches que je vais examiner successivement.

1° Son premier inconvénient, dit-il, tient à ce que le succès de la colonie repose non point sur un système fonctionnant, se soutenant de lui-même et se perpétuant *proprio motu* ; mais sur la capacité, l'intelligence de ceux qui en dirigent et maintiennent l'activité.

L'exposé que j'ai fait de l'organisation de Mettray, des principes et des règles disciplinaires auxquels il est soumis me semble réfuter suffisamment cette objection : en effet, ces principes et ces règles constituent, quoi qu'on en dise, un système complet, une ligne de conduite toute tracée qui s'opposeront à ce que l'administration de nouveaux directeurs puisse exercer une fâcheuse influence, lors-même que ceux-ci ne réuniraient pas la capacité, l'intelligence et le dévouement à un aussi haut degré que les directeurs actuels.

2° Le second reproche consiste à dire que Mettray n'étant pas une institution permanente où les colons puissent vivre et se fixer, une fois remis en liberté, une fois rentrés dans la société, *grande officine de tous les vices, grand réservoir d'où découlent tous nos maux*, ils ne pourront pas résister à son action pervertissante et lutter avec avantage contre le manque de travail et de moyens d'existence, bien qu'à la vérité, aussitôt après avoir passé le seuil de la colonie, ils soient remis à la surveillance de patrons, surveillance qui, limitée, par les statuts, à trois années, se poursuit nécessairement au delà de ce terme; mais qui, par malheur, est toujours restreinte, précaire et ne constitue pas un droit fixe, assuré.

Pour répondre à cette nouvelle objection, on peut dire qu'il est de l'essence de tout établissement pénitentiaire de n'avoir qu'une population peu sédentaire et que, si, sous ce rapport, Mettray a dû subir la loi commune, les directeurs ont obvié autant qu'il était en eux à l'inconvénient signalé, en voulant que chaque colon placé dans les environs de la colonie eût son couvert mis, tous les dimanches, dans la famille à laquelle il appartenait, en offrant à celui dont la conduite a toujours été satisfaisante, et qui se trouve sans emploi par une circonstance qui ne lui est pas imputable, un refuge à Mettray, refuge où il puisse attendre des temps meilleurs, à la charge par lui de se conformer en tout point à la discipline des autres colons et de partager leurs travaux; enfin, en l'envoyant chercher et en le faisant soigner à l'infirmerie, s'il tombe malade.

Il ne faut pas oublier d'ailleurs qu'en outre du soin extrême que l'on prend de les placer, à leur sortie de la colonie, chez des maîtres qui soient pour eux de véritables protecteurs , beaucoup de ces jeunes gens ne quittent l'établissement qu'après avoir atteint leur vingtième année et qu'à cet âge, il n'y a pas plus d'inconvénients à leur égard qu'à celui des orphelins ou des enfants des hospices de les abandonner à leur propre direction. Au surplus , la conduite tenue par les jeunes colons sortis de Mettray, conduite dont j'ai rendu compte , en parlant des résultats obtenus , prouve d'une manière victorieuse le peu de fondement de pareilles craintes.

3° M. Cantagrel trouve aussi un motif de critique dans ce que, loin de chercher à utiliser , au profit de la production et du bon ordre, *cet amour du changement* qu'ils remarquent chez tous leurs colons et qui est si général à l'homme , les directeurs s'appliquent à le comprimer et se croient obligés *de le combattre à tout prix.* « A Met-
« tray, comme dans le monde, dit-il, l'enfant est le plus
« souvent forcé d'adopter un métier contre son goût, au
« hasard. On le laisse bien choisir , ou plutôt, on lui per-
« met d'hésiter quelque temps; mais s'il tarde trop à se
« décider, on le fixe par la contrainte à une fonction qui
« lui déplait plus ou moins, à laquelle il doit consacrer
« toutes les heures de ses jours, tous les jours de sa vie.
« Or, cette contrainte, comme moyen d'action, et cette
« monotonie dans la profession, sont ce qu'il y a de plus
« opposé à *l'organisation du travail,* c'est-à-dire, de plus
« contraire au bon emploi du temps , des forces et de l'ha-
« bileté des travailleurs (*page* 51.) »

Cet inconvénient ne se rencontre-t-il donc qu'à Mettray? Ne voit-on pas tous les jours, dans le monde, des gens qui, ayant été entièrement libres de leur volonté, avaient cru suivre leur vocation dans le choix d'une profession, et qui en adopteraient une toute opposée, s'ils étaient à recommencer? Ne sait-on pas que le résultat ordinaire de cet esprit de changement qui porte à essayer de beaucoup d'états est qu'on n'en apprenne aucun? On a donc eu raison de se défier de cette instabilité, et on a fait tout ce qui était à désirer, en permettant l'hésitation pendant quelque temps aux jeunes colons; et d'ailleurs, après quel délai l'enfant serait-il irrévocablement certain de sa vocation, et ne pourrait-il pas être exposé à hésiter pendant toute sa vie? Les saints-simoniens proclamaient une doctrine aussi impossible à mettre en pratique : « *A chacun selon ses mérites*, disaient-ils! » La seule difficulté, c'est que chacun voulait être juge de ses propres mérites, et repoussait l'appréciation qu'en faisaient les autres. Toutefois, les directeurs ne heurtent pas de front le désir exprimé par les jeunes colons de changer d'état, lorsqu'il se manifeste par une volonté persévérante; ils mettent seulement pour condition au changement sollicité que le réclamant soit placé dans les trois premiers de son atelier et inscrit au tableau d'honneur. Il résulte presque toujours de cet innocent stratagème que, lorsque la condition imposée est remplie, lorsqu'il a vaincu les difficultés qui l'avaient rebuté, flatté de son succès et de la petite rémunération accordée en pareil cas, encouragé par les éloges de ses chefs, l'enfant est le premier à vouloir persévérer dans l'état qui lui a valu ces avantages. (*Rapp. du* 12 *mai* 1844, *page* 18.)

4° M. Cantagrel soulève une nouvelle objection; les directeurs de Mettray, dit-il, constatent, avec la bonne foi qui les caractérise, que plusieurs jeunes détenus, dans les premiers temps de leur arrivée à la colonie, ont demandé à être réintégrés dans les maisons centrales, où, enfermés dans des ateliers bien chauffés, ils n'avaient point à souffrir de l'intempérie des saisons, et ils insistent pour que la sévérité du régime des prisons soit maintenue, renforcée même, afin que l'admission à Mettray soit considérée comme une faveur et une récompense. « C'est le raisonnement contraire, ajoute-t-il, qu'il con- « viendrait de faire. Il ne faut pas dire : le régime d'une « colonie agricole ne saurait être assez *sévère* par lui- « même pour exercer une *intimidation* suffisante, si on « n'avait en outre la crainte de la réintégration; il faut « dire : le régime d'une colonie agricole doit exercer un « *attrait* tel qu'on ne soit pas obligé de recourir à de nou- « velles rigueurs, au sein des prisons. Il ne s'agit pas, en « effet, de régir les prisons en vue de Mettray, mais d'or- « ganiser Mettray en vue de lui-même et de la société; il « ne s'agit pas de rendre le séjour des prisons plus répu- « gnant, mais de rendre plus attrayant celui de la colonie. » (*Pages 45 et 46.*)

Je me hâte de le dire, le système présenté par M. Cantagrel serait le plus conforme à la raison, à la justice et à l'humanité, surtout lorsqu'il s'agit, comme ici, d'enfants sur lesquels ne pèse *aucune condamnation*, et pourtant, l'on reconnaîtra que, malgré ce qu'il a de rigoureux, le système des directeurs de Mettray est le seul applicable.

A la colonie, quoique tout se rattache à l'esprit de famille, un régime sévère, une discipline presque militaire sont indispensables ; car, trois cent cinquante individus, dont plusieurs doivent leur réclusion à des inclinations perverses, ne se conduisent pas par les mêmes règles qu'une famille qui ne compte que deux ou trois enfants. On conçoit dès lors tout ce que ce régime disciplinaire peut avoir de gênant, d'irritant même pour de jeunes détenus qui jouissaient d'une bien plus grande liberté d'action dans les maisons centrales. Le seul moyen d'obvier à cette difficulté était donc, quoi qu'on en dise, de rendre le séjour de ces dernières *plus répugnant.* Pour obtenir ce résultat, les directeurs proposent l'emprisonnement individuel mis en pratique à la Roquette ; selon eux, il en résulterait plusieurs avantages : d'abord, les jeunes détenus ne seraient pas initiés aux scènes de débauche qui se passent dans les prisons ; lorsqu'ils auraient déposé, dans la cellule, la turbulence du monde et qu'ils seraient matés, on les enverrait dans une colonie agricole, et la crainte d'une réintégration, agissant puissamment sur eux, les empêcherait d'enfreindre les règles disciplinaires auxquelles ils seraient soumis. Puis, l'enfant qui saurait qu'en cas d'infraction à ses devoirs dans la société, il lui faudrait, avant d'être admis dans la colonie, subir le régime cellulaire de la maison centrale, serait intimidé et s'arrêterait peut-être au moment de commettre une faute. Enfin, cette détention individuelle et préalable dans les maisons centrales s'opposerait à ce que la colonie devint le point de mire, l'objet de l'ambition des parents pour leurs enfants.

5° Je passe à une au.. ..jection, qui, en contradiction jusqu'à un certain point avec celle que je viens d'examiner, prouverait au besoin que le régime de Mettray, loin de pécher par un excès de sévérité, peut au contraire présenter un certain *attrait!* Pour établir la nécessité, de la part de notre société, d'entrer dans une large voie de réforme des institutions qui la régissent et du système pénitentiaire, M. Cantagrel fait ressortir une anomalie entre ces institutions et la colonie, anomalie qui résulterait de ce que des enfants qui ont éveillé les défiances de la justice obtiennent une éducation morale, un apprentissage gratuit et des soins paternels, tandis que la plupart des enfants, dans leurs familles, sont privés de pareils bienfaits.

« D'ailleurs, dit-il, quelque efficacité que l'on veuille
« attribuer aux efforts des sociétés de patronage, en tant
« que s'appliquant soit aux colons de Mettray, soit aux
« autres classes de libérés, il est sensible que ces so-
« ciétés, par la nature même de leur but, voient leur bien-
« faisance limitée à un certain nombre, à une certaine
« catégorie d'individus, et qu'elles ne s'occupent en au-
« cune façon de ceux qui auraient le plus besoin d'être
« patronés, secourus, de ceux qui sont le plus dignes de
« soulagement et d'appui, et dont elles ignorent les em-
« barras et les souffrances, par la raison toute simple que
« ceux-là n'ont pas failli (*page* 56). » De cette anomalie,
l'auteur déduit cette conséquence fâcheuse que, lorsqu'une institution n'est pas capable de réagir sur le sort
de *tous*, lorsque *tous* ne sont pas appelés à participer à
ses avantages, lorsqu'elle n'opère le bien que sur un point,

il en naît aussitôt une *injustice sociale*. Ce reproche n'est que relatif pour M. Cantagrel, et, à ses yeux, ne prend sa source que dans une organisation incomplète de notre société : pourtant il a trouvé de nombreux échos dans le monde qui, décidant presque toujours sans approfondir, en a fait un reproche péremptoire à la colonie agricole, et a pensé que l'inconvénient signalé était un obstacle insurmontable aux bons effets de cet établissement.

Cette nouvelle objection me paraîtrait plus fondée et mérite un examen sérieux : sans doute l'anomalie existe et ses conséquences, quoique on les exagère beaucoup, ne cesseront pas de fournir des arguments aux adversaires de la colonie, tant que, au lieu d'être partie intégrante d'un système complet, elle ne sera qu'une institution isolée fonctionnant en dehors des autres institutions et en désaccord avec elles. Mais à qui le blâme en devra-t-il être adressé ? Sera-ce aux directeurs de Mettray qui, voulant créer une sorte de maison de refuge modèle, un spécimen au profit de toute l'enfance pauvre, et prouver les heureux résultats que l'on pourrait obtenir pour les orphelins et les enfants trouvés (1), ont été chercher parmi cette enfance, pour faire leurs démons-

---

(1) Le dévouement de MM. Demetz et de Bretignières n'est pas resté stérile ! Déjà se sont élevées en France, sur le modèle de Mettray, plusieurs colonies agricoles, parmi lesquelles je ne citerai que celles de Marseille et de Rouen, dirigées, la première, par M. l'abbé Fissiaux, la seconde, par M. Lecointe, et celle de Saint-Ilan, en Bretagne, fondée par le dévouement de M. Duclézieux. Bientôt, à son tour, l'ancienne abbaye de Bonneval, près Châteaudun, recevra la même destination.

trations, ce que la société avait de plus désespéré, je dirais presque, de plus abject? Ce serait la première fois qu'on aurait reproché au médecin de s'être adressé au plus malade, pour prouver l'efficacité de son remède ! Ne doit-on pas voir au contraire, dans ce fait, un argument *à fortiori ?* Si, avec des matériaux de rebut, l'architecte a pu élever un édifice durable, avec des matériaux de choix, que n'aurait-il pas fait?

Que le blâme s'adresse donc plutôt à la société qui, ayant maintenant l'expérience des bons effets produits par le système adopté à Mettray, reste spectatrice impassible, tarde encore à se mettre à l'œuvre et à concourir de toute sa puissance à la réforme dont le besoin se fait si vivement sentir. Je le répète d'ailleurs, loin de constituer *une injustice sociale,* les conséquences de cette anomalie sont moins graves qu'elles ne le paraissent ! Qu'on songe bien que, d'après les règlements de la colonie, les jeunes délinquants ne peuvent y être admis passé l'âge de seize ans, doivent y rester au moins trois années, et y restent presque toujours en effet jusqu'à ce qu'ils aient atteint leur vingtième année : il en résulte donc que, si ces enfants retirent de grands avantages de leur admission dans cet établissement, ils font aussi le sacrifice d'au moins trois années de leur temps et souvent beaucoup plus. Il ne serait assurément pas fort difficile aux parents de procurer à leurs enfants les bienfaits de l'apprentissage à des conditions moins onéreuses.

Qu'on ne s'imagine pas, malgré les diverses objections que je viens d'examiner, que M. Cantagrel soit un détracteur de la colonie agricole de Mettray ; il s'en montre au contraire un chaud partisan, je n'en veux pour preuve que les deux passages suivants, dans lesquels il résume les éloges qu'il accorde à cette établissement.

« Mettray rend à la société le service de réconcilier
« avec elle des membres dont sa mauvaise constitution
« tendait à lui faire des ennemis très-dangereux ; le ser-
« vice plus grand encore de l'édifier sur la valeur des
« méthodes d'expérimentation locale et de lui prouver la
« folie de ses idées préconçues sur la perversité native. »
(*page* 54).

« . . . . Loin de condamner Mettray, nous
« l'exaltons au contraire ; et, tout en faisant nos réserves
« pour ce qu'on pourrait faire de mieux encore, nous
« déclarons que, dans l'ordre des choses expérimenta-
« les, c'est un des plus beaux résultats qu'on ait obtenus
« jusqu'à ce jour. Aussi appelons-nous sur cette colonie
« la sympathie de tous ceux qui s'intéressent au sort des
« classes les plus deshéritées de notre ordre social (*page*
55). »

De son côté, le conseil général de la Seine qui, dès la naissance de la colonie, s'est inscrit au nombre des membres fondateurs, vient, dans sa dernière session, de prouver à quel point il apprécie les résultats obtenus jusqu'à ce jour, dans cet utile établissement, en élevant de 3,000 francs à 4,000, le chiffre des secours qu'il lui accorde. Cette nouvelle marque d'intérêt est fondée sur les considérants que je transcris ici :

« Le conseil général,

« Vu, etc...

« Considérant que la colonie de Mettray établie depuis
« cinq années, paraît présenter aujourd'hui les résultats
« les plus heureux, sous le rapport du changement qu'é-
« prouvent le caractère, la conduite et la santé des enfants
« qui lui sont confiés ;

« Considérant que l'éducation que les jeunes détenus
« y reçoivent, les conseils paternels qu'on leur donne, la
« confiance qu'on leur témoigne sont de nature à rani-
« mer dans ces jeunes intelligences des sentiments qui
« n'y étaient pas tout-à-fait éteints ;

« Que, sur quatre-vingt-dix enfants sortis de cet établis-
« sement et placés au dehors, quatre seulement seraient
« tombés en récidive, et que soixante-dix-neuf auraient
« une conduite irréprochable ;

« Qu'il est convenable que le département de la Seine
« qui compte, cette année, quatre-vingts enfants dans cette
« colonie agricole, tandis que, l'année dernière, leur
« nombre n'était que de quarante-quatre, encourage le
« zèle et les efforts des hommes pleins de dévouement qui
« sont à la tête de cet établissement ;

« Délibère :

« Il y a lieu d'élever de 3,000 à 4,000 fr., le secours
« à accorder à la société paternelle des jeunes détenus à
« Mettray, porté à l'art. 9 du sous-chapitre XIX du bud-
« get départemental de 1845. »

Par son but, autant que par ses résultats que j'ai fait
connaître, j'ose le dire, Mettray est une conception de
haute moralité et d'un immense avenir ! Le gouvernement a beaucoup fait pour lui ; mais d'autres maux à
prévenir, d'autres misères à soulager, d'autres plaies à

guérir appellent encore ses sympathies et s'opposent à
de trop grands sacrifices ; la charité publique y sup-
pléera, j'en suis convaincu, et toute âme généreuse voudra apporter sa pierre à l'édifice commencé, son obole
aux jeunes colons !

CHAPITRE V.

Des enfants appartenant à des parents pauvres. — Des orphelins. — Des
enfants des hospices ou des condamnés. — Des jeunes détenus. — De leur
éducation.

J'ai déjà indiqué le besoin d'une réforme du système
pénitentiaire combinée avec des institutions supplémen-
taires. Qu'il me soit donc permis d'exposer quelques
idées sur cette réforme dont le gouvernement a sous sa
main tous les éléments, qu'il ne s'agirait plus que de
réunir et de développer pour en former un tout complet.

Personne ne niera que, si l'attention de la société se
portait avec une sollicitude de tous les instants sur l'éducation de la jeunesse ; que, si cette sollicitude avait pour
but de lui inculquer des idées de religion et de morale,
de lui donner des habitudes d'ordre, de travail et d'é-
conomie, la conséquence presque toujours certaine d'une
pareille direction ne fût de combattre et de détruire les
mauvaises dispositions, germe ordinaire du crime. Le
premier soin devrait donc être de prendre des mesures
pour empêcher que, dès l'âge le plus tendre, les enfants
ne soient abandonnés au désœuvrement et aux mauvais
exemples de la place publique.

Des encouragements et de nouveaux développements donnés aux salles d'asile et aux sociétés de patronage pour le placement en apprentissage chez des maîtres ou dans des ateliers, l'obligation imposée aux parents d'envoyer leurs enfants aux écoles publiques ou privées, enfin, la création d'*écoles primaires* d'arts et métiers et de colonies agricoles me sembleraient devoir obtenir cet heureux résultat.

L'utilité des salles d'asile dont la pensée est due à l'humanité éclairée de Mme la marquise de Pastoret, qui fonda la première en 1801, est démontrée d'une manière incontestable; les parents pauvres, grâce à cette institution, ne sont plus dans la nécessité ou d'abandonner leurs enfants *à la garde de Dieu*, sur la voie publique, ou de négliger les travaux qui leur apportent le pain quotidien, pour rester chez eux à les surveiller. Ces salles d'asile ont donc un double avantage ; celui d'abord de suppléer, pour ces enfants, aux soins de la famille, et de les préserver d'accidents dont les exemples sont si fréquents, de préluder à leur éducation, par les premiers éléments de lecture et d'écriture, et, d'un autre côté, de procurer aux parents, en leur permettant de vaquer à leurs occupations journalières, des ressources et une aisance qui doivent exclure chez eux toute pensée coupable. Si de pareils établissements existaient chez un peuple voisin dont on vante pourtant la civilisation, on ne verrait pas, pour obtenir de leurs enfants une tranquillité et un calme qui ne sont pas de leur âge, et les mettre dans l'impossibilité de troubler leur travail, de malheureuses mères leur administrer du laudanum à de si fortes doses, qu'il en résulte un empoi-

sonnement qui, en France, serait l'objet de poursuites
sévères! On ne verrait pas des propriétaires de manufactures, cédant à une infâme cupidité justement flétrie par
les journaux, permettre l'emploi de tels moyens qui sou-
lèvent d'indignation tout cœur honnête.

La Presse contenait, dans son numéro du 14 décembre 1843, un excellent article intitulé : *Moyens et nécessité de multiplier les salles d'asile*; quoiqu'il ait une certaine étendue, je ne saurais résister au désir de le reproduire ici.

« Les enfants, après leur sevrage, depuis l'âge de
« dix-huit mois jusqu'à celui de six ans, sont une charge
« considérable pour les familles, moins par les objets
« qu'ils consomment que par le temps que leur surveil-
« lance exige.

« S'ils sont abandonnés à eux-mêmes, ils sont exposés
« à des dangers sans nombre; ils gaspillent, cassent et
« usent à l'excès. Si la mère les surveille, elle néglige
« nécessairement les soins de son ménage. Beaucoup de
« détails et de petites économies se dérobent à son at-
« tention; si elle exerce un métier qui l'appelle hors de
« chez elle, elle est obligée d'y renoncer temporaire-
« ment.

« Ce sacrifice de temps, mal employé, influe, plus
« qu'on ne saurait le dire, sur le bien-être et le bonheur
« intérieur de la majorité des ménages. Les inconvénients
« qui en résultent disparaissent par l'établissement des
« salles d'asile, telles qu'elles sont pratiquées, non-seule-
« ment dans les principales villes, mais encore dans les
« grandes manufactures.

« Une salle d'asile n'est pas autre chose qu'une salle
« publique, où les mères d'un quartier ou d'une com-
« mune conduisent, le matin, leurs enfants, et reviennent
« les chercher le soir.

« Pendant toute la journée, selon le nombre des en-
« fants, une ou plusieurs femmes sont chargées de les
« surveiller et de leur distribuer la nourriture portée, le
« le matin, par chacun d'eux.

« Les frais consistent dans le chauffage d'un poêle et
« dans une indemnité journalière qui dépasse rarement
« cinquante centimes, en faveur des femmes qui surveil-
« lent les enfants dont elles peuvent même, dès l'âge de
« quatre ans, utiliser les loisirs en les employant soit au
« devidage, soit à faire des canettes, des chaines, de la
« charpie, étendre les déchets de cocons, les mettre en
« quenouille, etc....

« Les avantages des salles d'asile pour les enfants sont
« de leur former le caractère en vivant en société, de leur
« faire contracter des habitudes d'ordre et de propreté
« qui assurent, à un autre âge, leur moralité; enfin, dans
« les communes rurales, de leur apprendre au moins à
« lire, avant que leurs parents, s'ils sont pauvres, ne
« s'emparent de tout leur temps pour compenser leurs
« dépenses.

« Il n'est pas une des 37,200 municipalités de France
« qui ne soit intéressée à mettre une salle commune à la
« disposition des familles pour l'établissement d'une salle
« d'asile.

« Les chefs d'etablissements, directeurs d'usine et de
« manufactures, où des femmes sont employées, ont

« niers que le système d'Auburn. » Cette opinion de
MM. de Beaumont et de Tocqueville ne reposait, comme
ils le reconnaissent eux-mêmes, sur aucun document :
M. Demetz a comblé la lacune que la création trop ré-
cente du pénitencier de Philadelphie les avait contraints
à laisser dans leur travail, et, d'une statistique par lui
établie dans son *Rapport sur les pénitenciers des États-
Unis*, *page* 32, il résulte que, de 1830 à 1836 inclusivement, 697 prisonniers sont entrés au pénitencier de
Cherry-Hill ; que, sur ce nombre, 78 sont sortis avec une
meilleure santé ; 166 avec une santé égale ; 17 plus faibles,
sans être plus malades ; 13 ayant la santé moins bonne ;
4 l'ayant très-détériorée et que 34 sont morts. Ce dernier
chiffre donnerait donc une moyenne d'un peu moins de
3 1/2 p. 0/0 ; et encore explique-t-il, *à la page* 120, que,
parmi ceux-ci, 1 s'est suicidé ; 25 sont entrés très-malades
ou ayant des germes de maladies chroniques ; 4 sont morts
d'accidents et que, chez les autres seulement, les maladies qui les ont emportés paraissent s'être déclarées en
prison.

La proportion des décès dans la prison de Cherry-
Hill se trouverait donc, à peu de chose près, en rapport avec ceux du pénitencier de Sing-Sing, et ne dépasserait pas d'une manière frappante ceux des autres prisons
où le travail en commun est admis ; elle se trouverait
également en rapport avec le chiffre de la mortalité dans
la ville et les faubourgs de Philadelphie, qui a été, de
1820 à 1830, de 1 habitant sur 38, 85°. Cette appréciation diffère peu de celle faite récemment à la tribune
par M. de Beaumont : « De 1820 à 1842, a-t-il dit, la

4

« moyenne de la mortalité, a été, dans le pénitencier de
« Philadelphie, de 4 détenus p. 0|0.

. . . .

» Si on écarte la population noire du pénitencier de
« Pensylvanie, et si on ne fait porter l'appréciation que
« sur la population blanche, la population n'est plus que
« de 2 p. 0|0.

. . . .

« Ainsi, en résumé sur ce point, la mortalité dans le
« pénitencier de Philadelphie, le seul qui nous présente
« sur une grande échelle une statistique sur laquelle on
« puisse raisonner sérieusement, est moindre qu'elle n'é-
« tait dans le régime ancien, c'est-à-dire, dans le régime
« en commun. Elle est moindre que sous le régime ré-
« formé d'Auburn et Sing-Sing, avec travail en commun;
« elle est moindre que la mortalité en France dans les mai-
« sons centrales; elle est six fois moindre qu'à Fonte-
« vrault, nos prisons modèles, et la mortalité étant de 4
« p. 0|0, si on compte les noirs; si on les ajoute à la
« population blanche, elle sera encore trois fois moindre
« que dans celle de Fontevrault. » (*Chambre des députés,
Moniteur du 21 avril 1844.*)

Quand bien même le point de départ de ces calculs serait vicieux, ainsi que l'affirme M. Benoiston de Châteauneuf, *page 24 de son Mémoire sur le système pénitentiaire*, parce qu'on aurait adopté un méthode trompeuse
en calculant la population des prisons par le nombre total
des individus qui y sont entrés, au lieu de suivre le nouveau procédé indiqué par M. le docteur Villermé, et qui
consiste à évaluer la moyenne annuelle des détenus pen-

dant une période de temps quelconque, d'après la somme
totale des journées de présence de cette période divisée
par 565, nombre des jours de l'année; cette circonstance
ne détruirait pas le fait constaté par MM. de Beaumont
et de Tocqueville, que le nombre des décès, dans les
pénitenciers où la règle est le travail en commun avec
l'isolement pendant la nuit, a été plus faible que dans
les anciennes prisons où la règle était la promiscuité des
détenus, puisque les calculs qui ont servi à établir la
moyenne de ces décès, dans les uns ou dans les autres, ont
été faits d'après le même point de départ.

J'ai dit plus haut qu'il était contestable et contesté que
le régime de l'isolement exerçât, dans les prisons d'Angleterre, où il avait été introduit, une funeste influence sur
la santé des détenus. Voici un document qui prouve au
contraire qu'il produit, dans ces prisons, aussi bien que
dans les pénitenciers d'Amérique, les plus heureux résultats. Je l'emprunte au *Journal la Presse du* 9 décembre
1844; c'est l'extrait d'une enquête à laquelle M. Vakley,
coroner de la cité de Londres, a procédé dans la prison
de Pentonville pour constater la cause du décès de l'un
des détenus.

« *M. Vackley.* — Dans le pénitencier, les détenus sont
« assujétis à un silence absolu; en est-il de même pour
« ceux qui se trouvent à l'infirmerie?

« *M. Reez* (chirurgien de la prison). — La conversa-
« tion est alors permise comme un excitant qui provoque
« souvent une crise favorable dans les maladies ner-
« veuses.

« *L'infirmier.* — Cependant les conversations sont dé-
« fendues.

« *M. Rees.* — Je veux dire que l'on ne condamne pas
« les malades à un mutisme complet. Le chirurgien et
« les infirmiers sont juges de l'utilité ou du danger qui
« existerait pour les détenus de converser entre eux.
« Quant à moi, j'use habituellement de mon pouvoir
» pour autoriser l'usage de la parole.

   « *Le Magistrat.* — La mortalité est-elle considérable à
« Pentonville?

   « *M. Rees.* — Sur sept cents détenus, que l'on y a en-
« fermés jusqu'à présent, il n'en est mort que cinq. »

   *En France, les statistiques de mortalité donnent une
moyenne de cinq p. 0|0 pour les bagnes (1). Pour les
maisons centrales, MM. de Beaumont et de Tocqueville
trouvent une moyenne de 1 sur 14, ou environ 7 p. 0|0
pour les années 1828, 1829, 1830 et, de 1834 à 1835,
les statistiques officielles donnent également une moyenne
de 6, 75 c^ts p. 0|0.

   Je ne chercherai point à apprécier l'exactitude de ces

---

(1) On accuse le régime cellulaire d'être barbare et meurtrier ; ne compte-t-on
donc pour rien la mortalité qui résulte, dans les bagnes, du supplice de la double
chaîne? « J'ai dit que, lorsque les condamnés ont été mis à la double chaîne, peine
« infligée aux condamnés à vie qui ont été repris après une évasion, il était rare
« de leur voir faire les trois ans fixés par la loi; qu'au bout de quelques mois,
« ils prenaient une espèce de fraîcheur, de santé factice dont on serait tenté de les
« féliciter, mais que, bientôt après, ils tombaient dans un état d'obésité qui leur
« permettait rarement d'atteindre le terme de leur double chaîne, pendant lequel
« ils ne sortent pas d'une salle commune. » (M. Nozereau, *Chambre des députés,
Moniteur du 7 mai 1844.*) Qu'on s'imagine des malheureux attachés dans une salle
commune, à un lit de camp, au moyen d'une chaîne qui, pendant trois longues
années, ne leur permet pas de s'éloigner à plus de deux ou trois mètres de ce lit,
et, contraints de satisfaire tous leurs besoins dans un baquet placé à leur portée : qu'on dise ensuite s'il est possible d'inventer un traitement plus barbare !

calculs, et je me bornerai à faire observer que , dans les
rapports de 6, 75 à 6, 50 et 5,25, avec la mortalité cons-
tatée dans les prisons de Walnut-Street et de New-gate, la
moyenne des décès , dans les maisons centrales de France,
serait dans les proportions de 6, 75 à 2, 75 avec les décès
de Sing-Sing; de 6, 75 à 3, 43 avec ceux de Chery-Hill ;
de 6, 75 à 2,25 avec ceux de Wethersfield ; de 6, 75 à 2,
12 avec ceux de la prison de Maryland, et de 6, 75 à moins
de 2 avec ceux d'Auburn et de Charlstown.

Si ces résultats ne suffisaient pas pour établir que ,
loin d'exercer une fâcheuse influence sur la santé des
détenus, l'emprisonnement individuel ne peut que lui être
favorable, qu'il me soit permis de reproduire ici deux passages *du compte décennal des travaux de la société pour
le patronage des jeunes détenus du département de la
Seine, dont j'ai déjà parlé*; ils me fourniront un dernier
argument : « Bien que le chiffre moyen des décès soit de
« 12 0⁄0 à la Roquette , depuis 1840 (époque à laquelle
« la séparation complète a été adoptée) , il se trouve
« cependant encore fort au dessous de ce qu'il est dans
« la plupart de nos maisons centrales, dans celles notam-
« ment de Beaulieu, de Fontevrault, de Limoges et
« d'Ysses, où il s'est élevé jusqu'à 13, 14, 15, et même
« 18 0⁄0.

« On n'a d'ailleurs pas oublié que l'année 1839, pen-
« dant laquelle la moitié environ de nos jeunes détenus
« était encore sous le régime commun, tandis que l'autre
« moitié n'était qu'imparfaitement soumise à celui de la
« séparation, la maladie qui régnait dans Paris frappa
« vivement sur le pénitencier, où on comptait jusqu'à

« 90 et même 100 détenus à l'infirmerie, et jusqu'à 5
« et 6 décès par mois. » (*page 75*).

J'ajouterai que la différence signalée par M. de Bérenger entre les décès de la Roquette et ceux des maisons
centrales est d'autant plus remarquable que les chances
de mortalité sont, comme personne ne l'ignore, beaucoup plus nombreuses chez des enfants que chez des
adultes.

« Mais ce qui achève de démontrer, est-il dit à la
« page 75, que le régime de séparation qui a été adopté
« n'est pas funeste à la santé et à la vie, c'est qu'il y
« a toujours eu plus de malades aux Madelonnettes, lors-
« que les jeunes y étaient renfermés sous le régime com-
« mun, qu'à la Roquette sous celui de l'isolement. Le
« tableau suivant offre cette démonstration :

A LA ROQUETTE.	AUX MADELONNETTES.
Fin Août 1842, 25 malades sur 440;	23 sur 109.
Id. Janv. 1843, 20 id. id. 401;	21 id. 130.
Id. Fév. 1843, 21 id. id. 391;	21 id. 163.
Id. Mai. 1843, 39 id. id. 402;	17 id. 125.
Id. Juin 1843, 32 id. id. 416;	13 id. 112.

Est-il donc téméraire, après ce langage si formel des
chiffres, de supposer que l'introduction en France du
régime cellulaire devra amener, dans le nombre des maladies, et, en conséquence, dans la mortalité des détenus,
un décroissement semblable à celui reconnu dans les prisons de l'Amérique, depuis que le nouveau système pénitentiaire y est mis en vigueur, et, à la Roquette, de-

puis que l'isolement complet de jour et de nuit y a été
adopté ?

Quand bien même cette supposition serait erronée et
que, contre toute vraisemblance, l'emprisonnement individue, devrait au contraire avoir, pour résultat, en
France d'augmenter la somme des décès parmi les détenus, faudrait-il donc renoncer à son adoption ? Assurément non ! car la question n'est pas uniquement d'arriver à une diminution dans la mortalité des prisonniers,
elle consiste principalement, et avant tout, à obtenir un
châtiment efficace et l'amélioration du criminel. Qu'il
me soit permis d'appuyer cette proposition de l'autorité
de MM. de Tocqueville, Moreau-Christophe et Demetz.
Le premier écrivait, en 1828 : « Il faut bien en arriver à
« dire qu'une prison n'est point un hôpital ; que ce n'est
« pas pour leur plaisir et le plus grand bien de leur
« santé que nous nous déterminons à mettre nos sem-
« blables en prison : c'est pour les réformer et les pu-
« nir ; et celui qui a violé les lois de son pays et ou-
« tragé la société toute entière, doit s'attendre à ce qu'il
« résulte pour lui quelques inconvénients et quelques in-
« commodités de son crime.

« Si le système de Philadelphie, d'Auburn ou tout
« autre, a dit M. Moreau-Christophe, était reconnu
« pour être le seul qui réunit toutes les conditions vou-
« lues pour punir les condamnés d'abord, pour les cor-
« riger ensuite, s'il est possible, et pour empêcher, en
« tous cas, le retour de crimes pareils, par la peine
« qu'en ressentirait le coupable, et par la terreur qu'elle
« inspirerait à ceux qui seraient tentés de l'imiter, il

« faudrait l'adopter sans hésiter, dût le criminel cou-
« rir plus de chances de maladie et de mort dans la pri-
« son régie par ce système, que dans la vie libre qu'il
« menait dans le monde... Tout ce qu'on peut, tout ce
« qu'on doit exiger d'une prison, c'est qu'elle ne tue
« pas; et elle ne tue pas, lorsque la moyenne de ses morts
« est dans une proportion qui n'accuse pas son régime de
« barbarie, par des chiffres incontestables et excessive-
« ment élevés.

« C'est là, en effet, ajoute M. Benoiston de Château-
« neuf, auquel j'emprunte ces deux citations, ce qu'on
« doit demander à tout châtiment, à toute peine qui n'est
« pas la peine de mort, c'est de ne pas la donner.

« Humanité ! s'écrie à son tour M. Demetz, c'est là
« un mot dont on fait un étrange abus. Est-ce donc pour
« complaire aux condamnés qu'on les enferme dans les
« prisons, et faut-il y étudier leurs goûts, leurs incli-
« nations ? Le nom de pénitencier n'indique-t-il pas qu'ils
« y sont pour faire pénitence et pour expier leurs crimes ?
« *intimider à tout prix, moraliser autant que possible,*
« *tel est le but qu'on doit se proposer d'atteindre.* »
(*Résumé sur le système pénitentiaire, page* 12).

1° L'emprisonnement individuel, poursuivent les adversaires de ce régime, ne moralise point le condamné
qui sort de prison avec les mêmes penchants criminels
qu'il y avait apportés.

Le régime cellulaire n'étant pratiqué en France que
depuis fort peu de temps, et dans un très-petit nombre

de prisons seulement, l'expérience des faits ne saurait prêter, sous le rapport des résultats de moralisation qu'on a pu en obtenir, d'arguments bien concluants à ses partisans ou à ses adversaires ; néanmoins je dois encore faire connaître ici les résultats obtenus à la Roquette : de 1835 à 1837 inclusivement, la récidive qui, avant l'établissement de la société, avait été de 75 pour 100, était descendue à 19 pour 100, puis, pour les années 1838 et 1839, pendant lesquelles une partie des détenus avaient été isolés, à 17 et à 14, 90 pour 100, maintenant, je copie textuellement :

« Les quatre années qui ont suivi ont été le temps
« de la complète séparation. Alors la récidive a sensi-
« blement diminué ; ainsi elle a été :

En 1840, de 7, 63 p. 100 ;
En 1841, de 9, 18 deux tiers ;
En 1842, de 8, 40 ;
En 1843, de 9, 38 p. 100.

« Lorsqu'on compare les deux époques, il est diffi-
« cile de ne pas attribuer l'amélioration qui s'est ma-
« nifestée dans la seconde, au régime nouveau auquel
« le pénitencier a été soumis. » (*Compte décennal, etc.*,
pages 72 *et* 73.)

A l'appui de cette opinion, M. de Béranger rapporte en ces termes un fait de moralisation produit par l'isolement dans la cellule :

« Malgré les mesures prises dans le pénitencier pour
« que les détenus ne puissent communiquer, l'un deux
« était parvenu à se mettre en rapport avec l'enfant qui
« occupait la cellule voisine, et, au moyen de précau-

« tions infinies, il conversait de temps en temps avec
« lui. Tout le temps que dura cette situation, et elle se
« prolongea, il montra un caractère léger, il écoutait
« impatiemment les conseils qui lui étaient donnés, soit
« par le directeur ou l'aumônier de la maison, soit par
« les délégués de la société ; et il se préparait si mal à
« sa première communion, qu'on concevait de sérieuses
« inquiétudes sur la nature de ses dispositions. Mais
« voilà que, par l'effet d'une circonstance en quelque
« sorte providentielle, on le change de corridor et de
« cellule ; cette fois il y a impossibilité pour lui de
« nouer de nouvelles relations, sa séparation de tout ce
« qui peut contribuer à le distraire et à l'étourdir sur
« sa position est devenue complète. Dès lors, on remar-
« que dans ses manières un changement qu'on ne sait à
« quelle cause attribuer ; son air est triste, souvent il
« répand des larmes, et on l'entend pousser des san-
« glots : enfin, oppressé par les remords, éprouvant le
« besoin de rendre la paix à sa conscience, il fait l'aveu
« d'un crime dont la gravité est extrême, car ce crime
« était un meurtre. — A la suite d'une querelle, occa-
« sionnée par le partage fait pendant la nuit, dans un
« bois, de quelques objets volés de complicité avec un
« autre enfant, il s'était emporté jusqu'à frapper celui-
« ci d'un coup de couteau : ce coup avait été mortel ;
« prenant aussitôt la fuite, il erra pendant deux jours,
« et arrêté loin de là, il fut jugé comme vagabond et
« enfermé au pénitencier, sans qu'on le soupçonnât du
« crime qu'il avait commis. Tant qu'il put communiquer
« avec son jeune voisin, son âme ne fut pas troublée, elle

« n'avait commencé à l'être que lorsque l'isolement était
« devenu sérieux pour lui. Tel fut son récit; il s'en trou-
« va soulagé. Depuis lors, son caractère a reçu la plus
« favorable transformation ; les exhortations, les encou-
« ragements du digne aumônier lui sont venus en aide ;
« il a fait sa première communion avec les marques
« d'un repentir sincère, et ce jour là, sans doute, il a
« juré aux pieds des autels de faire tous ses efforts pour
« dompter les funestes penchants qui l'ont rendu si cou-
« pable.» (*Compte décennal, etc., pages 79 et suiv.*)

Il a été fort difficile de constater, d'une manière satisfaisante, les résultats de moralisation produits par l'isolement de jour et de nuit dans les pénitenciers d'Amérique
où il est pratiqué, la classe des malfaiteurs passant successivement d'un état dans un autre, afin de dissimuler des
antécédents fâcheux, et d'une prison où le régime Cherry-
Hill est en vigueur, dans une prison soumise à celui d'Auburn. M. Elam Lynds, d'abord directeur de ce dernier
pénitencier, puis fondateur et directeur de celui de Sing-
Sing, pense, il est vrai, que la réforme du criminel est
une chimère qu'il n'est pas raisonnable de poursuivre ;
tout ce qu'on peut obtenir, lui semble-t-il, c'est qu'un
grand nombre d'anciens condamnés ne retombent pas en
récidive, et que même ils deviennent des citoyens utiles,
ayant appris un état en prison et y ayant contracté l'habitude constante du travail.

M. Wilste, directeur de Sing-Sing, à l'époque du
voyage de M. Demetz en Amérique, ne semble pas croire
davantage à cette réforme. « J'ai, lui disait-il, en parlant
« d'une liste publiée par l'administration d'Auburn, des

« détenus qu'elle prétendait avoir ramenés au bien, j'ai,
« ou j'ai eu, dans cette maison-ci, les deux tiers de ces
« hommes de bien ; ils ne me parlent pas de religion, je
« vous assure! »

Pour bien apprécier la valeur de pareilles opinions,
qu'on n'oublie pas que la règle d'Auburn est l'isolement
pendant la nuit avec le travail en commun, dans les ateliers, durant le jour, et l'on reconnaitra que, loin d'accuser
le régime de Cherry-Hill, elles fournissent un argument
de plus en sa faveur. Je leur opposerai d'ailleurs la con-
clusion du *Rapport du comité de l'enquête législative de
Pensylvanie du 6 décembre 1834*. « En résumé, y est-il
« dit, le comité ne peut s'empêcher d'exprimer sa haute
« admiration pour l'institution dont l'économie et la dis-
« cipline ont fait l'objet de son examen. Il ne peut pareil-
« lement s'empêcher d'exprimer cette ferme croyance
« que le système qui y est pratiqué est calculé à un degré
« éminent pour atteindre le but de toute peine péniten-
« tiaire, savoir : *l'empêchement des crimes et l'amen-
« dement des criminels.* »

On a invoqué, il est vrai, un rapport des directeurs
du pénitencier de Philadelphie dans lequel, se plaignant
de la progression des récidives, ils demandent l'adoption
de mesures propres à l'arrêter.

Un tableau dressé par le docteur Varrentrapp, et qui
constate, dans les pénitenciers de la Pensylvanie, une
diminution annuelle de 33 p. 0/0 dans les condamnations
de 1829 à 1842, quoique dans le même espace de temps,
la population se soit accrue de 27 p. 0/0, confirmerait
encore l'opinion du comité d'enquête, et répondrait suf-

fisamment à l'objection que je viens de rapporter, si M. de Tocqueville ne l'eût détruite en faisant connaître que les récidives de Philadelphie étaient imputables à des libérés des autres pénitenciers d'Amérique, qui s'expatriaient des lieux où ils avaient subi une condamnation antérieure, et que les mesures réclamées avaient pour objet de mettre un terme à cet état de choses. (*Moniteur du 11 mai 1844.*)

Il ne faut pas, toutefois, se dissimuler que, pendant les premières années de l'adoption du régime cellulaire de jour et de nuit, il sera difficile de constater des résultats de moralisation sur les individus qui y seront soumis. Les habitudes contractées par ces individus, abandonnés, dès la plus tendre enfance, à leurs funestes penchants, et qui, pour la plupart, auront déjà subi des condamnations dans les bagnes ou dans les prisons, opposeront sans doute un obstacle puissant à ce qu'ils éprouvent, du nouveau système, les bons effets que l'on peut en attendre. C'est donc seulement lorsque la population actuelle des prisons se sera éteinte, et aura été remplacée par une nouvelle famille de condamnés pris parmi une génération élevée conformément aux principes que j'ai développés plus haut, que l'emprisonnement individuel devra porter des fruits salutaires.

Est-il bien vrai, en principe, que tout amendement soit impossible, à quelque régime que l'on soumette les détenus? Si une pareille doctrine devait être admise sans contrôle, elle fournirait, aux adversaires de la réforme actuelle des prisons, l'argument le plus péremptoire; car, cette réforme deviendrait sans objet. Aussi, est-ce avec

une généreuse indignation que M. Cantagrella combat: «Il
est, dit-il, de la plus haute utilité sociale de mettre à l'é-
« preuve des faits ce dogme de la *perversité native de*
« *l'homme*, qui n'a que trop de partisans encore ; dogme
« des plus funestes au progrès ; dogme impie au premier
« chef, et qui va droit à la négation de la Providence ;
« dogme que, pour notre part, nous repoussons de toute
« la force de notre foi dans la puissance et la bonté de
« Dieu. » (Mettray et Ostwald, *page 41.*) Quant à moi,
m'associant à cette noble protestation, je dirai que, quoique
je sois des premiers à reconnaitre combien l'amendement
du coupable est difficile, je ne saurais admettre sans ré-
serve, même dans l'état actuel des choses, qu'il soit ab-
solument impossible, et, m'appuyant sur l'expérience des
faits, je rappellerais qu'un forçat libéré (il m'a été impossible, malgré de nombreuses recherches, de retrouver
son nom, que je regrette d'avoir oublié), a été jugé digne
d'obtenir un des prix Monthyon. Ce fait, qui avait laissé
dans mes souvenirs une profonde impression, a été signalé
à la tribune, par M. Crémieux, dans les termes suivants :
« Qui de nous n'a entendu parler de cet homme réhabi-
« lité aujourd'hui, qui demeure à la porte de Paris, à
« Pontoise? Depuis longtemps il avait accompli sa peine,
« mais il n'était pas encore réhabilité, l'année dernière ;
« il n'osait pas, et, depuis longues années, pourtant,
« cet homme était parfaitement bien accueilli et estimé,
« entendez-moi bien, et estimé par la population de Pon-
« toise. L'année dernière, l'Académie a voulu lui décer-
« ner le prix Monthyon, mais elle n'a pas cru pouvoir
« l'accorder à un homme qui restait encore flétri. Alors,

« Messieurs, la population de Pontoise en masse s'est
« émue; elle a obtenu la réhabilitation. » (*Moniteur du
8 mai 1844.*)

Je rapporterais encore que, le 14 juillet dernier,
M. Fourdrey, pasteur à Brest, en transmettant à l'adjoint
au maire de cette ville une somme de vingt francs, destinée à la veuve et aux enfants d'un ouvrier assassiné
par son apprenti, accompagnait cet envoi d'une lettre
reproduite par le journal la *Presse*, le 24 du même mois,
et dans laquelle on remarque les passages suivants : «Cette
« somme provient des privations que s'impose journelle-
« ment un malheureux forçat nommé Allaire. En se pri-
« vant de son vin et en sacrifiant tous ses petits gains,
« cet homme qui, par ses sentiments, est au-dessus de
« sa position, et qui, suivant l'expression d'un de ses
« chefs, honorerait la société, s'il y était rendu, se met
« à même de soulager la misère et l'infortune. Déposi-
« taire de ses aumônes, je puis certifier que, depuis
« plusieurs années, ce pauvre condamné a sacrifié près
« de trois cents francs pour venir au secours de malheu-
« reux qu'il ne connaît que par leur infortune ; ce qu'il
« y a de plus beau, c'est qu'il ne travaille pas en vue
« d'une récompense terrestre, car je suis témoin qu'il
« a refusé des faveurs qu'on lui offrait. »

« Quoique ce digne homme paraisse vouloir garder
« l'anonyme, cependant je pense que, pour exemple, sa
« conduite ne peut être trop connue. »

D'ailleurs, tous les condamnés sont-ils donc arrivés au
même degré de corruption, pour qu'il faille désespérer
d'eux sans aucune exception? L'homme qui, dans un

moment d'ivresse, dans un accès de colère, de jalousie, aura donné la mort à l'adversaire avec lequel il se sera pris de querelle, ou à la maîtresse à laquelle il aura tout sacrifié et qui l'aura trompé ; le père qui aura vengé l'honneur de sa fille sur la personne de son séducteur ; celui qui, poussé par le dénuement et le désespoir aura commis une soustraction dont le produit était destiné à nourrir sa famille ; ceux-là, dis-je, sont-ils donc des criminels pour lesquels tout retour au bien soit impossible ? Serait-il raisonnable d'affirmer que, les circonstances qui les ont dominés ne se reproduisant plus, une première faute doit nécessairement, inévitablement les entraîner à en commettre de nouvelles ? Assurément non ! Pour ceux-là, tout espoir d'un meilleur avenir n'est pas fermé ; apprenez au premier à modérer ses passions, à maîtriser ses premiers sentiments ; donnez du travail et du pain au second ; empêchez-les surtout de se corrompre au contact d'êtres plus vicieux qu'eux, et la société pourra encore les considérer un jour comme des membres utiles, et non comme des ennemis irréconciliables.

Si l'on doit prémunir les coupables dont je viens de parler contre la souillure inévitable, qui résulte de l'emprisonnement en commun, ne serait-il pas barbare d'exposer à ce venin l'individu qui n'est en prison que pour expier une faute qui n'implique pas d'intention criminelle : celui qui, par exemple, aura été condamné pour homicide par imprudence, pour coups et blessures involontaires, pour fait de chasse, pour mendicité, etc.... Pour tous ceux-là, il faut le reconnaître, l'emprisonnement individuel est le seul juste, le seul rationnel.

conséquence , sous le rapport de l'enseignement, de celles actuellement existantes.

Les dispositions législatives en vertu desquelles ces dernières ont été fondées sont la loi du 11 floréal an 10, art. 25, paragraphe 4 ; le décret du 28 floréal an 13 ; l'arrêté du 6 ventôse an 11, et les ordonnances royales des 26 février 1817 et 31 décembre 1826.

Aux termes du préambule de cette dernière ordon-nance , qui seule est en vigueur et qui , d'ailleurs, ne diffère que fort peu des dispositions qui l'avaient précé-dée : « la destination de ces écoles est d'enseigner spécia-« lement la théorie et la pratique nécessaires pour for-« mer des chefs d'ateliers et de bons ouvriers. Les objets « de l'enseignement, l'âge et les conditions d'admission « sont déterminés par les art. 15, 16, 24 et 5 de ladite « ordonnance de la manière suivante :

« L'instruction ordinaire dans les écoles durera qua-« tre années, le temps qui y sera journellement consacré « se divisera en deux parties; la première, embrassant « les deux tiers de sa durée, appartiendra aux travaux « manuels et au dessin linéaire ; la seconde, embras-« sant l'autre tiers, à l'instruction théorique. (Art. 15).

« L'instruction théorique comprendra l'arithmétique , « les éléments de géométrie et de trigonométrie , la géo-« métrie descriptive avec leurs applications aux tracés de « charpente , aux engrenages , etc... à la mécanique in-« dustrielle ; les notions principales des sciences physico-« chimiques appliquées aux travaux de l'industrie et l'ex-« position des recherches sur la force et la résistance des « différents matériaux de construction. (Art. 16).

5

« Les leçons d'écriture et de grammaire française con-
« courront avec l'étude de l'arithmétique pendant la pre-
« mière année. Le dessin des machines, des ornements
« d'architecture et du lavis, le seul admissible dans les
« écoles, sera enseigné pendant tout le temps de l'ins-
« truction. (Art. 24.)

« L'âge d'admission auxdites écoles sera depuis treize
« ans jusqu'à quinze ans révolus : Nul ne peut être reçu
« qu'après avoir subi au chef-lieu du département de son
« domicile, par les soins du préfet, un examen qui de-
« vra constater qu'il sait lire et écrire correctement et
« qu'il connait les quatre premières règles de l'arith-
« métique. » (Art. 5).

La destination des nouvelles écoles qui, par rapport
à celles actuellement existantes, ne seraient, si je puis
m'exprimer ainsi, que des écoles *primaires*, serait d'enseigner la théorie et la pratique nécessaires pour former
de *simples ouvriers* ; ainsi, l'instruction ne durerait que
trois années et comprendrait seulement les *travaux manuels*, l'écriture, la grammaire française, l'arithmétique ;
les premiers éléments de géométrie, le dessin linéaire,
le dessin des ornements d'architecture et de lavis : l'âge
d'admission serait de douze à treize ans et les seules conditions de savoir lire et écrire (1).

Il se présenterait peut-être encore un autre moyen
d'utiliser, d'une manière avantageuse pour la société, une

(1) On comprendra que, dans cette partie de mon travail, je n'ai eu l'intention que d'émettre quelques idées, n'ayant point les connaissances nécessaires
pour traiter la matière *ex-professo*.

partie de cette population de jeunes détenus acquittés comme ayant agi sans discernement, d'enfants des hospices ou d'enfants de condamnés. Indépendamment des marins classés à l'inscription maritime, en exécution des décrets des 31 décembre, — 9 janvier 1791; 19—25 juillet 1792; 3 brumaire an 4; de l'arrêté du Directoire exécutif du 21 ventôse an 4, et des ordonnances royales des 1er juillet — 6 août 1814 et 17 mars — 4 mai 1824, l'armée navale demande annuellement au contingent fourni par le recrutement treize cents hommes pour les équipages de ligne. Bien que ces hommes soient, autant que possible, choisis parmi les jeunes conscrits des départements situés sur les côtes, déjà trop âgés pour s'habituer facilement à un métier qui exige qu'on le pratique dès l'enfance, sans vocation pour cet état et soupirant incessamment après la terre qu'ils auraient voulu ne pas quitter, la plupart ne font que d'assez mauvais marins; car, ainsi que l'a dit dans une note sur l'état des forces navales de la France, un jeune amiral dont l'opinion est assurément de quelque poids en pareille matière, et qui naguère, sur les côtes du Maroc, a prouvé qu'à la théorie il savait allier aussi l'expérience de l'homme de mer : « Plusieurs « fois dans le cours de son histoire, la France, alors qu'on « la croyait sans soldats, a bien pu en faire sortir des « milliers de son sein, comme par enchantement; mais « il n'en va pas ainsi à l'égard des flottes, le matelot ne « s'improvise pas; c'est un ouvrier d'art qui, s'il n'est « façonné dès son enfance au métier de la mer, conserve « toujours une inévitable infériorité. Depuis le temps où « nous cherchons à faire des matelots, nous sommes

« parvenus, il faut le reconnaître, à avoir des gens qui
« n'ont pas le mal de mer ; mais le nom de matelot ne
« se gagne pas à si bon marché. »

Ne pourrait-on donc pas créer une ou deux écoles de
mousses et de matelots où seraient envoyés ces enfants
qui fourniraient un jour à l'armée navale et au commerce
des sujets précieux ?

A l'aide des sociétés de patronage, de la fondation d'a-
teliers d'apprentissage, de colonies agricoles, d'écoles
primaires d'arts-et-métiers et d'écoles de mousses et de
matelots, disparaîtraient *l'anomalie, l'injustice sociale* re-
prochées aux établissements de la nature de celui de Mettray, car, du moment que l'éducation et l'avenir des enfants irréprochables des classes pauvres seraient assurés
par tous les moyens possibles, la sollicitude du gouvernement pourrait, sans froisser aucun intérêt, sans craindre
aucun reproche, s'occuper utilement des jeunes détenus.

Je crois avoir démontré que le système bâtard adopté
à l'égard de ces derniers ne saurait se perpétuer plus
longtemps, sans mentir aux promesses contenues dans
les articles 66 et 67 du Code pénal : jusqu'à présent, les jeunes enfants détenus en vertu du premier de
ces articles, bien que déclarés acquittés de l'accusation
qui pesait sur eux, sont renfermés dans les mêmes maisons centrales où les condamnés adultes subissent leur
peine. Un semblable abus se manifeste plus évidemment
encore à l'égard des jeunes enfants condamnés en vertu
de l'art 67 ; car, si, parmi ces enfants, ceux qui doivent
subir un emprisonnement d'une certaine durée sont éga-

lement envoyés dans des maisons centrales , ceux qui ne sont condamnés qu'à un emprisonnement de quelques jours ou de quelques mois restent dans les prisons départementales ou d'arrondissement où ils se trouvent confondus avec les autres détenus et sont exposés aux exemples et aux conseils les plus pernicieux. Tous d'ailleurs , dans l'état de choses actuel , sont victimes des déplorables inconvénients que je viens de signaler , avant le jugement et pendant tout le temps que dure la prévention dont ils sont l'objet, et, ceux qui sont condamnés, jusqu'à ce qu'ils soient conduits dans la maison de correction où ils doivent être détenus.

Le système adopté à Mettray me paraît on ne peut plus convenable pour la réformation des jeunes enfants qui , en exécution des articles 66 et 67 , doivent être retenus dans des maisons de correction : Il y aurait donc un avantage réel à les faire élever dans des colonies agricoles, qui différeraient des établissements destinés à l'éducation des orphelins et des enfants issus de parents pauvres, en ce que ces derniers établissements seraient créés et administrés par l'influence et les soins des sociétés de patronage , tandis que les premières seraient toujours sous la direction et la surveillance immédiate du gouvernement.

Les enfants acquittés en vertu de l'article 66 , comme ayant agi *sans discernement,* et ceux condamnés en vertu de l'article 67 , comme ayant agi *avec discernement,* mais dont la peine est modifiée en raison de leur jeune âge, devraient-ils être réunis et confondus dans les mêmes établissements ? Je ne saurais admettre l'affirmative ;

quoique la déclaration du discernement soit le résultat d'une appréciation du juge, qui souvent peut être erronée, la plupart du temps, cette appréciation est basée sur des preuves certaines, et n'est que l'expression de la vérité ; car, à l'égard d'aussi jeunes accusés, les magistrats sont toujours portés à apprécier les faits avec indulgence, et il faut que ces faits soient accompagnés de circonstances bien graves pour qu'ils consentent à user de sévérité. Dès lors, qu'on ne l'oublie pas, dans le premier cas, il y a *acquittement*, c'est-à-dire, *non culpabilité !* la faute commise est le résultat de l'ignorance, et l'enfant n'a besoin que d'être *éclairé*; dans le second cas, il y a *condamnation*, c'est-à-dire, *culpabilité !* L'enfant doit être *puni*; il faut donc qu'il soit soumis à une plus grande surveillance encore et à un régime de nature à le corriger. En conséquence, il serait nécessaire d'établir deux catégories ; les *acquittés* et les *condamnés*, et ces derniers se subdiviseraient en deux autres catégories ; les condamnés auxquels la durée de l'emprisonnement à subir permettrait de s'occuper plus fructueusement d'apprendre un état, et ceux dont la durée de l'emprisonnement serait trop restreinte pour qu'on pût songer à leur instruction. Il y aurait, ce me semble, nécessité de soumettre ceux-ci au même régime que les condamnés adultes ; en admettant pour les uns et pour les autres, ainsi que je le dirai plus tard, le système cellulaire.

Quant aux individus du sexe féminin qui se trouveraient soumis aux dispositions de l'article 66 du code pénal, le nombre en est tellement restreint, qu'il serait toujours facile à l'administration d'en opérer le placement dans des maisons d'orphelines ou en apprentissage, sans qu'il fût besoin de fonder des établissements spéciaux ; dans tous les cas, un seul établissement suffirait, car les statistiques officielles nous apprennent que, sur huit cent soixante-cinq jeunes détenus existant au 1er juillet 1843, les enfants du sexe féminin ne figuraient que pour un chiffre de cent vingt-cinq. Le genre d'immoralité que l'on rencontre chez les jeunes filles des classes pauvres ne tombe donc pas sous l'application des lois pénales, et c'est à un bon système d'éducation seulement qu'il faut avoir recours pour y porter remède (1).

CHAPITRE VI.

De la mendicité et du vagabondage. — Des moyens d'y obvier. — Des moyens de les réprimer.

Le mauvais exemple et l'absence d'une éducation qui inspire, dès l'enfance, l'amour de l'ordre, le besoin du travail et le respect des lois, font naître chez l'homme, ainsi que je l'ai déjà dit, des habitudes pernicieuses qui le rendent dangereux pour la société et doivent appeler sur lui la sévérité du législateur. Parmi ces habitudes, il faut nécessairement placer la mendicité et le vagabon-dage, qui, procédant presque toujours de la fainéantise

(1) Depuis cinq ans, l'*OEuvre des Filles Abandonnées*, sous la présidence de Madame de Lamartine et de Madame la marquise de Lagrange, s'occupe d'offrir un asile aux jeunes filles de Paris sans appui, et de les protéger contre les dangers de toute sorte qui les environnent.

et de l'oisiveté, finissent trop souvent par faire naître chez celui qui s'y livre, la pensée du crime.

De tout temps, la mendicité a été l'objet d'une répression justifiée par les inconvénients, les dangers même qu'elle présente et qui sont parfaitement reproduits dans le préambule de la déclaration du 18 juillet 1724, que je transcris ici :

« Nous avons toujours vu avec une peine extrême,
« depuis notre avénement à la couronne, la grande quan-
« tité de mendiants de l'un et l'autre sexe qui sont ré-
« pandus dans Paris et dans les autres villes et lieux de
« notre royaume, et dont le nombre augmente tous les
« jours; l'amour que nous avons pour nos peuples nous
« a fait chercher les expédients les plus convenables
« pour secourir ceux qui ne sont réduits à la mendicité
« que parce que leur grand âge ou infirmités les met-
« tent hors d'état de gagner leur vie, et notre attention
« pour l'ordre public et le bien général de notre royaume
« nous engage à empêcher, par des règlements sévères,
« que ceux qui sont en état de subsister par leur travail,
« mendient par pure fainéantise, et parce qu'ils trouvent
« une ressource plus sûre et plus abondante dans les
« aumônes des personnes charitables que dans ce qu'ils
« pourraient gagner en travaillant; ils en sont d'autant
« plus punissables, qu'ils volent le pain des véritables
« pauvres en s'attribuant les charités qui leur seraient
« destinées; et l'ordre public y est d'autant plus inté-
« ressé, que l'oisiveté criminelle dans laquelle ils vivent
« prive les villes et les campagnes d'une infinité d'ou-
« vriers nécessaires pour la culture des terres et pour

« les manufactures, et que la dissolution et la débauche,
« qui sont les suites de cette même oisiveté, les portent
« insensiblement aux plus grands crimes.

« Pour arrêter les progrès d'un si grand mal, etc. »
Cette déclaration se termine par les paroles suivantes :

« Nous espérons, par ces justes mesures et par la fer-
« meté que nous apporterons à l'exécution de notre pré-
« sente déclaration, faire cesser un si grand désordre,
« distinguer le véritable pauvre, qui mérite tout secours
« et compassion, d'avec celui qui se couvre faussement
« de son nom pour lui voler sa subsistance et rendre
« utile à l'État un grand nombre de citoyens qui lui
« avaient été à charge jusqu'à présent. »

On peut distinguer trois sortes de pauvres; ce sont :
1° Ceux qui souffrent chez eux des besoins pressants
auxquels ils ne peuvent pourvoir, faute de santé et de
moyens ou d'occasion de travailler ;
2° Ceux qu'on appelle *invalides*, tels que les enfants,
les vieillards et les infirmes;
3° Ceux enfin, qui, quoique valides, préfèrent au travail une vie oisive et errante, en abusant des aumônes.
Je n'ai guère à me préoccuper de ceux compris dans
les deux premières classes, que pour me demander si
l'on ne saurait trouver des moyens de venir à leur secours; car ceux-là sont dignes surtout de protection ? A
cette question, ma réponse ne peut être douteuse! Les
économistes versés dans ces sortes de matières et qui en
font une étude spéciale indiqueraient ces moyens; qu'il
me soit permis de dire en passant, et sans m'y appesantir,

qu'une des principales causes de malaise des classes laborieuses étant leur agglomération dans l'enceinte des villes,
où le prix des objets de consommation de première nécessité s'élève, par le seul fait de la concentration d'un grand
nombre sur un seul point, et où, d'ailleurs, la concurrence qui en résulte fait baisser le prix des salaires,
toute mesure qui tendrait à reporter la population dans
les campagnes diminuerait évidemment ce malaise, le
salaire y fût-il même inférieur. En effet, les campagnes
offrent plus d'économie pour les familles composées d'enfants en bas-âge, plus de moyens de les utiliser à mesure
qu'ils grandissent, et plus de ressources à l'industrie
domestique d'une bonne ménagère ; les occasions de dépenses et de débauches y sont plus rares ; les objets de
première nécessité y sont moins coûteux ; enfin, l'agriculture, plus perfectionnée qu'elle ne l'est encore, ferait
produire à la terre tout ce qu'elle est susceptible de produire.

L'esprit d'association, qui fait que chacun se prête un
secours mutuel, devrait aussi recevoir des encouragements. La fondation de sociétés de prévoyance et d'hospices d'incurables, dans lesquels l'indigent invalide serait
admis, moyennant une somme une fois payée, soit par
lui, soit par sa famille, me semblerait encore devoir produire d'heureux résultats. Tout individu qui aurait réussi
à économiser un pécule, pendant qu'il pouvait travailler,
serait ainsi assuré d'un refuge, lorsque ses forces s'af-
faibliraient.

Une association, fondée à Valenciennes, sous le nom
de société de Saint-Vincent-de-Paule, et comme il en existe

dans beaucoup d'autres villes du royaume, sous la même invocation, se livre à l'accomplissement de son œuvre avec un succès attesté par une feuille de la localité.

1° Exciter l'ouvrier au travail, lui en procurer ;

2° Lui donner, en cas de maladie ou d'extrême besoin, quelques secours, tels que vêtements, paillasses, couvertures, bouillons, pain, etc..., lui faire gratuitement l'avance de petites sommes pour l'aider à s'acheter des outils ou les objets nécessaires pour continuer sa profession ;

3° Le visiter pendant sa maladie, le consoler, l'encourager, l'engager à se faire transporter à l'Hôtel-Dieu, où un membre le visite ;

4° Lui conseiller, l'obliger au besoin de déposer quelques économies à la caisse d'épargne ;

5° L'entretenir dans des habitudes de sobriété, de bonne conduite, d'accomplissement des devoirs religieux ;

6° Envoyer aux écoles les enfants qui peuvent y aller ; leur procurer l'instruction religieuse ;

7° Obliger l'ouvrier à la propreté la plus stricte, veiller au blanchiment, au nettoiement de son habitation, lui en procurer les moyens ;

8° Faire contracter le mariage civil et religieux à ceux qui vivent dans le concubinage ; procurer à cet effet, gratuitement, toutes les pièces nécessaires à cette réhabilitation de la famille.

Tel est le but éminemment utile qu'a surtout en vue cette association.

Enfin, il est encore une mesure de prévoyance, qui, si elle venait à être sanctionnée par les pouvoirs de l'État,

exercerait assurément, à mon avis, une salutaire influence
sur le sort des indigents dont je m'occupe en ce moment.
Déjà, les caisses d'épargne rendent d'immenses services
aux classes moyennes et même aux classes pauvres. Toutefois, instituées pour recevoir et conserver, moyennant
un intérêt déterminé, les économies du déposant, qui
peut toujours les retirer suivant ses caprices ou ses besoins, il n'entre point dans leur objet d'assurer à l'ouvrier laborieux, pour ses vieux jours, une existence tran-
quille et à l'abri de la misère. Sous la présidence de M. le
comte Molé, une réunion d'hommes de bien, d'industriels
distingués et d'hommes d'Etat pleins de sollicitude pour
les classes laborieuses, a conçu la pensée d'une institution complémentaire, qui, sous le nom de *Caisse de retraite pour les travailleurs des deux sexes,* serait destinée
à combler cette lacune, et elle a présenté à M. le ministre
des finances un projet de loi dont le journal *la Presse* a fait
connaître, en ces termes, les principales dispositions,
dans son numéro du 13 mars 1844.

« Toute personne âgée de vingt-un ans, au moins,
« pour les hommes, de dix-huit pour les femmes, et de
« quarante-cinq au plus pour les deux sexes, est admise
« à faire le versement d'une prime annuelle pour obtenir
« de l'Etat une pension de retraite, calculée sur une mor-
« talité moyenne entre la table de Duvillard et celle de
« Deparcieux. »

« La femme mariée aura le droit de se constituer une
« pension et d'en percevoir les arrérages. En cas de
« refus d'autorisation du mari, le juge de paix y sup-
« pléera.

« Le minimum de la pension sera de soixante francs,
« et le maximum de quatre cent quatre-vingts. La pen-
« sion partira de l'âge de 50, 55, 60 ou 65 ans, au
« choix des contractants, mais à la condition que l'en-
« trée en jouissance sera séparée de l'époque du pre-
« mier versement par 20 ans au moins. Toute infraction
« à la limite du maximum de la pension, qui peut être
« obtenue par une même personne, entraînera la perte
« des sommes versées en excédant de celles qui donnent
« droit à la pension maximum.

« Le prime annuelle pourra être acquittée, soit di-
« rectement, soit par l'intermédiaire des caisses d'é-
« pargne ou des sociétés de secours reconnues.

« Si, trois mois après l'époque fixée pour le paie-
« ment de la prime annuelle, le contractant n'a pas
« complété le versement de cette prime, la pension sera
« liquidée de plein droit, d'après le tarif, à raison des
« versements effectués. Dans le cas où, par suite de
« liquidations opérées, le chiffre de la pension se trou-
« verait au-dessous du minimum de 60 francs, cette
« pension serait capitalisée, d'après le même tarif, à
« l'époque fixée pour l'entrée en jouissance, et le pro-
« duit de la capitalisation payé au titulaire.

« Au décès du contractant, soit avant, soit après
« l'ouverture de la pension, il sera payé une somme
« égale à une année de la pension, savoir :

« Au conjoint survivant ;

« A son défaut, aux descendants légitimes ;

« A leur défaut, aux ascendants légitimes ;

« Le montant de ces paiements ne pourra excéder

« celui des primes versées ; toutefois il sera prélevé et
« payé, dans tous les cas, une somme de trente francs
« pour servir aux frais funéraires.

Dans son N° du 12 novembre suivant, le même journal
annonce que, depuis qu'il a été soumis à M. le ministre
des finances, ce projet n'a cessé d'éveiller sa sollicitude,
qu'il en a complètement adopté le principe et qu'il ne
serait plus retenu que par la question d'opportunité, pour
en faire l'objet d'une proposition législative; on doit faire
des vœux pour que, les objections financières ou les difficultés de détail tombant devant une nouvelle étude et
de nouveaux efforts, la France se voie dotée avant peu
d'une institution dont il est permis d'attendre de si heureux effets !

D'un autre côté, presque tous les journaux ont annoncé dernièrement qu'on venait de distribuer à Bruxelles
le prospectus d'une société d'assurances mutuelles entre
tous les ouvriers de la Belgique : Au moyen d'un franc par
mois, chaque ouvrier aurait droit à un secours de 75 c.
par jour en cas de chômage, et à un franc en cas de maladie. Ne pourrait-on pas s'approprier cette idée qui parait féconde ?

Faut-il ranger, parmi les établissements de bienfaisance,
les Monts-de-Piété ? Je ne serais pas de cet avis : s'il con-
vient d'accoutumer celui qui vit de son travail à placer
ses économies aux caisses d'épargne, il peut être dangereux de l'aider à recourir aux emprunts. Lorsque l'ouvrier parisien manque d'argent pour pourvoir à ses besoins, ou même pour chômer le lundi, sa première

pensée, sa principale ressource, personne ne l'ignore, est d'aller engager au Mont-de-Piété ses effets et quelquefois jusqu'aux outils qui lui servent à exercer son état; Puis, le terme du remboursement arrivé, s'il se voit dans l'impossibilité de les retirer ou même sans attendre cette époque, il cède à vil prix les reconnaissances qui constatent son dépôt à ces individus dont l'industrie consiste à spéculer sur sa détresse. Ne reconnaîtra-t-on pas que, loin d'être un bienfait pour lui, le Mont-de-Piété ne fait qu'aider à la consommation de sa ruine? D'ailleurs, ces établissements ne servent que trop souvent, à leur insu, à recéler des objets volés.

Mais je m'aperçois que je suis éloigné du but que je me propose, l'examen des mesures propres à prévenir ou à réprimer la mendicité, en ce qui concerne seulement les individus auxquels les moyens ou l'occasion de travailler manquent et ceux qui préfèrent au travail une vie oisive et errante; je me hâte donc d'y revenir, laissant, ainsi que je l'ai dit, aux économistes versés dans ces sortes de matières, le soin d'indiquer par quelles voies on peut venir avec succès au secours de ceux qui souffrent chez eux et des invalides.

Avant la promulgation du Code pénal, la mendicité était réprimée par le décret du 5 juillet 1808 dont les articles 3, 4 et 5 sont ainsi conçus :

« Art. 3. Dans les quinze jours qui suivront l'établis-
« sement et l'organisation de chaque dépôt de mendi-
« cité, le préfet du département fera connaître par un
« avis, que ledit dépôt étant établi et organisé, tous les

« individus mendiant et n'ayant aucun moyen de subsis-
« tance, sont tenus de s'y rendre ;

   « Cet avis sera publié et répété dans toutes les commu-
« nes du département, pendant trois dimanches consé-
« cutifs ;

   « Art. 4. A dater de la troisième publication, tout
« individu qui sera trouvé mendiant dans ledit départe-
« ment sera arrêté, d'après les ordres de l'autorité locale
« et, par les soins de la gendarmerie ou de toute autre
« force armée ;

   « Il sera traduit au dépôt de mendicité ;

   « Art. 5. Les mendiants *vagabonds* seront arrêtés et
« traduits dans les *maisons de détention.* »

   Il résultait évidemment de la combinaison de ces articles, que les mendiants qui, obéissant à l'injonction qui
leur en était faite, se rendraient au dépôt de mendicité,
devraient y être admis sur *leur simple demande* et sans
qu'il fût nécessaire qu'ils subissent *une condamnation
préalable* ; que ceux mêmes qui, résistant au contraire
à cette injonction, continueraient à mendier seraient arrêtés et traduits, également *sans condamnation préalable*,
au dépôt de mendicité. Cette interprétation me parait
d'autant mieux fondée qu'établissant, dans son article 5,
une différence à l'égard des mendiants vagabonds, c'est-
à-dire, étrangers au département et qui, aux termes de
l'article 270 du Code pénal qui définit le vagabondage,
n'ont ni *domicile certain*, ni *moyens de subsistance et
n'exercent habituellement ni métier ni profession*, le
décret dispose que ceux-ci seront arrêtés et traduits, *non
plus au dépôt de mendicité*, mais dans *les maisons de*

litation du condamné? Les adversaires du projet de loi ont
été chercher des arguments dans le motif religieux, dans
l'impossibilité pour le détenu de se livrer, dans la cellule,
à l'exercice en commun du culte divin ; qu'ils songent donc
aussi que notre religion est une religion de miséricorde et
d'oubli ; qu'ils méditent ces belles paroles de M. le ministre de l'intérieur : « Voyez ce que fait le prêtre, lors-
« qu'il accompagne le criminel à l'échafaud? croyez-vous
« qu'il devienne son complice parce qu'il l'appelle son
« frère ? Non, il lui donne des conseils, il l'invite au
« repentir, il ne croit pas que le repentir lui soit fermé,
« et qu'il soit voué à un éternel anathème (*id., id., id.*).

Qu'ils méditent encore ces autres paroles de M. de
Lamartine :

« . . . . Si j'osais dire ma pensée, que dis-je? pas
« ma pensée, la pensée du siècle pensant, la pensée de
« la philosophie, la pensée du christianisme, la pensée
« de cette religion qui a substitué partout, dans ses
« dogmes comme dans sa morale, la rédemption à la
« vengeance, et la réhabilitation à la flétrissure, je di-
« rais que peut-être serait-il plus beau, plus humain,
« plus juste, et par conséquent plus utile d'effacer en-
« tièrement la flétrissure de vos lois, ou du moins d'at-
« tacher exclusivement la flétrissure au crime, en lavant
« le criminel dans son repentir, dans sa peine subie,
« dans son ostracisme et dans sa régénération, et de faire
« participer, pour ainsi dire, la justice des hommes de
« cette miséricorde divine qui tient l'homme pour racheté
« et pour innocent quand il s'est condamné lui-même, et

6

« qu'en acceptant sa peine, il a satisfait aux hommes
« par son corps, et à Dieu par son esprit.

. . . .

. . . . . . De deux choses l'une, ou le forçat s'accou-
« tumera à la honte, où il ne s'y accoutumera pas. S'il
« ne s'y accoutume pas, si chaque rayon de lumière
« qui tombe du ciel sur son visage le couvre de la même
« confusion, du même opprobre que le premier jour,
« que le jour de son exposition, par exemple, alors
« c'est un supplice tel, c'est une telle torture de l'âme,
« que votre loi dépasse en cruauté les inventions les
« plus barbares de la vengeance humaine ; c'est une loi
« de sauvages et non de chrétiens ; passez-moi le seul
« mot qui la définisse, c'est une exposition à vie, c'est
« le *pilori* à perpétuité. » (*Moniteur du* 7 *mai* 1844).

8° Le travail du condamné introduit dans l'industrie
une concurrence immorale et ruineuse :

Lors de l'adoption par la chambre des députés du projet de loi sur la réforme des prisons, une pétition destinée à la chambre des pairs circula dans les ateliers de
Paris ; on y remarque les passages suivants :

« Les dispositions de la loi qui forcent les condamnés
« à un travail industriel sédentaire introduisent dans
« l'industrie la plus immorale de toutes les concurren-
« ces, en créant dans certains métiers, déjà peu avan-
« tagés sous le rapport du salaire, vingt cinq à trente
« mille ouvriers nouveaux dont les produits peuvent être
« livrés au consommateur, en raison du bas prix de
« revient, à un taux auquel ne peuvent jamais descendre
« les ouvriers honnêtes exerçant ces métiers.

« D'où il suit que ces derniers sont réduits à une si-
« tuation bien plus misérable que les condamnés qui, as-
« surés du pain quotidien, peuvent, en outre, faire des
« épargnes, position que les ouvriers honnêtes sont ré-
« duits à envier.

« Les soussignés considèrent un pareil état de choses
« comme une espèce de prime accordée au vice, et dé-
« plorent cette philanthropie qui, ne s'exerçant qu'à
« l'égard de ceux qui ont contrevenu aux lois de la so-
« ciété, non-seulement laisse en oubli la situation des
« ouvriers de l'industrie manufacturière, mais encore fait
« peser sur eux, par la concurrence du travail des prison-
« niers, une misère qui surpasse la peine que ceux-ci
« seuls doivent encourir.

« .   .   .   .

« Pour se résumer, les soussignés demandent que l'on
« inflige aux détenus, suivant le degré de criminalité,
« soit la privation absolue du travail, soit l'exécution
« des travaux insalubres et dangereux de l'agriculture
« et de l'industrie. »

On ne saurait se dissimuler la gravité des questions que
soulève cette pétition : s'il était vrai, ce que je ne me
propose pas d'examiner ici, que le travail des condamnés
fasse une concurrence ruineuse aux classes ouvrières,
il faudrait assurément rechercher les moyens d'apporter
remède à un tel état de choses. Le travail auquel, sous tous
les systèmes et de tous les temps, les condamnés ont été
soumis, est, ainsi que je l'ai dit plus haut, une condition essentielle, indispensable de l'emprisonnement individuel ; dès lors, la privation absolue de travail, demandée

par la pétition ci-dessus, devant produire sur la santé des détenus les mêmes résultats fâcheux constatés par les essais tentés à Auburn, ne saurait être accueillie. L'exécution par les condamnés des travaux insalubres et dangereux de l'agriculture et de l'industrie est inapplicable, puisque ces travaux, excepté ceux des mines et des carrières, exigent un état de liberté pour ceux qui y sont employés ; mais ne serait-il pas possible de n'adopter, dans les prisons, que le genre de travail que l'expérience ferait reconnaitre devoir faire une concurrence moins redoutable à l'industrie privée, d'en limiter la durée, en impartissant chaque jour une tâche au détenu ou d'en maintenir le prix, à l'aide de certaines combinaisons, et, par suite, le prix des objets fabriqués par les prisonniers à un chiffre qui légitimerait la concurrence.

Les condamnés, dans les maisons centrales, ayant toujours été astreints à un travail qui créait à l'industrie privée la concurrence signalée par la pétition des ouvriers de Paris, il s'agit moins, aujourd'hui, de la supprimer que de faire en sorte que la réforme pénitentiaire ne donne pas une nouvelle impulsion à cette concurrence. Or, s'il est vrai que le prisonnier, ayant dans la cellule moins de sujets de distraction, perdra moins de temps, fera un meilleur emploi des matières premières et acquerra plus d'habileté dans l'exercice de l'état qu'il pratiquera, il est permis aussi de croire que, livré à ses propres ressources, il éprouvera plus de difficultés dans la confection des ouvrages qui lui seront confiés, que les différents genres d'industrie auxquels on peut se livrer dans l'isolement de la cellule étant plus restreints, sous ce rapport, le tra-

vail sera moins productif que dans des ateliers, qui sont
de véritables manufactures où l'aide des machines et le
concours d'un grand nombre d'ouvriers facilitent et abré-
gent la confection de la tâche entreprise; qu'ainsi, il y
aura au moins compensation entre les avantages et les
désavantages de chaque genre de travail, et qu'en définitive, la concurrence dont se plaint la pétition ne sera pas
augmentée par l'adoption du système de Cherry-Hill.

9° Ce qui prouverait encore que le travail dans la cellule ne saurait faire à l'industrie privée une concurrence
plus nuisible que celui en commun, c'est que les adversaires de l'emprisonnement individuel ont cherché une
objection dans la difficulté que l'on éprouverait, selon
eux, à trouver un genre de travail convenable au détenu
soumis à ce régime, et qu'ils ont prétendu ensuite qu'il
serait moins productif que dans les ateliers.

Placé entre deux écueils que je dois éviter, je ferai
remarquer tout d'abord la singularité de ma position :
Les adversaires du système cellulaire prétendant, les uns,
que le travail dans la cellule sera trop productif, les autres, qu'il ne le sera pas assez; en présence de ces deux
reproches, qui se détruisent réciproquement, après avoir
démontré aux premiers que ce travail ne donnera pas
naissance à une concurrence dangereuse pour l'industrie
privée, il faut maintenant que je démontre aux seconds
qu'il ne sera ni plus impossible, ni moins productif que
celui en commun. Quant à la difficulté que l'on éprouverait à trouver un genre d'occupation convenable au dé-

tenu soumis à l'isolement, M. de Bretignères donne, à la
fin de son livre, intitulé *les Condamnés et les prisons*, que
l'on peut consulter, une nomenclature de soixante-douze
métiers, qui pourraient facilement être exercés par des
personnes dans l'état de solitude où les réduirait un nouveau système pénitentiaire, nomenclature remise à M. Demetz par M. Pradier, coutelier, qui a eu, pendant trente
ans, l'entreprise des prisons. Quant à la diminution dans
le produit du travail, par suite de l'adoption du système
cellulaire, M. Demetz, s'appuyant de l'opinion de
MM. Pradier, Guillot, entrepreneur de Gaillon, et Pouillet, directeur des arts-et-métiers de Paris, affirme que
cette objection n'est nullement fondée et j'y ai répondu
par avance en balançant, sous le numéro précédent, les
avantages et les inconvénients du travail en commun et
du travail dans la cellule.

10° La dernière objection que l'on fait à l'adoption de
l'emprisonnement individuel, en France, est fondée sur
les dépenses qu'elle nécessiterait.

Sans doute l'adoption, en France, du système de
Philadelphie entrainera une dépense considérable. Sans
doute, encore, on ne doit pas montrer trop de dédain
pour la question financière; mais, lorsqu'on dépense
plus de cinquante millions en fortifications, il ne faut
pas non plus se préoccuper trop de cette question, s'il
est reconnu que l'emprisonnement individuel procurerait les effets salutaires que tous ses partisans proclament, « Les dépenses ne sont pas une charge, dit

« M. Demetz, quand il s'agit d'une question fondamen-
« tale de bien-être général, quand il s'agit d'extirper
« un mal qui ronge le pays au cœur. A proprement
« parler, un pays ne dépense pas, quand il fonde des
« monuments utiles ; il ne fait au contraire que s'enri-
« chir ; car il a des établissements de plus sans que l'ar-
« gent qui a servi à les payer soit sorti de son sein. »
(*Résumé. page* 31.)

Mais d'ailleurs ces dépenses, plus considérables, sous
certains rapports, que celles auxquelles donnerait lieu
l'adoption du système d'Auburn, ne seront-elles pas
moindres sous certains autres? Ainsi, dans le premier
système, celui de Cherry-Hill, si les cellules doivent
être plus spacieuses, le personnel des gardiens plus
nombreux, etc., d'un autre côté, ne trouvera-t-on pas
une économie dans la suppression des infirmiers, des
réfectoires et des ateliers indispensables dans le second
système ? M. Tupinier, dans son rapport sur le matériel
de la marine, publié en 1838, affirme que ce département
perd annuellement, sur le travail des forçats, une somme
de près de 900,000 francs (*Siècle,* 22 *septembre* 1843).
Dès lors, en leur retirant ce travail, l'État bénéficierait
d'une pareille somme. Mais un tel préjudice n'est pas
le seul éprouvé ; M. de Lacoudrais a cité une lettre du
mois de mars 1808, du conseiller d'État Caffarelli, alors
préfet maritime à Brest, à M. Jurien, chef de la 2e division du ministère de la marine, dans laquelle il lui disait
qu'une conspiration générale était organisée contre le
port, afin de voler cuivre, plomb, fer, bois, et que les
vols montaient à un taux considérable chaque jour. Le

même orateur a signalé en outre un nouveau danger résultant du séjour des forçats dans les ports : « Quant aux
« bagnes de la marine, a-t-il dit, plus nous allons, et plus
« la présence des forçats y est menaçante. Je dois le dire,
« des tentatives d'incendie ont eu lieu dans plusieurs
« ports, et notamment dans celui de Brest. »

. . . . . L'administration ne conserva pas le moindre
« doute. Seulement, afin de calmer les imaginations, on
« laissa déclarer, on fit répandre que des incertitudes
« pouvaient s'élever à cet égard ; mais il n'est que trop
« avéré, que la tentative avait été faite par les forçats. »
(*Monit.* 9 *mai* 1844.)

La population des détenus devant évidemment suivre
une progression décroissante par suite de la généralisation, en France, de l'emprisonnement individuel, et la
durée des peines devant également subir une réduction,
si ce système était adopté ; il y aurait, sous ces deux rapports, une diminution progressive dans les frais de justice,
et dans ceux d'entretien des détenus.

« Si l'impôt du sang, a dit encore M. Demetz, est
« le plus lourd des impôts, celui que prélèvent les
« malfaiteurs sur les honnêtes gens n'est-il pas le plus
« immoral et le plus révoltant ? » Adoptant sans restriction cette pensée, j'ajouterai qu'une des économies
le mieux entendues serait de réduire cet impôt au chiffre
le plus restreint possible : or, l'emprisonnement individuel amènerait cette conséquence, puisque, même en
n'admettant pas la moralisation du condamné, de l'intimidation qu'il trouverait dans l'isolement de la cellule, de l'impossibilité de se corrompre davantage, et,

surtout, de la difficulté de trouver des complices qui pussent indiquer des crimes à commettre ou en faciliter l'exécution, résulterait nécessairement une diminution dans le nombre des attentats.

Après avoir combattu successivement les principales objections élevées contre l'emprisonnement individuel, qu'il me soit permis de résumer en peu de mots les avantages qu'offrirait son adoption.

I. Les détenus n'acquerraient pas, dans la cellule, comme dans les bagnes et les maisons centrales, une plus grande corruption, et plusieurs même dont les instincts ne seraient pas naturellemnnt vicieux, forcés, en l'absence des distractions et des mauvais exemples de l'emprisonnement en commun, de faire un retour sur eux-mêmes, et de méditer sur les dangers inévitables d'une vie de désordres et de crimes, pourraient s'amender.

II. A l'expiration de leur peine, ceux qui voudraient rentrer dans la voie du bien n'en seraient pas détournés par d'anciens compagnons de geôle qui viendraient à les reconnaître ; présentant plus de garanties à la société, ils pourraient encore être accueillis chez des maîtres et trouver de l'ouvrage.

III. L'intimidation résultant de l'emprisonnement solitaire, la crainte d'y être soumis de nouveau, ainsi que la difficulté de trouver des complices, retiendraient dans la bonne voie le plus grand nombre de ceux qui ne seraient pas animés des mêmes résolutions.

IV. Il n'y aurait plus entre les prévenus et les condamnés cette déplorable confusion qui cause si souvent la dépravation des premiers, lorsqu'ils sont innocents et qu'ils seraient restés irréprochables.

V. Avec l'adoption du nouveau système, disparaîtrait la nécessité, pour maintenir la discipline, de recourir aux moyens coercitifs si fréquents et quelquefois même si barbares, que j'ai fait connaître, et contre lesquels on ne saurait trop s'élever (1) ; on n'aurait plus besoin de recourir, au ferrement des condamnés, mesure d'une autre époque qui ne se justifie que par la nécessité de mettre obstacle aux évasions.

VI. Contraint d'échapper le plus possible à l'amertume de ses réflexions et au souvenir du crime qui aurait motivé son châtiment, le détenu contracterait, malgré lui, des habitudes de travail qui assureraient, un jour, son avenir ; plus habile dans l'exercice de l'état qu'il aurait adopté, il ferait un meilleur emploi des ma-

(1) « A Pentonville, prison soumise à l'isolement continu, dans l'année qui « vient de s'écouler, a dit M. de Tocqueville, il n'y a eu de punis, sur 525 déte-« nus que 139.

« Et savez-vous, messieurs, combien de détenus étaient punis à côté de là, « dans une prison semblable aux nôtres, à Coldbathsind? Dans une prison de « 1,100 détenus, il y a eu, dans une seule année 18,000 punitions, et, parmi ces « 18,000 punitions, savez-vous combien pour le maintien du silence, 9,000 ! (*Moniteur du* 11 *mai* 1844.)

« L'immense avantage du système que nous proposons, a dit M. le ministre de « l'intérieur, c'est qu'il supprime la nécessité de ces châtiments, parce qu'il en « supprime la cause. Du moment où la cause cesse, il n'y a plus de rigueurs à « exercer. La rigueur ne serait plus soutenable, elle n'aurait ni excuse ni motif. » (*Moniteur du* 14 *mai* 1844.)

tières premières, livrerait des produits mieux confectionnés, et, sous ce rapport, il y aurait économie pour
l'état.

VII. Le chiffre des crimes devant éprouver une progression décroissante, la même diminution se ferait sentir dans les frais de justice criminelle et dans les dépenses
d'entretien des détenus, devenus moins nombreux; mais
l'économie ne s'arrêterait pas là ; car l'état trouverait
un nouveau dégrèvement par suite de la réduction de la
durée des peines temporaires qui ne sauraient être aussi
longues, subies dans la cellule solitaire, qu'avec le régime
de l'emprisonnement en commun.

VIII. En supprimant les bagnes, et en faisant exécuter
par des ouvriers libres les travaux dont sont aujourd'hui
chargés les forçats, le département de la marine bénéficierait annuellement d'une somme de près de neuf cent
mille francs ; on mettrait un terme aux dilapidations de
toute nature dont nos ports et nos arsenaux sont journellement victimes, et on s'affranchirait du danger de voir
incendier ces établissements qui renferment une partie
importante de nos forces matérielles.

IX. Le détenu, de son côté, trouverait un immense
avantage dans cette réduction de sa peine : avant la révolution de 1789, les peines corporelles existaient en France
comme chez tous les peuples où la civilisation n'avait pas
fait les immenses progrès qu'elle a faits depuis. Alors,
dans beaucoup de circonstances, un coupable, après avoir

subi la flagellation ou tout autre châtiment physique infligé à sa faute, était rendu à la liberté, à ses occupations journalières, et pouvait encore pourvoir à son existence et à celle de sa famille. Plus humains de nos jours, nous indignant à la pensée de peines aussi barbares, nous nous contentons de jeter le coupable dans un bagne, et, quand sa jeunesse et son âge mûr s'y sont écoulés, lorsque ses forces ont succombé sous le poids des années, des souffrances morales et des mauvais traitements, nous le rendons à la société avec l'alternative, ou de mourir de misère, ou de commettre de nouveaux crimes, afin de revenir au bagne comme dans le seul refuge qui lui soit ouvert! A Dieu ne plaise! que je regrette les châtiments corporels si incompatibles aujourd'hui avec nos mœurs; mais, s'il est possible, par d'autres moyens, de préserver le condamné de tout contact avec les autres criminels, de lui faire expier son forfait par un châtiment rigoureux et toutefois modéré dans sa durée qui laisse en son esprit une impression de terreur salutaire, de le rendre ensuite à la liberté, plein de forces, habitué au travail, sachant un état et ayant encore devant lui assez d'années, pour pouvoir se créer une nouvelle existence, un nouvel avenir; dans ma conviction, l'emprisonnement individuel peut seul offrir ces résultats!

X. La liberté des communications entre détenus se trouvant supprimée, il ne serait plus possible, aux inculpés de recevoir des conseils et un système de défense de ces habitués de prison, qui ont fait une étude particulière du code pénal, ou, lorsque plusieurs individus seraient impliqués dans la même accusation, de combiner entre eux leurs réponses : en conséquence, les aveux des coupables seraient plus fréquents, l'information plus facile, plus prompte, et la détention préventive moins prolongée.

J'en ai fini, je crois, avec les objections des adversaires de l'emprisonnement individuel et les raisons qui doivent le faire prévaloir. Je vais maintenant me livrer à un rapide examen du projet de loi adopté, dans la session dernière, par la Chambre des Députés.

CHAPITRE III.

Examen du projet de loi adopté par la Chambre des Députés,
le 19 mai 1844.

TITRE Ier.

DU RÉGIME GÉNÉRAL DES PRISONS.

Article 1er. Toutes les prisons affectées aux détenus non-militaires sont placées sous l'autorité du ministre chargé de l'administration départementale.

Art. 2. Des ordonnances royales portant réglement d'administration publique détermineront le mode de surveillance des prisons, les attributions respectives, en ce qui les concerne, des préfets, des maires et autres délégués de l'autorité administrative, la composition et les attributions des commissions de surveillance qui seront instituées dans chaque arrondissement.

Les premiers-présidents et les procureurs-généraux seront membres de droit de toutes les commissions de surveillance de leur ressort.

Les présidents et procureurs du roi seront membres de droit des commissions de surveillance de l'arrondissement.

Deux membres du conseil-général et deux membres du conseil d'arrondissement feront partie de chaque commission de surveillance.

Art. 3. Un règlement spécial relatif au régime intérieur de chaque prison sera arrêté par le ministre.

Art. 4. Tous les agens préposés à l'administration et à la garde des prisons seront nommés ou révoqués par le ministre, ou, sous son autorisation, par le préfet.

TITRE II.

Art. 5. Dans les lieux où des maisons spéciales ne seront pas destinées aux inculpés , prévenus et accusés de chaque sexe, il sera affecté aux hommes et aux femmes des quartiers distincts.

La surveillance immédiate des prisons ou quartiers affectés aux femmes sera exercée par des personnes de leur sexe.

Art. 6. Les inculpés, prévenus et accusés, seront séparés les uns des autres pendant le jour et la nuit.

Chacun aura une cellule suffisamment spacieuse , saine et aérée.

Une heure au moins d'exercice en plein air sera accordée tous les jours à chacun d'eux.

Art. 7. Les règlements internes de la prison détermineront dans quelles circonstances ils sortiront de leurs cellules et les prescriptions nécessaires pour empêcher toute communication entre eux.

Art. 8. Toutefois, des communications de détenu à détenu pourront être permises par le chef de la maison entre les parents et les alliés.

Art. 9. Quand le juge n'aura pas interdit les communications entre les détenus compris dans la même instruction , les communications leur seront permises, s'ils le demandent réciproquement, aux heures, dans les lieux et sous la surveillance qui seront déterminés par les règlements de la maison.

Dans tous les autres cas, les communications de détenu à détenu pourront être autorisées par le préfet.

Art. 10. Les inculpés, prévenus et accusés pourront communiquer, tous les jours, avec leurs conseils, parents et amis. Un règlement d'administration publique déterminera les heures et les conditions.

S'il y a refus de la part du chef de la maison, dans le cas prévu au précédent paragraphe, comme aussi au cas de l'art. 8 , il en sera référé aux magistrats chargés de l'instruction qui pourront permettre la communication demandée.

Art. 11. Les communications autorisées par les articles 8, 9 et 10 ne pourront avoir lieu dans le cas où les magistrats chargés de l'instruction auraient ordonné que le prévenu fût privé de toute communication.

Art. 12. Les prévenus et accusés pourront travailler dans leurs cellules à tous les ouvrages compatibles avec la sûreté et l'ordre de la maison.

Le produit de leur travail leur appartiendra.

TITRE III.

DES PRISONS AFFECTÉES AUX CONDAMNÉS ET DU RÉGIME DE CES PRISONS.

Art. 13. Les travaux forcés seront subis dans des maisons appelées : *Maisons de travaux forcés.*

Art. 14. Les condamnés à la reclusion subiront leur peine dans une prison qui sera appelée : *Maison de reclusion.*

Art. 15. Les condamnés à l'emprisonnement subiront leur peine dans une prison qui sera appelée : *Maison d'emprisonnement.*

Art. 16. Dans le cas où il serait nécessaire de recevoir dans la même maison des condamnés à la reclusion et à l'emprisonnement, ils seront renfermés dans des quartiers distincts et qui porteront les noms de *Quartier de la reclusion* et *Quartier de l'emprisonnement.*

Art. 17. Des maisons spéciales seront affectées aux femmes condamnées aux travaux forcés, à la reclusion et à l'emprisonnement.

Dans le cas où il serait nécessaire de recevoir dans la même maison des femmes condamnées aux travaux forcés, à la reclusion et à l'emprisonnement, elles seront renfermées dans des quartiers spéciaux et portant chacun des dénominations distinctes.

Art. 18. Les enfants condamnés en vertu des art. 67 et 69 du code pénal, et les enfants détenus, soit en vertu de l'art. 66 du même code, soit par voie de correction paternelle, seront détenus dans des maisons spéciales.

ESSAI

SUR

LES INSTITUTIONS DE BIENFAISANCE

ET

LA RÉFORME PÉNITENTIAIRE

EN FRANCE.

DEUXIÈME PARTIE.

ERRATA.

Page 6, *ligne* 31, *au lieu de* commerce illicites, *lisez* : commerces illicites.

Page 10, *ligne* 6, *au lieu de* s'ennuyant, du régime, *lisez* : s'ennuyant du régime.

Page 15, *ligne* 4 de la note, *au lieu de* Cheny-Hill, *lisez* : Cherry-Hill.

Page 22, *ligne* 12, *au lieu de* coups de fouets, *lisez* : coups de fouet.

Page 36, *ligne* 14, *au lieu de* pue lui, *lisez* que lui.

Page 43, *ligne* 25, *au lieu de* Foucher, *lisez* : Fouché.

Page 44, *ligne* 5 de la note, *au lieu de* surí un, *lisez* : sur un.

Page 50, *ligne* 5, *au lieu de* la population n'est plus que de 2 0⁄0, *lisez* : la mortalité n'est, etc...

Page 52, *ligne* 13 de la note, *au lieu de* taus, *lisez* : tous.

Page 53, *ligne* 9, *au lieu de* Charlstown, *lisez* : Charlestown.

Id.   *ligne* 23, *au lieu* d'Ysses, *lisez* : d'Eysses.

Page 54, *ligne* 13, *au lieu de* les jeunes y étaient, *lisez* : les jeunes prévenus y étaient.

Page 55, *ligne* 5, *au lieu de* individue, devrait au contraire avoir, pour, *lisez* : individuel devrait au contraire avoir pour.

Page 56, *ligne* 23, *au lieu de* 1° l'emprisonnement, *lisez* : 4° l'emprisonnement.

Page 62, *ligne* 1, *au lieu de* Cantagrella combat, *lisez* : Cantagrel la combat.

Page 94, titre, *au lieu de* 19 mai, *lisez* : lisez le 18 mai.

Page 138, *ligne* 14, *au lieu de* en vertu de l'art. 33, *lisez* : en vertu de l'art. 34.

Page 140 *ligne* 21, Id.   Id.   Id.   Id.   Id.   Id.   Id.   Id.

Page 154, *ligne* 4, *au lieu de* écrit déjà cité (*page*, etc.), *lisez* : (écrit déjà cité, *page*, etc.)

Page 158, *ligne* 14, *au lieu de* soit des outils, *lisez* : soit les outils.

Page 159, *ligne* 7, *au lieu de* dans quels que rangs, *lisez* : dans quelques rangs.

Page 166, *ligne* 14, *au lieu de* Loi des suspects; est, *lisez* : loi des suspects, est.

Page 167, à la note, *au lieu de* rupture de banc, *lisez* : rupture de ban.

Page 168, *ligne* 16, *au lieu de* donnait avis, *lisez* : donnerait avis.

CHAPITRE PREMIER.

Origine de la réforme pénitentiaire en Amérique. — Maisons de refuge.

La première pensée d'une réforme dans les prisons d'Amérique appartient, disent MM. de Beaumont et de Tocqueville, aux Quakers, secte religieuse de la Pensylvanie, dont les principes repoussent toute effusion de sang : en 1786, leur voix parvint à se faire entendre; la peine de mort, la mutilation et le fouet furent successivement abolis dans presque tous les cas par la législature de cet État; mais bientôt la société se vit désarmée : encouragé par l'impunité ou l'insuffisance du châtiment, le crime se multiplia rapidement ! Il fallut, dès lors, songer à protéger la sûreté des citoyens compromise, à rendre le châtiment redoutable et à assurer la complète exécution des jugements. La loi autorisa les tribunaux à infliger l'emprisonnement solitaire dans une cellule, pendant le jour et la nuit, à tous les coupables de crimes capitaux.

1

Il n'entre pas dans mon plan de suivre le développement de ce système aux États-Unis; je me borne à en indiquer le point de départ, et je renvoie les personnes qui seraient curieuses d'en connaître toutes les phases, à l'ouvrage si intéressant de MM. de Beaumont et de Tocqueville, intitulé : *Du système pénitentiaire aux États-Unis*, ouvrage qui m'a servi de guide dans plus d'une circonstance.

Plus tard, la réforme américaine passait en Angleterre sous les auspices du célèbre Howard, de sir Georges Paul et de sir Williams Blackstone : Enfin, dans les dernières années de la restauration, elle devint en France l'objet des études des économistes et de la polémique des journaux ; l'opinion publique s'en préoccupa vivement e*, peu de temps avant la révolution de 1830, le gouvernement envoya MM. de Beaumont et de Tocqueville en Amérique avec mission d'y étudier le système pénitentiaire : les documens précieux et les observations qu'ils ont rapportés de ce voyage ont servi de bases aux premiers essais que l'on a faits en France de ce régime. Ultérieurement, (en 1837) pour reconnaître les résultats moraux obtenus depuis leur départ, M. Demetz fut envoyé de nouveau aux États-Unis, et M. Blouet lui fut adjoint muni d'instructions concernant la partie architecturale. Le résultat de leurs explorations et de leurs travaux fut la matière d'un volumineux rapport à M. le ministre de l'intérieur, rapport des plus complets et qui est en quelque sorte la deuxième partie de l'ouvrage de MM. de Beaumont et de Tocqueville : ces deux livres peuvent, à bon droit, être considérés comme le manuel indispensable de

toute personne qui voudra s'occuper fructueusement de
cette question.

Au cours de ses investigations, M. Demetz fut surtout
frappé des maisons de refuge qui existent en Amérique,
et dont la première fut créée à New-York, en 1825.
Avant cette époque, les jeunes délinquants gémissaient
confondus dans les prisons avec les criminels endurcis.
Touchés des maux qui résultaient de cet état de choses ,
quelques particuliers de New-York , en donnant l'exemple de sacrifices pécuniaires, réunirent une multitude
de souscriptions , et une maison de refuge fut établie.
Nées du concours de plusieurs charités individuelles , les
maisons de refuge sont donc, dans leur origine , une
institution privée ; sanctionnées par l'autorité publique,
les individus qu'elles renferment y sont retenus légalement ; mais la loi ne s'immisce aucunement dans leur direction et dans leur surveillance, dont elle laisse le soin
aux particuliers qui en sont les fondateurs. (Nous verrons
plus tard que la colonie agricole de Mettray a été instituée sur les mêmes bases et par les mêmes moyens).

Ces maisons de refuge se composent de deux classes
d'enfants : 1° de ceux de l'un et de l'autre sexe âgés de
moins de vingt ans, frappés d'une condamnation pour
crime ou délit ; 2° de ceux qui, sans avoir commis aucun
crime, peuvent inspirer des craintes pour la société et
pour eux-mêmes ; des orphelins que leur misère a conduits au vagabondage ou à la mendicité ; des enfants
abandonnés par leurs parents et qui mènent une vie désordonnée ; de tous ceux enfin qui, par leur faute, celle
de leurs parents ou celle même de la fortune, sont tombés

dans un état si voisin du crime, qu'ils deviendraient infailliblement coupables, s'ils conservaient leur liberté. Le
droit d'envoyer ces derniers dans une maison de refuge
appartient à tous les magistrats de police et aux commis-
saires de l'hôpital des pauvres.

CHAPITRE II.

Absence des maisons de refuge en France. — Nécessité d'y suppléer. —
Pensée d'une colonie agricole. - - Création d'une société paternelle.

En voyant les maisons de refuge, M. Demetz songea
que le législateur français s'était également préoccupé du
sort des jeunes délinquants, et que, dans leur intérêt, il
avait inscrit dans notre Code pénal les deux articles suivants :

« Art. 66. Lorsque l'accusé aura moins de seize ans,
« s'il est décidé qu'il a agi *sans discernement*, il sera ac-
« quitté; mais il sera, selon les circonstances, remis à
« ses parents ou conduit dans une maison de correction,
« pour y être élevé et détenu pendant tel nombre d'années
« que le jugement déterminera, et qui, toutefois, ne
« pourra excéder l'époque où il aura accompli sa ving-
« tième année.

« Art. 67. S'il est décidé qu'il a agi *avec discerne-*
« *ment*, les peines seront prononcées ainsi qu'il suit :
« S'il a encouru la peine de mort, des travaux forcés à

« perpétuité, de la déportation, il sera condamné à la
« peine de dix à vingt ans d'emprisonnement dans *une*
« *maison de correction.*

« S'il a encouru la peine des travaux forcés à temps,
« de la détention ou de la réclusion, il sera con-
« damné à être renfermé dans *une maison de correction*
« pour un temps égal au tiers au moins, et à la moitié au
« plus de celui pour lequel il aurait pu être condamné à
« l'une de ces peines.

« Dans tous les cas, il pourra être mis par l'arrêt
« ou le jugement sous la surveillance de la haute police,
« pendant cinq ans au moins et dix ans au plus.

« S'il a encouru la peine de la dégradation civique
« ou du bannissement, il sera condamné à être enfermé
« d'un à cinq ans, dans *une maison de correction.* »

Ces articles contenaient la promesse d'établissements
spécialement et uniquement destinés aux jeunes détenus,
promesse jusque-là restée sans effet, puisque les enfants
en vue desquels elle avait été faite étaient envoyés dans
les maisons centrales; ils étaient, il est vrai, renfermés
dans des *quartiers séparés,* et quant à ceux qui se trouvaient dans le cas prévu par l'art. 66, comme ils n'étaient
pas détenus par suite d'une peine, mais d'une mesure de
police et de discipline, des circulaires du ministre de l'intérieur des 3 décembre 1832, 15 avril 1833, 25 novembre 1836, et du ministre de la justice du 15 janvier 1833,
avaient autorisé leur placement en apprentissage par l'autorité administrative, de concert avec le procureur du
roi près le tribunal qui avait rendu le jugement, en vertu
duquel ils devaient être détenus dans une maison de cor-

rection. Ces placements, d'ailleurs, étaient rares, et le plus grand nombre restait soumis au même régime que les réclusionnaires les plus endurcis. L'on comprend combien était difficile la surveillance et la moralisation de jeunes gens ne faisant qu'une catégorie dans les maisons centrales, ou disséminés chez des maîtres qui ne songeaient qu'à les exploiter.

En présence d'un état de choses si fâcheux, il arrivait que les tribunaux aimaient mieux renvoyer absous les jeunes délinquants et les remettre en liberté, que d'ordonner l'emploi d'une mesure qui, au lieu de les ramener au bien, devait infailliblement consommer leur perte ; mais alors abandonnés, la plupart, sur le pavé de nos villes, l'impunité et le mauvais exemple amenaient chez eux la corruption que l'on avait espéré éviter. De pareils abus que la législation avait voulu prévenir ne pouvaient se perpétuer plus longtemps sans injustice ; il y avait donc nécessité indispensable d'y porter remède.

M. Demetz se demanda s'il était permis d'établir une confusion entre les détenus ayant moins de seize ans et les condamnés adultes, lorsque la loi, aux termes des articles que j'ai cités précédemment et de l'article 69 du même code, avait distingué si expressément ; il se demanda si la société ne devait pas se reprocher l'état d'abandon dans lequel elle laissait ces enfants, abandon qui contribuait à en faire plus tard des criminels ; et, si ce n'était pas un devoir impérieux pour elle de songer à prévenir avant de songer à châtier. Il pensa qu'en leur inspirant des idées religieuses, en éclairant leurs intelligences, en leur donnant des habitudes de travail, d'ordre et d'économie, ce serait extirper dans sa racine le vice, source habituelle de tous les crimes; l'expérience lui avait appris que, chez le plus grand nombre des condamnés qui viennent finir au bagne ou sur l'échafaud, on retrouve presque toujours le germe du crime développé dès l'enfance, sous l'influence de la misère, de l'oisiveté et des passions ardentes de la jeunesse.

Lorsque personne encore en France ne s'était utilement occupé d'une réforme si impérieusement réclamée par l'humanité, il résolut, à son retour des États-Unis, de tenir, lui, simple citoyen, la promesse écrite dans la loi. Son zèle et son courage suppléant aux ressources qui lui manquaient, il abandonna une position élevée, et, devenant pour les jeunes détenus un nouveau saint Vincent-de-Paule, il fonda la société paternelle, dont le but, ainsi que l'énonce l'art. 1er de ses statuts, est :

1° D'exercer une tutelle bienveillante sur les enfants acquittés, comme ayant agi *sans discernement*, qui lui seraient confiés par l'administration, en exécution de l'instruction ministérielle du 5 décembre 1832; de procurer à ces enfants, mis en état de liberté provisoire et recueillis dans une colonie agricole, l'éducation morale et religieuse, ainsi que l'instruction primaire élémentaire; de leur faire apprendre un métier, de les accoutumer aux travaux de l'agriculture et de les placer ensuite à la campagne, chez des artisans ou des cultivateurs;

2° De surveiller la conduite de ces enfants et de les aider de son patronage, pendant trois années après leur sortie de la colonie.

Entreprenant une tâche à laquelle toutes les forces d'un

homme pouvaient à peine suffire, il espérait, sans doute, que, stimulé par son exemple, le gouvernement qui seul en a le droit, s'occuperait à fonder des établissements destinés aux jeunes délinquants âgés de moins de seize ans, qui, reconnus avoir agi *avec discernement*, seraient condamnés en vertu de l'art. 67 du code pénal.

CHAPITRE III.

Fondation de la Colonie agricole de Mettray — Personnel de l'administration. — Composition de la famille. — Habitation. — Vêtements. — Coucher. — Nourriture. — Conditions d'admission. — Emploi du temps. — Travaux. — Instruction. — Discipline. — Punitions. — Récompenses. — Résultats obtenus.

Les premiers fonds indispensables réunis au moyen de souscriptions, M. Demetz s'occupa de choisir un terrain convenable pour établir la colonie agricole.

Vers la même époque, M. le vicomte de Bretignères de Courteilles, membre du conseil général du département d'Indre-et-Loire, venait de publier un ouvrage intitulé : *les Condamnés et les Prisons*, ouvrage dans lequel l'auteur appelait avec talent et conviction la réforme du système pénitentiaire : M. Demetz avait été son condisciple ; préoccupés tous deux de la même pensée, marchant vers le même but, leurs anciennes relations furent bientôt renouées, et mettant en commun leurs études et leur dévouement, ils s'associèrent pour travailler à l'œuvre de régénération des jeunes détenus.

Le choix du terrain sur lequel devait être établie la colonie n'était assurément pas d'un médiocre intérêt, et exigeait plusieurs conditions : ce terrain devait être nu ; il devait être fertile ; il devait être, enfin, dans le voisinage d'une grande ville.

Il devait être nu, afin, comme l'ont dit les directeurs de Mettray dans leur rapport de 1841, de n'être pas obligés de plier leur système aux exigences de dispositions préexistantes, et de pouvoir conserver toute liberté d'action. Aux États-Unis, où l'on s'est efforcé d'approprier d'anciennes prisons au nouveau système pénitentiaire, l'expérience a démontré qu'une telle manière d'opérer ne pouvait engendrer qu'un système bâtard, duquel résultaient de nombreux obstacles pour l'administration de l'établissement et la réforme des détenus.

Ce terrain devait être fertile : pour que le travail exerce une heureuse influence sur l'enfance, qui ne vit que du présent et se préoccupe peu de l'avenir, il faut que les yeux soient frappés par de prompts résultats. Si l'on veut donner le goût d'une science, ne doit-on pas la présenter par son beau côté, au lieu d'en dévoiler de prime abord toutes les difficultés?

D'ailleurs, si l'on eût tenté de défricher des landes et des bruyères, on eût épuisé à lutter contre l'aridité du sol toutes les ressources disponibles ; on eût amené le doute et le découragement, lorsqu'il fallait, avant tout, donner l'amour du travail, et l'on se fût trouvé dans la triste nécessité d'abandonner l'œuvre commencée. C'est ce qui est arrivé aux colonies agricoles de la Belgique et de la Hollande : À des gens dont le mauvais vouloir était certain, on a donné des terres qui eussent découragé les volontés les plus énergiques et les plus persévérantes ; six millions de francs ont été dépensés, et déjà les colonies de la Belgique n'existent plus; celles de la Hollande sont en pleine décadence, et elles auraient également succombé, si elles n'eussent été soutenues par les sacrifices et le zèle incessant du général Van-Derbose, ministre des colonies ! De tels résultats sont d'autant plus à éviter, que, loin d'accélérer le progrès, ils ne font que l'arrêter et y mettre obstacle.

Enfin, ce terrain devait être dans le voisinage d'une grande ville, car c'était le premier essai, en France, d'un établissement agricole, d'une sorte de maison de refuge destinée à l'éducation et à la réforme des jeunes détenus. Cet essai devait donc être fait au grand jour, et le nouvel établissement devait être à la portée des visites de tout le monde.

Dans la commune de Mettray, aux portes de Tours, au centre de l'un des départements de la France dont le climat est le plus beau, le plus sain et le plus tempéré, dont le sol est le plus facile à cultiver et le plus fécond; entourée, dans un rayon de trente lieues, par sept chefs-lieux aussi importants que le sont Orléans, Blois, Angers, le Mans, Châteauroux, Bourges et Poitiers, M. de Bretignières possédait, dans un site délicieux, une propriété réunissant toutes les conditions désirables qu'il s'empressa de mettre à la disposition de la société paternelle.

Le choix, une fois fait, les directeurs se mirent à l'œuvre. Il fallait trouver, avant tout, le concours d'hommes honnêtes, intelligents et dévoués qui voulussent se consacrer à l'éducation morale et professionnelle des nouveaux colons, en se résignant à la vie des champs et à une règle qui, sans être celle du cloître, du collége, de la prison ou du régiment, participe de toutes ces disciplines par son exactitude et sa rigueur (*rapport du 23 janvier 1842*). Ils commencèrent donc par créer, en 1839, une école de contre-maîtres destinés à former le noyau et à fournir les cadres du personnel de l'établissement.

La colonie est bâtie en plein champ et n'a d'autres clôtures que de faibles haies et des barrières. Sous ce rapport, on a imité ce qui existe au pénitencier de Sing-Sing, dans l'État de New-York; à cette différence près, qu'à Sing-Sing, les hauteurs environnantes sont couronnées de gardiens armés de carabines chargées à balles et prêts à faire feu sur le condamné qui, tenté d'abuser de l'apparence de liberté dans laquelle on le laisse, chercherait à s'échapper, tandis qu'à Mettray, la raison et la persuasion sont les seules armes dont on se serve pour empêcher les colons de franchir l'enceinte : pourtant on n'y compte, jusqu'à ce jour, que trois tentatives d'évasions, toutes trois restées sans succès, et encore l'un des fugitifs a-t-il renoncé à son projet, presque aussitôt après l'avoir conçu.

Dans une note pour servir à la comparaison des maisons de refuge en Allemagne et celles établies en Amérique, M. Kopf, directeur de la maison d'éducation de Berlin pour des garçons abandonnés, a dit : « Si les « maisons de refuge ne doivent pas être des prisons, mais « des maisons d'éducation qui puissent remplacer la mai-

« son paternelle, il faut que tout y marche comme dans
« la maison paternelle. »

Les directeurs de la colonie agricole de Mettray s'étaient
aussi imbus de cette pensée, lorsqu'ils se sont occupés de
l'organisation de leur établissement ; leur principal soin a
été de rendre aux pauvres enfants, dont ils entreprenaient
la régénération, les habitudes et les affections de famille
si chères à l'homme, et qui sont, disent-ils, avec raison,
le premier lien des sociétés. (*Rapport du* 20 *mai* 1842).
C'est dans ce but que les jeunes colons sont classés par
divisions ou familles, et que les membres de chacune de
ces familles sont mis en demeure de pourvoir à tous leurs
besoins, de construire, en partie, par eux-mêmes, l'habitation commune, et de cultiver le champ et le jardin qui
en dépendent ; ils puisent dans une semblable organisation l'habitude et le besoin de la propriété, l'amour du
foyer domestique, et se familiarisent avec les sentiments
et les devoirs qui en découlent (*ibid.*)

Le personnel de l'administration de la colonie agricole
se compose :

1° De deux directeurs chargés de faire exécuter les réglements, et de proposer la nomination et provoquer la
révocation des fonctionnaires de la colonie ;

2° D'un aumônier dans les attributions duquel se trouvent l'éducation religieuse et tout ce qui concerne le culte ;

3° D'un instituteur faisant fonctions d'économe et tenant toutes les écritures de la comptabilité ;

4° De sœurs hospitalières préposées au service de l'infirmerie et de la lingerie, dont l'une a sous sa garde une

petite pharmacie exclusivement pour l'usage de la maison.

5° D'un inspecteur, chef des travaux, chargé de la la surveillance de la conduite des colons, des inspections d'ordre et de propreté, de la police intérieure, et transmettant aux contre-maitres et aux autres subordonnés les ordres des directeurs dont il est l'intermédiaire;

6° De contre-maitres chargés, sous leur responsabilité particulière, de surveiller la bonne conduite et la tenue des colons, et de leur enseigner, autant que possible, un genre de travail particulier : l'un d'eux est assermenté en qualité de garde-champêtre de la colonie ;

7° De garçons de service ;

8° D'un concierge.

Chaque famille comprend quarante enfants placés sous la direction d'un contre-maitre ou *père de famille*, qui tient un journal sur lequel il consigne, pour ainsi dire, heure par heure, les faits et gestes de la journée : ce journal renferme en quelque sorte l'histoire de la colonie.

Chaque famille est partagée en deux sections, dirigées par deux sous-chefs pris dans l'école normale ; il y a, en outre, deux *frères aînés*, choisis dans les colons, et nommés par eux à l'élection : elle occupe une maison rapprochée, mais entièrement séparée de celles des autres familles, et ayant douze mètres de longueur sur six mètres soixante-six centimètres de largeur. Cette maison se compose d'un rez-de-chaussée, d'un premier et d'un second étage.

Le rez-de-chaussée est divisé en quatre ateliers par une cloison en planches de soixante-quinze centimètres de hauteur, qui, par son peu d'élévation, permet au surveillant, placé au centre, d'inspecter chacune de ces divisions, sans que les enfants puissent communiquer d'un atelier à l'autre, ni même se voir, lorsqu'ils sont assis. Cette cloison, laissant libre tout l'espace supérieur, a l'avantage de maintenir la même température dans chacune de ces divisions, quelle que soit la différence du nombre d'enfants qui y travaillent.

Le premier et le second étages forment deux vastes salles bien aérées et occupées chacune par une des sections de la famille. La séparation, la nuit, dans des cellules solitaires, proscrite par M. Kopf, a été repoussée, et le coucher en commun, recommandé par lui, a été adopté. Par une disposition aussi économique qu'ingénieuse, chaque salle sert à la fois de dortoir et de réfectoire aux enfants qui l'habitent; à cet effet, des hamacs suspendus, par une extrémité, aux murs latéraux, viennent s'accrocher, par l'autre extrémité, à des traverses mobiles supportées par des poteaux, ou colonnes. Pour mettre obstacle aux conversations, ces hamacs sont placés de manière à ce que, sur deux enfants, l'un ait la tête tournée au mur et l'autre en sens inverse. Les dortoirs sont précédés d'un cabinet dans lequel couche un contre-maître, qui, au moyen d'une devanture garnie de lames de persiennes, peut surveiller les colons sans être aperçu. Le jour, les hamacs sont roulés et resserrés le long des murs, comme le long des bastingages d'un vaisseau, et, lorsqu'il s'agit de prendre les repas, des tables fixées par des charnières viennent s'abattre sur ces mêmes poteaux, contre lesquels elles se relèvent, le repas terminé. La même salle sert encore de classe et d'atelier pour tresser de la paille les jours de pluie et faire des paillassons de jardin potager.

Au-dessus de chaque hamac, et contre le mur, se trouve une case en bois, sur laquelle sont inscrits le nom du colon, le département où il est né, et la date de son entrée dans la colonie. Cette case renferme ses vêtements, qui consistent en :

Un habit.	Deux cravates.	Une paire de sabots.
Deux blouses de travail.	Un peigne.	Une paire de souliers pour
Deux culottes.	Une brosse à tête.	les dimanches.
Deux paires de guêtres.	Une brosse à habit.	Un berret, id.
Un pantalon de gymnas-	Un gilet pour l'hiver.	Un chapeau de paille.
tique.	Un caleçon, id.	Un paroissien.

Tous les vêtements sont confectionnés par les colons eux-mêmes; celui des contre-maîtres, en toile blanche écrue et en forme de redingote, est excessivement court, serré à la taille par un rang de boutons et liseré de rouge. La guêtre, montant jusqu'au genou, laisse échapper, en plis bouffants, le pantalon, en toile pareille. Un chapeau de paille à larges bords et orné d'une cocarde sur laquelle on lit : *école de contre-maîtres*, complète le costume qui, par le contraste des couleurs, met à même de reconnaître sur-le-champ, et à une grande distance, si chaque groupe d'enfants est surveillé. Celui des colons, semblable par la forme, en diffère essentiellement en ce qu'il est fait en toile brûlée, d'un gris foncé tirant sur l'ardoise, et que le chapeau est remplacé par un berret dont la cocarde porte ces mots : *colonie agricole de Mettray*. Tout en étant très-pittoresque, ce dernier costume a aussi quelque chose d'assez remarquable pour les signaler à l'attention publique, en cas d'évasion.

Les chemises et les mouchoirs sont donnés tous les samedis par la sœur chargée du service de la lingerie. Chaque colon reçoit, à sa sortie de l'établissement, deux trousseaux complets et entièrement neufs, un d'hiver et un d'été.

Le coucher est ordonné par le frère aîné, sous la surveillance du chef de famille. Tout se fait au commandement, c'est-à-dire que tous les colons ôtent ensemble, la blouse, la culotte, etc. Tout cela s'exécute par temps, et avec le plus grand silence.

Le lit consiste en un hamac, ainsi que je l'ai déjà dit; ce hamac est garni d'un matelas et d'un oreiller en zostère, d'un drap cousu en forme de sac, et d'une ou deux couvertures de laine, suivant la saison.

La nourriture se compose :

1° Pour chaque jour de la semaine, de soixante-quinze décagrammes de pain bis de la surveille, fabriqués en ration séparée ;

2° Pour le dîner et le souper, d'un litre de soupe maigre, dans laquelle il entre soixante-dix-huit grammes de pain blanc pour chaque personne, et les légumes nécessaires ;

3° Enfin, de trois décilitres de légumes, secs ou frais, assaisonnés.

Le dimanche et le jeudi, on substitue à la soupe maigre sept décilitres de soupe grasse, et aux légumes, soixante-

« Les maisons centrales et les bagnes renferment envi-
« ron 15,000 récidivistes, c'est-à-dire, plus de la moitié
« de la population criminelle. »

D'un autre côté, une augmentation dans le chiffre des
crimes et délits a été également attestée par M. de Tocqueville : « Je ne ferai partir, si l'on veut, a-t-il dit, ma
« statistique que de 1832, et je dirai qu'à partir de 1832,
« l'augmentation dont je me plains n'a cessé de se pro-
« duire comme avant. En 1833, en effet, 69,000 délits
« du droit commun ; en 1840, 96,000. Voilà les chiffres
« exacts d'après les tableaux de la justice criminelle. »
(*Chambre des députés, Moniteur du* 27 *avril.*)

« On a remarqué avec effroi, a dit à son tour M. Cor-
« dier, l'audace et la politesse des assassins ; ils parlent
« devant les magistrats comme des avocats, dissertent
« comme des jurisconsultes et se posent comme des juges. » (*Moniteur du* 23 *avril* 1844.)

Si, comme le dit encore M. de Bretignères, tout est
confus, illégal, inconséquent, inefficace, immoral et
désordonné dans le système actuel d'emprisonnement;
s'il est vrai qu'au lieu de servir, il nuise, qu'au lieu de
remédier au mal, il l'aggrave, il y a, dans l'administration
de la justice criminelle, une perturbation évidente à laquelle il faut s'empresser d'apporter remède. Ce remède,
c'est la suppression des bagnes, c'est la réforme des prisons! Le gouvernement l'a si bien reconnu, qu'il a présenté aux chambres, sur cette matière, un projet de loi
pour l'adoption duquel je fais des vœux.

Mais, les bagnes supprimés, quel régime leur substi-

2

tuer? Mais le mode actuel d'emprisonnement reconnu impossible, quelle réforme y apporter?

Il fut un temps où les colonies pénales créées par l'Angleterre en Australie avaient trouvé une grande faveur en France. Une commission, composée de conseillers d'Etat, d'officiers-généraux et supérieurs de la marine, fut chargée, en 1819, d'examiner la question de savoir s'il ne conviendrait pas de former, à la Guïane française, une colonie de forçats. Il résulte, des procès-verbaux de ses séances, que cette commission fut d'avis que le gouvernement devrait avoir la faculté de former un ou plusieurs établissements de forçats hors du territoire continental; mais qu'il fallait écarter les propositions qui tendaient à coloniser les forçats, soit à la Guïane, soit en Corse, et choisir de préférence un point de la côte occidentale de la Nouvelle-Hollande, ou l'une des îles du Grand-Océan; qu'on ne devrait déporter que des criminels condamnés à plus de dix ans, et que, pour les autres, il faudrait conserver les bagnes actuels des ports.

Ces mesures palliaient à peine le mal, au lieu de le détruire, puisque la peine des travaux forcés aurait dû être maintenue dans le code avec celle de la déportation. Aussi, leur adoption fut-elle victorieusement combattue par M. le marquis de Barbé-Marbois, dans un écrit intitulé : *Observations sur les votes de 41 conseils-généraux de département, concernant la déportation des forçats libérés, présentées à M. le dauphin par un membre de la société royale pour l'amélioration des prisons.* S'appuyant sur des faits tirés de l'histoire même des établissements anglais dans la Nouvelle-Galle du sud, et des comptes rendus à ce sujet au parlement britannique, l'auteur de cet écrit démontra que la déportation de nos condamnés serait toujours difficile, souvent impraticable, qu'elle occasionnerait des dépenses énormes et qu'elle n'aurait aucun des avantages qu'on s'en promettait.

L'insuffisance des colonies pénales de l'Angleterre ayant été solennellement proclamée, en 1832, par une enquête de la chambre des communes, leur inefficacité est aujourd'hui reconnue par la plupart des publicistes, et je pensais qu'elles ne comptaient plus chez nous que de rares partisans, lorsqu'à l'occasion d'une proposition de MM. le comte Beugnot et le président Boullet, tendant à modifier l'article 44 du code pénal, concernant les effets du renvoi sous la surveillance de la haute police des condamnés libérés, M. le baron de Bussières est venu déclarer, à la tribune de la chambre des pairs, qu'on ne donnerait pas à la sécurité de la société des garanties réelles, aussi longtemps que l'on n'aurait pas organisé, sur une plage lointaine, un lieu de déportation, déclaration qui, s'il faut en croire le compte-rendu de la séance, a été accueillie, à mon grand étonnement, par des marques nombreuses d'adhésion. Je reviendrai plus tard sur cet objet.

Je n'entends point me livrer à un examen circonstancié du régime des colonies pénales, et je renvoie le lecteur à l'ouvrage de MM. de Beaumont et de Tocqueville, et à celui de M. Blosseville. Je me bornerai à reproduire quelques-uns des principaux inconvénients, si graves, si insurmontables, à mon avis, qui devraient faire renoncer

à la pensée de former de pareils établissements pour la
France, s'il était possible que le gouvernement y songeât
sérieusement.

Lorsqu'une population primitivement formée de condamnés commence à s'épurer et à se moraliser, il est
cruel, injuste même, de lui envoyer de nouveaux éléments de corruption et de raviver la plaie qui allait se
cicatriser. Aussi, est-il à craindre que, sous l'impression
de cette injustice, la colonie ne saisisse le premier moment de trouble et d'embarras de la mère-patrie pour
secouer un joug oppresseur et avilissant et se déclarer
indépendante. Tel doit être, en effet, l'avenir vers lequel
tendra toujours une colonie pénale; tel est sans doute le
sort réservé, dans un temps plus ou moins éloigné, à
celles de l'Angleterre (1)!

Les relations incessantes des condamnés entre eux
s'opposent à leur réforme, et ne font qu'augmenter encore leurs vices et leur immoralité. D'ailleurs, si l'objet
unique de la mère-patrie, en se débarrassant des malfaiteurs qu'elle a flétris, est de leur infliger une peine
qui effraie les méchants, l'intérêt naturel de la colonie
qui les reçoit, au contraire, est de tirer parti des bras
qu'on lui envoie, et de ne sévir contre les déportés qu'autant qu'il le faut pour n'avoir rien à redouter d'eux. Dès
lors, la peine de la déportation, adoptée pour le crime, est

_____

(1) J'avais déjà écrit ce passage, lorsque j'ai trouvé dans la *Presse* du 25 mars
1841 les lignes suivantes : « Les journaux anglais témoignent les plus vives in-
« quiétudes sur la situation des colonies de Van-Diémen, de la Nouvelle-Galles
« et de la Nouvelle-Zélande ; il paraît qu'à la fin de novembre, les colons anglais
« y éprouvaient les plus graves embarras. »

plus douce et offre plus d'attraits, malgré ses rigueurs, que l'emprisonnement pour délit dans la métropole. Il est vrai que, pour porter, autant que possible, remède à un tel inconvénient, le gouvernement anglais s'est efforcé d'ajouter de nouvelles sévérités au régime des colonies pénales; ainsi, on a, disent MM. de Beaumont et de Tocqueville, divise les déportés en trois classes : Ceux de la première sont sequestrés du reste des hommes et soumis, dans l'île de Norfolk, à toutes les rigueurs d'une discipline inflexible; ils travaillent sans relâche et sans salaire ; le traitement qu'on leur fait subir est tellement implacable, qu'on en a vu plusieurs commettre des crimes capitaux, dans le seul but de se faire conduire à Sidney, siége de la justice coloniale, risquant la chance d'être pendus contre celle de s'évader durant le transport d'un lieu à un autre. Les criminels de la seconde classe, traités moins sévèrement, sont cantonnés sur les routes publiques, où ils travaillent chargés de fers; ceux de la troisième, les seuls pour lesquels la discipline soit vraiment indulgente, sont admis chez les habitants libres de la colonie pour y travailler en qualité de serfs; mais ils n'ont aucun salaire, et, s'ils commettent quelque méfait, s'ils oublient le respect qu'ils doivent à leurs maîtres, s'ils violent les règles de la tempérance; en un mot, s'il se glisse dans leur conduite rien qui soit déshonnête ou irrégulier, ils sont impitoyablement punis. Cette troisième classe est la récompense d'une bonne conduite dans les deux autres, par l'une desquelles il faut toujours commencer. Le gouvernement et les autorités locales ont le pouvoir arbitraire de désigner la classe de chaque condamné, de le placer alternativement dans une, puis dans une autre; de le faire passer tantôt d'une classe sévère à une plus douce; tantôt d'une moins rigoureuse à une plus sévère. Enfin, un châtiment qui ne peut exister que chez un peuple qui a un pied dans la civilisation et l'autre dans la barbarie, dont les magistrats, après avoir déclaré la culpabilité des accusés, peuvent remettre à une autre session pour appliquer la peine, le châtiment du fouet est infligé avec une odieuse brutalité aux condamnés de chaque classe pour la moindre infraction aux lois de la discipline.

Malgré ce redoublement de rigueurs, malgré les cent vingt mille coups de fouets distribués annuellement aux quarante mille déportés des deux dernières classes (les châtiments disciplinaires infligés dans l'île de Norfolk n'étant pas compris dans ce chiffre), la déportation n'offre point une véritable puissance d'intimidation, car son régime si sévère se concilie avec certains avantages et priviléges toujours refusés aux condamnés de la métropole. C'est ainsi que, dans la Nouvelle-Galle, les condamnés de la troisième catégorie, qui forment l'immense majorité, reçoivent du froment, du maïs, de la viande, du sel, du savon; que leurs femmes et leurs enfants sont entretenus de vivres et de vêtements; qu'on permet quelquefois aux déportés de Norfolk eux-mêmes de communiquer librement avec leurs femmes, et que le commandant de l'île accorde, à tous ceux dont la conduite est bonne, la jouissance d'un petit jardin qu'ils cultivent à leur profit, tandis que, dans certaines prisons d'Angleterre, l'on ne donne que du pain aux détenus. Aussi, depuis l'adoption de cette mesure, loin de diminuer, comme on devait l'espérer, le nombre des crimes n'a-t-il fait qu'augmenter (1); on s'est habitué à considérer la transportation comme une sorte d'émigration, entreprise aux frais du gouvernement.

Lors même qu'à l'aide de nouvelles mesures disciplinaires non découvertes jusqu'à présent par les criminalistes anglais; lors même qu'en privant le déporté de la liberté dont il jouit dans les colonies pénales, liberté qui est une des conditions vitales de ces sortes d'établissements, et en lui interdisant toutes communications avec ses co-détenus, ce qui ne serait autre chose que l'emprisonnement individuel hors de la métropole, rendu plus dispendieux par les frais de transport des condamnés et la nécessité d'assurer leur subsistance; lors même, dis-je, qu'on parviendrait à restituer à la déportation toute la puissance d'intimidation qui lui manque, cette peine ne pourrait s'appliquer qu'aux individus convaincus de *crimes*, soit pendant la durée de la peine, soit après leur libération : dans la première hypothèse, ce que je viens de dire sur ses inconvénients, subsiste toujours ; dans la seconde, avec les mêmes impossibilités, elle constituerait en outre de nouvelles rigueurs, une cumulation de peine non autorisée; dans l'un et l'autre cas, son adop-

_____

(1) « Le moyen que l'Angleterre a employé pour se défaire de ses libérés, a « dit à la tribune M. de Peyramont, a substitué, dans son sein, aux récidives des « crimes no veaux en bien plus grand nombre. Le nombre des crimes déférés aux « cours d'assises, en Angleterre, a quadruplé dans l'espace de 20 ans, de 1806 a « 1826; c'est constaté dans un document distribué à la chambre; de 1825 à 1830, « il a augmenté dans une proportion de 45 sur 100; il s'est élevé de 14 à 21,000. « C'est une progression effrayante, et cependant en Angleterre, ils n'ont pas de « libérés correspondant à ceux qui sortent de nos maisons centrales et de nos bagnes. (*Chamb. des Dép. Moniteur,* 25 avril 1841.)

tion laisserait encore une lacune à l'égard des individus déclarés coupables de *délits correctionnels*, lacune qui nécessiterait toujours une réforme dans notre système d'emprisonnement.

Mais un nouvel obstacle, non moins insurmontable que tous les autres, résultant de l'impossibilité de trouver un lieu convenable de déportation, s'opposerait encore à la création de colonies pénales pour la France : Alger est trop rapproché, et le retour dans la métropole ou les évasions dans l'intérieur de l'Afrique y trouveraient trop de facilités ; nos autres colonies, déjà si peu favorisées sous tant de rapports, repousseraient, et avec raison, une population si dangereuse ; les îles de l'Océanie pourraient seules, sans doute, réunir les conditions désirables ; mais, ne soulèverait-on pas, de toutes parts, des réclamations fondées, si, pour premier, pour unique présent peut-être de notre joyeux avénement au protectorat de ces pauvres sauvages, nous importions chez eux ce triste produit de notre civilisation ! Le choix d'un lieu de déportation offre donc les plus grandes difficultés. Par cette cause, comme par toutes celles que j'ai exposées, la pensée d'un pareil établissement me semble devoir être abandonnée.

Quelques publicistes ont proposé de distribuer les condamnés en catégories ; mais peu de mots démontreront encore l'impossibilité d'un pareil système : en effet, comment établir ces catégories, à moins de les étendre à l'infini, ce qui, dans la plupart des maisons pénitentiaires, équivaudrait à l'emprisonnement cellulaire ?

A l'exemple du code pénal, commencera-t-on par éta-

blir deux grandes divisions, comprenant, la première,
les crimes et délits contre la chose publique, et la seconde, les crimes et délits contre les particuliers? Ces
deux grandes classes seront-elles ensuite réparties, chacune en subdivisions, et ces dernières, en un certain
nombre de catégories? Il serait trop long de faire ressortir les vices d'une pareille classification : bornons-nous à
démontrer son insuffisance, et, par suite, son inefficca-
cité en ce qui concerne les crimes et délits contre les
particuliers.

Cette classe de crimes et délits est divisée par le code
pénal en deux chapitres ; le premier, punissant les crimes
et délits contre les personnes, comprend sept sections
subdivisées, quelques-unes en un certain nombre de paragraphes ; le second, composé de trois sections, dont la
seconde est elle-même subdivisée en six paragraphes,
s'occupe des crimes et délits contre les propriétés. Voulût-
on de chacune des sections de chaque chapitre faire l'objet
d'une catégorie, (ce qui, pour les crimes et délits compris seulement dans le titre deuxième du code pénal, donnerait dix catégories), cette division, quelque étendue
qu'elle puisse sembler, ne le serait assurément pas encore assez. En effet, est-il possible d'établir une assimilation quelconque entre l'assassinat, le parricide ou l'empoisonnement, lorsque, grâce à l'admission de circonstances atténuantes, ces crimes n'entraînent pas la peine
capitale, et de simples menaces verbales sous condition,
ou même des menaces par écrit, avec ou sans condition,
quoique ces divers crimes et délits soient compris dans la
même section? La section première du chapitre deux du

même titre comprenant tous les vols possibles , devra-
t-on assimiler le vol commis à l'aide de toutes les circonstances aggravantes prévues par la loi , avec le fait
du père de famille qui, pour donner du pain à ses enfants, aura commis quelque larçin, ou du saisi, qui,
dans un moment de désespoir, aura détourné quelqu'un
des objets confiés à sa garde ?

Mais, dira-t-on peut-être, par la classification que vous
indiquez, vous réunissez dans la même division le crime
et le délit, et il en résulte une disparate frappante ! Commencez donc par établir une grande division pour les
crimes, et une autre grande division pour les délits :

La grande division pour crimes sera répartie ensuite
en deux autres divisions, la première, ayant pour objet
les crimes contre les personnes, et la seconde, les crimes
contre les propriétés ; il en sera de même de la grande
division pour délits qui sera également répartie en deux
subdivisions, l'une, ayant pour objet les délits contre les
personnes, l'autre, les délits contre les propriétés ; puis
enfin, ces subdivisions seront encore réparties en un
certain nombre de catégories, suivant la nature du crime
ou du délit.

Soit ! Qu'adviendra-t-il de ce nouveau mode de classification, si ce n'est que vous aurez presqu'autant de
catégories que de genres de crimes et de délits ; car il
existe toujours de telles différences, (rendues plus sensibles encore par les diverses circonstances qui précèdent,
accompagnent, ou suivent la perpétration du crime ou
de délit), entre l'empoisonnement, par exemple, l'assassinat ou le parricide, lorsque, par l'admission de circons-

tances atténuantes, ces crimes n'entrainent que les travaux forcés, et l'infanticide, également avec circonstances
atténuantes, le faux témoignage ou la banqueroute frau-
duleuse ; entre les blessures volontaires n'ayant pas en-
trainé d'incapacité de travail, la vente à faux poids
ou l'abus de confiance, d'une part, et la destruction
d'une haie, les dégradations résultant de l'élévation d'un
déversoir ou la fabrication d'une arme prohibée, d'autre
part, qu'il serait impossible de réunir dans les mêmes
catégories, les individus qui se seraient rendus coupables de ces divers crimes ou délits. N'éprouverait-on pas
d'ailleurs de nouvelles difficultés pour classer les crimes
ou délits qui intéressent tout à la fois les personnes et
les propriétés, comme le crime d'incendie? Dans quelle
catégorie enfin rangerait-on les individus qui, après avoir
été condamnés, une première fois, pour un attentat contre
les personnes, le seraient de nouveau pour un attentat
contre les propriétés ?

Sous la restauration, on avait tenté dans des limites
très-restreintes, il est vrai, une sorte de classement des
condamnés aux travaux forcés; une ordonnance royale
en date des 20, — 27 août 1828, avait prescrit l'envoi
dans le bagne de Toulon des forçats condamnés à dix
ans et au-dessous, et, dans les bagnes de Brest et de Ro-
chefort, des forçats condamnés à plus de dix ans : ces derniers étaient répartis de telle manière que les condamnés
à vie ou à plus de vingt ans étaient entièrement séparés
de ceux dont la peine ne devait pas durer au-delà de
vingt ans. Dès son apparition, cette ordonnance avait
été, de la part de M. Charles Lucas, l'objet d'observa-

tions tendant à démontrer que la réunion, dans un seul bagne, de tous les condamnés à vie pouvait présenter de graves inconvénients, des dangers même, et le nouveau classement ayant produit des résultats tout opposés à ceux qu'on en avait espérés, elle a été rapportée par une autre ordonnance, en date du 9 décembre 1836, qui, faisant un premier pas vers l'emprisonnement individuel, prescrivit le transport des condamnés dans des voitures cellulaires.

Mais, en supposant qu'on pût opérer une classification quelque peu logique, qu'on fasse le calcul du nombre de catégories qu'il faudrait établir pour obtenir ce résultat et, ce calcul fait, qu'on n'oublie pas que ces catégories devraient nécessairement être divisées en nouvelles catégories motivées sur l'âge, le sexe et encore sur l'état de récidive de l'individu qu'il s'agirait de classer. Disons-le donc, pour faire une classification efficace, il faudrait pouvoir lire dans les consciences, ce qui n'appartient point à l'homme : dès lors, ce système, si difficile à pratiquer à l'égard des condamnés des bagnes ou des maisons centrales, est impossible, ou équivaudrait à l'emprisonnement individuel dans les autres maisons de détention ?

La création de colonies pénales ou la classification par catégories des condamnés démontrées impossibles, je passe à l'examen du régime pénitentiaire suivi aux Etats-Unis.

Là, deux systèmes, l'un dit d'Auburn et l'autre, de Philadelphie, sont en présence et ont chacun de chauds partisans.

Le premier, dont la base fondamentale est l'isolement pendant la nuit et le travail en commun pendant le jour, avec observation du silence et interdiction de toute communication entre les détenus, a, depuis quelques années, été importé en France où il est mis en pratique dans le plus grand nombre des maisons centrales, avec cette restriction néanmoins que, dans quelques-unes, au lieu de l'encellulage de nuit, le coucher a lieu en commun. Ce système a-t-il une puissance d'intimidation suffisante et réunit-il les conditions nécessaires à la réformation des condamnés ? Assurément non ! Il présente en effet la plupart des inconvénients de l'ancien mode d'emprisonnement, car, à l'aide de signes dont la clé n'est connue que d'eux seuls, les détenus parviennent toujours à mettre en défaut la surveillance de leurs gardiens pour éluder l'obligation du silence. Ainsi, M. Samuel Wood, directeur de la maison du pénitencier de Philadelphie, ayant été reconnu par un détenu, un jour qu'il visitait cette même prison d'Auburn, la nouvelle en fut transmise en un clin d'œil dans tous les ateliers. M. Demetz révèle un fait semblable : « J'ai su, dit-il, par un des détenus de Sing-« Sing (maison soumise au régime d'Auburn), qu'il avait « appris le but de ma visite par un de ses camarades que « j'avais interrogé quelque temps auparavant. Au con-« traire, à Cherry-Hill (système Pensylvanien), l'exis-« tence du choléra était ignorée, lorsque la ville de Phi-« ladelphie était décimée par le fléau. » (*Rapp. à M. le ministre de l'intérieur.*) « En vain, dit, à son tour, « M. Livingston, la plus sévère discipline essaiera-t-elle « de réprimer les chuchottements et les signes d'intelli-

« gence des condamnés; le fracas des marteaux, le bruit
« des machines leur permettra toujours de lancer un mot
« qui échappe aux gardiens, et le jour peut arriver où
« ce mot sera un mot de révolte, où il passera, avec
« une rapidité électrique, d'un bout à l'autre de la pri-
« son. »

» Non seulement les condamnés savent éluder l'obligation du silence, mais ils réussissent à entretenir entre
eux ces hideuses relations dont j'ai déjà parlé, et qui
souvent engendrent de nouveaux crimes dans l'intérieur
même de la prison. En voici un exemple pris entre tant
d'autres rapportés par les journaux judiciaires; je l'emprunte au *Droit* du 31 mars 1844, qui en a rendu compte
en ces termes :

ASSASSINAT DANS LA MAISON CENTRALE.

Correspondance particulière du Droit. — (*Bulletin des tribunaux*).

Melun, 29 mars.

« Un assassinat vient d'être commis par un détenu
« sur un de ses camarades, dans des circonstances
« qui ne sont que trop capables d'éveiller l'attention des
« moralistes.

« Defournel avait avec Marchand, jeune homme de
« vingt ans, de ces relations dont la nature a horreur.
« Des soupçons d'une infâme jalousie tourmentaient son
« esprit et avaient allumé en lui une haine profonde
« contre un nommé Bernard.

« Hier, Defournel avait fait venir Marchand au cabi-
« net de serrurerie, où il travaillait; là, après avoir
« fermé la porte, il lui fit de vifs reproches de ce qu'il
« *mangeait* avec Bernard; c'est l'expression convenue
« entre eux; et il leva sur lui un stylet pour le frapper.
« Marchand éloigna le coup, en lui saisissant le bras,
« et, après plus de trois quart d'heure, il parvint à sor-
« tir du cabinet, blessé seulement à la main.

« Quelques instants plus tard, Bernard, ouvrier chef,
« entrait dans le cabinet. A peine y avait il mis le pied,
« que Defournel se jeta sur lui, le frappa violemment
« de plusieurs coups d'une arme pointue; deux de ces
« coups, portés au cœur et à l'aisne, étaient mortels.
« La victime tomba en versant des flots de sang, et ex-
« pira quelques minutes après.

« L'arme de l'assassin est une lime de serrurier, qu'il
« avait aiguisée et affilée avec soin, et qu'il avait même
« recourbée pour la rendre meurtrière.

« Il ne cache pas, d'ailleurs, le motif abominable qui
« l'a décidé à ce crime. »

De mystérieux moyens de correspondre, d'une extrémité
à l'autre des ateliers, servent à ménager aux détenus des
rapprochements ignorés des gardiens, et, dans ces entre-
tiens à la dérobée, se racontant leur vie antérieure, ils se
font gloire des attentats qui ont motivé leur condamnation
et en complottent de nouveaux qu'ils mettront à exécution,
lorsqu'ils auront recouvré leur liberté. Rendus à la société, ils en deviendront les ennemis les plus acharnés
et les plus redoutables : on se rappellera que c'est dans
la maison centrale que Poulmann recevait d'un autre

détenu les instructions nécessaires pour voler, à l'aide d'un assassinat, le malheureux aubergiste de Nangis, l'infortuné Genthon, qui, jusqu'au jour de l'exécution de ce crime, lui était entièrement inconnu. « Un grand nombre « de vols, dit l'auteur des *Mystères de Paris*, se donnent, « s'achètent et se complottent ainsi en prison, autres dé- « testables conséquences de la réclusion en commun. »

Avec le travail dans les ateliers, la discipline doit être d'autant plus rigoureuse, que la moindre faiblesse, le moindre relâchement, compromettrait la sûreté des gardiens, en trop petit nombre, pour maintenir l'obéissance dans un lieu où sont réunis tant d'hommes si enclins à ne tenir compte d'aucun avertissement. En vain la moindre infraction est-elle punie sur-le-champ; pour maintenir la règle, on est dans la nécessité d'avoir recours à des punitions qui exaspèrent encore le prisonnier et le rendent indomptable. « Le résultat d'un système si ri- « goureux, dit M. Demetz, page 144 de son rapport, « est que, partout où le pouvoir de punir est abandonné « sans bornes à des surveillants, pour la plupart gens « brutaux et d'une moralité douteuse, il y a cruauté; « partout où ce droit leur est refusé, il y a impunité. »

Parmi les châtiments pour réprimer l'inobservation du silence, s'il faut en croire les révélations produites à l'audience de la cour d'assises du Nord, du 6 février 1844, par plusieurs détenus de l'abbaye de Loos, les coups, la privation d'une certaine portion de nourriture et, surtout, la peine du piton, qui consiste à attacher un homme par les deux mains à deux anneaux en fer fixés dans un mur, et à lui lier les pieds de sorte qu'il se trouve

dans la position d'un crucifié, exalteraient, démoralise-
raient les condamnés, et pousseraient aux derniers excès
ces malheureux, impatients de s'affranchir, par de nouveaux crimes, d'un régime insupportable. « Je n'ai été
« qu'une seule fois au piton, a dit l'un des détenus,
« mais, si l'on ne m'avait pas retiré, j'y serais mort.
« J'étais déjà évanoui quand le gardien est venu me dé-
« lier, et, comme il ne pouvait défaire le nœud assez
« vite, il s'est servi de son couteau, avec lequel il m'a
« fait une entaille au poignet. — Quand on est de petite
« taille, a ajouté un autre, comme les anneaux sont
« fixés à la même hauteur pour tout le monde, on se
« trouve presque suspendu par les mains. » (*Droit*,
11 février 1844.)

Si l'on soupçonne d'exagération cette peinture faite
par des condamnés irrités du châtiment, qu'on lise,
dans un article du *Droit* du 5 novembre suivant, intitulé :
la Maison centrale de Poissy, la description du moyen de
répression dit *des anneaux*, et qui n'est sans doute autre
chose que le piton. « La peine, ou plutôt, le supplice des
« anneaux, dit l'auteur de cet article, mérite aussi une
« mention. A six pieds du sol environ, sont scellés,
« dans le mur, des anneaux de fer : le détenu con-
« damné à y être appliqué est amené ; une corde serre
« fortement ses mains derrière son dos ; le bout de cette
« corde est passé dans l'anneau, et le patient se trouve
« ainsi élevé au-dessus de terre ; un tabouret est placé
« sous ses pieds, afin qu'il puisse avoir un point d'ap-
« pui, mais qu'il ne rencontre qu'avec l'extrémité des
« orteils. Ce châtiment, qui doit être insupportable,

« n'est, au reste, appliqué que dans le cas d'infractions
« graves. Sa durée varie ordinairement entre une heure
« et deux. Lorsque nous avons visité ces anneaux , pla-
« cés dans la chambre des oubliettes, nous avons trouvé
« un jeune homme de dix-huit ans à peine ; il y avait
« été attaché la veille pendant deux heures , et ses poi-
« gnets conservaient encore les traces des cordes qui les
« avaient serrés. »

De son côté, la *Presse* du 23 décembre 1844, à l'occasion d'un procès en cour d'assises intenté récemment au
Courrier du Haut-Rhin, rapporte que plusieurs témoins
ont déclaré que, dans la maison centrale d'Ensisheim, entre autres choses l'on attachait, par exemple, deux détenus
dos à dos , de manière que, lorsqu'ils voulaient se coucher, l'un avait la face par terre, et l'autre, la face en
l'air ; que, dans cette position, ils étaient obligés de se
servir de leurs dents pour attirer à eux les vases contenant leur nourriture ; qu'on les entassait dans un grenier
étroit, en été, pendant des semaines et des mois, de manière à ce que plusieurs tombassent en faiblesse et qu'on
fût obligé de les transporter à l'infirmerie.

« A Melun, a dit M. Corne, le régime est si sévère,
« que, depuis le règlement de 1839, plus de quarante
« gardiens ont refusé de s'en rendre les exécuteurs. »
(*Chambre des députés, Moniteur du 23 avril 1844.*)

Pour excuser, mais non pour justifier l'emploi d'une
partie des moyens disciplinaires que je viens d'indiquer,
M. le ministre de l'intérieur s'est exprimé en ces termes :
« Dans le régime actuel, remarquez qu'elle est la con-
« dition des prisonniers. Vous avez des masses de pri-

« sonniers vivant ensemble, s'excitant les uns les autres
« à l'indiscipline, au crime, à la férocité, à toutes sortes
« de violences contre lesquelles un directeur aidé d'un
« certain nombre de gardiens très-inférieur au nombre
« des prisonniers, a sans cesse à lutter : dans un pareil
« système, des désordres se produisent en bien plus
« grand nombre. » (*Moniteur du 1ᵉʳ mai.*)

Lors même que le système d'Auburn ne réunirait pas
tous les inconvénients que je viens de signaler, il en
existerait toujours un qui s'opposerait d'une manière insurmontable à son adoption, c'est la possibilité, la facilité même pour les détenus en commun de se reconnaître après leur libération, reconnaissance qui exerce
sur leur conduite une pernicieuse influence, et renverse
les résolutions le plus fermement arrêtées de retour au
bien. S'il pouvait être un moyen d'obvier à ce mal, ce
serait d'imposer aux détenus un masque et un numéro
d'ordre sur leurs vêtements ; (1) mais, sans compter que
l'emploi d'une pareille mesure aurait surtout pour résultat de favoriser, dans ses projets d'évasion, le prisonnier devenu, une fois son masque mis à l'écart, mé-
connaissable à des yeux inaccoutumés à le voir à visage
découvert, il semblerait, quoiqu'adopté dans l'intérêt du
détenu, une torture ajoutée à sa peine, et d'ailleurs le
besoin si impérieux des épanchements porterait toujours

(1) Après avoir écrit ce passage, j'ai lu qu'on emploie à Pentonville un moyen
analogue, à l'égard des détenus, auxquels on fa't prendre en commun l'exercice
de la promenade ou que l'on conduit à quelque corvée pour le service de la maison.
Voici comment on les fait sortir de leur cellule : chacun à la tête couverte d'une
casquette à longue visière ; cette visière s'étend sur ses yeux, de sorte qu'il ne lu
est possible que de voir à ses pieds la ligne qu'il doit suivre.

ce dernier à divulguer à ses compagnons de captivité, l'*incognito* dont on voudrait le protéger.

Le second système, celui de Philadelphie ou de Pensylvanie a pour base l'emprisonnement individuel de jour et de nuit. Les hommes spéciaux sont la plupart convaincus qu'il est le seul efficace et qui offre la possibilité d'un retour vers le bien de la part du coupable : Quant à moi, de consciencieuses méditations m'ont pénétré de sa supériorité. Il est néanmoins en butte à de vives attaques dans le monde, et il faut bien avouer que, parmi les nombreuses critiques dont il est l'objet, quelques-unes ne sont pas sans apparence de fondement ; j'espère toutefois facilement détruire dans un rapide examen, les principales objections que lui adressent ses adversaires.

CHAPITRE II.

Réfutation des principales objections adressées au système cellulaire.

1° L'emprisonnement individuel de jour et de nuit, aux yeux de certains esprits fanatiques de philantropie, est un châtiment d'une barbarie révoltante qu'on ne saurait appliquer aux individus même les plus coupables.

Cette première objection est plus spécieuse que fondée : la véritable philantropie ne consiste-t-elle donc pas à protéger la société contre les complots et les attentats de ceux de ses membres dont la pensée incessante, l'occu-

pation journalière est le crime ; pour lesquels il n'est
rien de sacré et qui, en état d'hostilité permanente avec
les lois, pour consommer des vols de la plus minime importance, ne se font aucun scrupule de recourir aux
coups de couteau, à l'assassinat, et de compromettre la
sûreté publique? Sont-ils donc si dignes d'intérêt ces
hommes au cœur bronzé qui, pour satisfaire leurs coupables passions, n'hésitent pas à rendre des enfants orphelins, ou à ruiner une famille, en lui enlevant les économies amassées par de pénibles labeurs? Toutes les
sympathies leur seront-elles donc acquises, tandis que
leurs victimes n'obtiendront qu'une stérile pitié, et que,
poursuivies incessamment par le souvenir du crime qui
aura troublé la paix de leur foyer et ruiné leur avenir,
elles se verront réduites à tendre la main à la charité des
passants, ou à aller terminer à l'hôpital une vie empoi-
sonnée? Le criminel doit-il donc trouver sous les verroux
et suivant son caprice, la conversation avec ses compagnons de captivité, les plaisirs du jeu ou de la cantine,
enfin, toutes les distractions qui peuvent abréger pour lui
la marche du temps et lui faire atteindre paisiblement
l'expiration de sa peine ?

Non! la prison doit être un lieu d'expiation! il faut
qu'après avoir subi le châtiment infligé, le condamné ne
craigne rien tant que d'y rentrer, et que certains individus ne se fassent pas une habitude d'y venir prendre,
chaque année, leur quartier d'hiver. Je le proclame hau-
tement, plus la punition est rigoureuse, plus elle est
efficace sur le coupable, et exemplaire à l'égard de ceux
qui seraient tentés de se laisser aller au mal! Mieux vau-

drait donc en abréger la durée qu'en adoucir la rigueur.
« La meilleure prison, disait M. Robert Wilste, direc-
« teur de Sing-Sing, à M. Demetz, est celle que les
« prisonniers trouvent la plus mauvaise ; idée très-juste,
« observe ce dernier, et qui ne devient fausse que lors-
« qu'elle est trop absolue. » (*Rapp. sur les pénitenciers
aux Etats-Unis, page 16.*)

« Une prison destinée à punir, a dit à son tour M. Li-
« vingston, *dans son introduction au code de la discipline
« des prisons*, cesserait bientôt d'être un objet d'effroi, si
« les condamnés qui la remplissent y entretenaient à leur
« aise les relations de société dans lesquelles ils se com-
« plaisaient avant d'être détenus.

Mais d'ailleurs est-il bien vrai que l'emprisonnement
individuel soit un châtiment d'une barbarie révoltante ?
Le doute est au moins permis, lorsque des hommes dignes de toute confiance nous attestent qu'à la Roquette
et à la colonie agricole de Mettray, la mise en cellule est
réclamée par de jeunes enfants comme une faveur :

« Enfin, un certain nombre d'enfants, qui montraient
« l'envie de se corriger et qui en reconnaissaient l'im-
« possibilité au milieu des excitations de toute sorte qui
« les entouraient, avaient demandé comme une faveur
« d'être mis en cellule. A leur égard encore, les effets
« furent les mêmes, leur santé ne s'était point altérée,
« etc… » (*Compte décennal des travaux de la société
pour le patronage des jeunes détenus, par M. de Béranger, page 39*).

« Un autre fait prouvera que la cellule n'inspire pas
« à ceux qui y sont enfermés la terreur qu'on pourrait

« supposer ; nous avons, à la colonie, des enfants qui
« sont depuis quatre mois en cellule, et chez lesquels la
« raison et les bons sentiments ont fait de tels progrès,
« qu'ils ne veulent pas en sortir. Ils ne se croient pas
« encore assez sûrs d'eux-mêmes pour résister à l'occa-
« sion de mal faire, tandis qu'en cellule (ce sont eux
« qui le disent), ils peuvent se fortifier dans les bonnes
« résolutions qu'ils espèrent pouvoir exécuter plus tard.
« c'est là un fait bien remarquable et d'une haute portée
« que nous pouvons attester, Messieurs, et que les per-
« sonnes qui voudraient bien venir nous visiter auront
« toute facilité de vérifier par elles-mêmes. » (*Rapp. des
directeurs de Mettray du* 12 *mai* 1844, *page* 20).

A Tours aussi, des faits analogues se sont produits : des
condamnés qui, à raison de la durée de leur peine, devaient être transférés dans une maison centrale, ont sollicité de rester au pénitencier, s'engageant à pourvoir, à
leur compte, aux frais de leur nourriture, condition indispensable pour que leur demande pût être accueillie ;
d'autres, déjà transférés dans ces maisons, ont obtenu de
revenir au pénitencier, et les dossiers de la préfecture
du département constateraient que l'administration reçoit
journellement de pareilles demandes auxquelles il lui est
impossible de faire droit, à cause de leur nombre.

Il n'y aurait de barbarie dans l'emprisonnement individuel que si, adoptant entièrement le système Pensylvanien, dans lequel les détenus ne reçoivent aucune nouvelle de leur pays, aucune lettre de leurs parents ou de
leurs amis, renchérissant même sur ses rigueurs, on inter-
disait au détenu toutes relations avec ses semblables en

l'enfermant dans sa cellule comme dans un tombeau; mais personne , en France, ne l'entend ainsi : « Nous vous « proposons , a dit M. le ministre de l'intérieur , non pas « de séparer le condamné de toute société, non pas de « chercher , par la solitude , à opérer en lui une amélio- « ration morale , nous vous demandons de dissoudre « cette société criminelle qui menace tous les jours la « grande société. » (*Moniteur du 25 avril* 1844).

2° L'emprisonnement individuel exerce une funeste influence sur les facultés intellectuelles des détenus et détermine, chez un grand nombre , l'aliénation mentale.

Voici sans doute ce qui a accrédité cette opinion qui , si elle était confirmée par l'expérience et par l'observation de faits positifs, serait, il faut le reconnaître, un obstacle insurmontable à l'adoption du système cellulaire : En 1821, disent MM. de Beaumont et de Tocqueville, *tome 1er*, *page* 175, on avait placé à Auburn quatre-vingts criminels dans des cellules particulières, en les soumettant à un isolement complet; privés du travail qui aurait pu apporter une distraction à leur solitude, ces malheureux tombèrent dans un état de dépérissement si manifeste que leur vie parut en danger, s'ils restaient plus longtemps dans la prison soumis au même régime; cinq d'entre eux, pendant une seule année, y avaient déjà succombé ; l'un d'eux était devenu fou; un autre, dans un accès de désespoir, avait profité d'un moment où le geôlier lui apportait quelque chose, pour se précipiter hors de sa cellule , en courant le péril presque inévitable d'une chute mortelle. Sur de pareils effets, le système fut jugé définitivement; vingt-six des détenus solitaires furent grâciés, les autres sortirent pendant le jour et furent admis à travailler dans les ateliers communs.

L'emprisonnement solitaire, sans travail, avait exercé une influence aussi fâcheuse qu'à Auburn sur la santé morale et physique des détenus dans les prisons du Maryland, du Maine, de la Virginie et du New-Jersey; aussi, la législature de Pensylvanie hésita-t-elle à suivre le système qu'elle avait adopté d'abord. Une commission chargée, en 1827, de faire une enquête à ce sujet se prononça même en faveur du nouveau régime suivi à Auburn; mais enfin M. Edward Livingston finit par faire triompher ses doctrines qui repoussaient l'isolement sans travail dont l'expérience de toutes parts lui signalait les funestes effets, et qui conservaient la séparation absolue des prisonniers. L'introduction du travail dans la cellule fut donc décidée et ce fut une heureuse innovation; car, en 1838, la commission nommée par la législature de Philadelphie, pour s'enquérir de l'état sanitaire du pénitencier de Cherry-Hill, disait *qu'elle ne croyait pas qu'on pût citer un seul cas d'aliénation mentale survenu dans ce pénitencier et causé par la solitude ou la séparation des détenus entre eux, depuis qu'il est soumis à la règle actuelle.*

Le docteur Francklin Bache, médecin du pénitencier de Philadelphie, a constaté, il est vrai, dans cette prison, de 1827 à 1836, seize cas d'aliénation mentale; mais il reconnait, en même temps, qu'il ressort de documents of-

ficiels, que, sur les seize détenus qui ont donné des signes
de folie, dix avaient ressenti les premières atteintes de
cette maladie, avant leur entrée dans le pénitencier, et
que de fortes raisons portent à croire qu'il en était de
même pour quatre autres ; ainsi, restent donc, en sept
ans, deux cas d'aliénation qu'il serait peut-être permis
d'attribuer à l'emprisonnement solitaire.

On a encore parlé de trente-un cas d'aliénation mentale
signalés par le docteur Verdeil dans le pénitencier de Lau-
sanne, du 1er novembre 1834 au 1er janvier 1842 ; mais,
on s'est bien gardé d'ajouter que, sur les trente-un détenus
considérés comme atteints d'aliénation, cinq l'étaient déjà
avant leur réclusion ; que la maladie s'était manifestée
chez dix autres, aussitôt après qu'ils avaient été soumis à
l'isolement, et qu'encore ce n'était qu'une sorte d'halluci-
nation, sans aucune prédisposition à la folie ; qu'enfin, les
quinze autres sortaient des ateliers, et que, parmi ces derniers, il en était plusieurs dont l'état moral était grave-
ment compromis à leur entrée.

A Genève, aussi, des cas d'aliénation mentale ont été
signalés, et pourtant, la règle de ce pénitencier est le
travail en commun, avec l'isolement pendant la nuit.

L'auteur d'un article inséré dans le *Droit* du 26
septembre 1844, et intitulé : *Mœurs judiciaires en
Angleterre, visite aux prisons*, prétend que le système
cellulaire exerce, dans ce pays, une funeste influence
sur les facultés intellectuelles des détenus : « Lisez,
« dit-il, les rapports des inspecteurs anglais dans toutes
« les prisons, vous y trouverez souvent, à la suite du nom

« du prisonnier, le mot: *insane* (fou). »Toutefois, il ajoute
que quelques philantropes de la Grande-Bretagne affir-
ment que les cas de folie ne dépassent pas *trois pour cent*
par an sur le chiffre des prisonniers.

L'assertion du collaborateur du *Droit* repose donc sur
des faits contestables et contestés ; mais de nombreux cas
d'aliénation mentale eussent-ils été constatés dans les prisons d'Angleterre, il faudrait établir qu'ils ont été plus
fréquents dans les prisons soumises au régime cellulaire
que dans les autres prisons, et d'ailleurs, cette preuve
faite, l'argument que l'on en voudrait tirer n'aurait encore qu'une valeur relative ; car, chez un peuple où l'influence du climat est telle que, parmi ceux-même qui sont
en possession de toutes les jouissances de la vie, on en voit
souvent, en proie à une maladie inhérente au sol, s'affranchir d'une vie de dégoût et d'ennui par le suicide, la pire
de toutes les folies ; chez un pareil peuple, dis-je, il ne
serait pas étonnant que l'isolement de la cellule déterminât le découragement et l'affaiblissement des facultés intellectuelles.

Aux observations si peu certaines, si peu probantes dont
s'appuient les adversaires de l'emprisonnement solitaire
de jour et de nuit, opposons donc l'autorité de MM. Livingston, Crawford, de Beaumont, de Tocqueville, Moreau-
Christophe, Aylies, Victor Foucher, des docteurs Julius et
Varrentrapp, en Allemagne ; Pariset, Esquirol, Ferrus,
Lélut, Baillarger, Marc, Louis, Villermé, Murat, Cloquet,
en France ; du professeur Liéber, et surtout celle de M. Demetz, qui avoue avec une franchise qui l'honore, que, parti
pour l'Amérique avec de fortes préventions contre le sys-

tème Pensylvanien, ses idées, en présence des faits, ont
subi une transformation complète. (*Résumé sur le système
pénitentiaire*, 1844, *page* 5.) Cette conversion dans ses
idées, par suite d'un examen consciencieux et approfondi
sur les lieux, M. Demetz n'est pas le seul qui l'ait éprouvée : presque tous les publicistes de l'Europe, qui, hos-
tiles à ce système, avant de le connaître, sont allés l'étudier
aux États-Unis, sont revenus ses plus fervents zélateurs,
après l'avoir vu fonctionner. « Enfin, le même progrès,
« dit encore M. Demetz, a eu lieu, dans l'opinion, aux
« États-Unis. Nous y avons vu, à très-peu d'exceptions
« près, tous les hommes graves se ranger à cet avis; et
« c'est parmi ceux qui étaient chargés d'appliquer le
« système d'Auburn, que nous avons rencontré les par-
« tisans les plus décidés de celui de Cherry-Hill. Sur sept
« directeurs, cinq nous ont fortement exprimé leurs con-
« victions et leur préférence à ce sujet. » (*Rapport sur
les pénitenciers aux États-Unis, page* 42.)

Si, par malheur, des hommes qui ont étudié la question aussi consciencieusement s'étaient trompés, il faudrait amèrement déplorer leur erreur, partagée d'ailleurs
par la majorité des conseils-généraux (1), car il n'y aurait
alors aucune répression efficace contre le crime, aucune

(1) En 1838, cinquante-cinq conseils généraux ont demandé l'isolement de
jour et de nuit, quinze, l'isolement de nuit seulement; un seul a demandé le
maintien des maisons centrales.

En 1843, onze conseils généraux, consultés sur diverses questions, intéressant les condamnés libérés, ont déclaré que l'on ne peut compter sur un résultat
favorable, tant que le régime des prisons demeurera aussi corrupteur, et qu'avant
tout il faut moraliser les détenus, si l'on veut ensuite exercer une action efficace
sur les libérés.

sécurité possible pour la société, qui demeurerait désarmée! Tous les hommes que je viens de nommer s'accor-
dent à proclamer que l'emprisonnement individuel ne
produit pas les effets que ses adversaires lui attribuent.

« Ayant obtenu, dit M. Crawford, la permission de visiter,
« dans leurs cellules, les détenus de Cherry-Hill, à chaque
« heure du jour, j'ai eu la facilité de causer avec un grand
« nombre. La plupart étaient renfermés depuis quatre
« années; je ne pus rien apercevoir dans leur physiono-
« mie ou dans leur langage qui me donnât à penser que
« la solitude à laquelle ils avaient été soumis, pendant un
« aussi long espace de temps, eût porté atteinte à leur
« santé ou affaibli leur intelligence. Quoique généralement
« sérieux, ils n'étaient pas abattus; plusieurs parlaient
« avec un air de tranquillité douce que je ne m'attendais
« pas à trouver chez des hommes ainsi renfermés. »

A des témoignages si puissants, ajoutons un dernier
argument puisé au rapport des inspecteurs de Cherry-
Hill, en 1838, rapport cité *page* 19 *d'un Mémoire sur le
système pénitentiaire*, par M. Benoiston de Châteauneuf,
qui lui-même l'a emprunté à un mémoire de M. Moreau-
Christophe, et duquel il résulte que, sur trente détenus
libérés en 1837, neuf avaient été soumis à l'isolement
pendant trois ans; dix, pendant quatre; six, pendant cinq;
un, pendant six; que plusieurs étaient depuis huit ans en
prison, et que tous jouissaient d'une bonne santé.

« Si vous voulez faire la statistique des folies qui se
« sont déclarées dans le pénitencier de Philadelphie, a dit
« M. de Beaumont, vous verrez que, jusqu'à ce jour, la
« moyenne a été de 6 pour 0/0, c'est-à-dire que, dans

« les prisons soumises au régime de l'emprisonnement
« individuel, les folies ne sont pas plus nombreuses,
« mais elles se constatent plus facilement, parce qu'il
« est plus facile de constater la folie d'un homme qui
« est renfermé dans une cellule, qui est isolé, que de
« constater la folie d'un homme, lorsqu'il est confondu
« avec ses compagnons de captivité; dans la prison de
« Philadelphie, la statistique même établit qu'il n'y en
« a que 6 p. 0/0, c'est-à-dire le même nombre qu'à Ge-
« nève, où est mis en usage le régime de la séparation
« de nuit avec travail commun pendant le jour. » (*Moniteur du 24 avril 1844.*)

Les impressions produites sur les détenus par l'emprisonnement individuel sont évidemment subordonnées au
caractère de ceux qui y sont soumis, et, sous ce rapport,
il y a trop peu de temps encore que le régime cellulaire
est appliqué chez nous, pour qu'on puisse dire, d'une manière certaine, s'il peut convenir au caractère français.
Les essais faits, jusqu'à ce jour, portent à croire que sa généralisation ne présentera pas de dangers. « Tous les en-
« fants détenus au pénitencier de la Roquette, dit M. De-
« metz, sont soumis à l'emprisonnement individuel, et
« cette tentative n'a eu sur leur état physique aucun ré-
« sultat nuisible; et cependant on sait combien l'air et
« l'espace sont encore plus nécessaires à l'enfance qu'à
« l'âge mûr. » (*Résumé sur le système pénitentiaire,*
page 12.) Ce fait, attesté par M. Demetz, se trouve con-
firmé par le passage suivant du *Compte décennal des travaux de la société pour le patronage des jeunes détenus et*

des jeunes libérés du département de la Seine du 14 juillet 1844. « Quant au trouble des facultés mentales, il ne
« s'est rien passé dans le pénitencier qui donne lieu de
« croire que l'encellulement offre quelques dangers. Deux
« seuls cas de folie se sont manifestés depuis 1840. Pour
« l'un, il fut constaté que le détenu était entré avec le
« germe du mal, et il avait été guéri dans la maison ; le
« trouble de l'autre ne datait que de sa détention, mais
« on se rendit également maître de la maladie, et ce n'est
« qu'après la sortie du pénitencier qu'elle reparut de
« nouveau ; on dut donc supposer que le principe de ce
« désordre intellectuel existait aussi avant l'encellule-
« ment. »

« Comment quelques cas de ce genre, s'ils se repro-
« duisaient dans le pénitencier, même avec des circons-
« tances plus graves, pourraient-ils être attribués au ré-
« gime nouveau qui y a été introduit, lorsque, dans nos
« maisons centrales, où les détenus sont placés dans la
« vie commune, l'altération des facultés mentales est si
« fréquent ? Ainsi, le nombre des fous est, à Montpel-
« lier, de 19 sur 483 détenus ; à Fontevrault, de 46 sur
« 497 ; à Vannes, de 31 sur 296, etc... (1) Ce n'est donc
« pas l'encellulement qui produit la folie. Non, Messieurs,
« elle tient à d'autres causes : aux inquiétudes qui précè-
« dent le jugement, à l'incertitude de son résultat, aux

_____

(1) « Nous avons, a dit M. Duchâtel, des cas de folie dans le régime actuel
« avec les maisons centrales. Nous avons même un certain nombre de maisons
« centrales, où malheureusement les cas de folie arrivent à des chiffres très-éle-
« vés. Je citerai, par exemple, la maison de Vannes, où, au premier avril 1844,
« sur 295 détenus, on comptait 31 cas d'aliénation. » (Moniteur, 28 avril 1844.)

« tortures de l'âme qu'occasionne le remords, etc.... »
(*Pages* 76 *et* 77.)

L'épreuve faite à Tours n'est pas moins favorable à ce
régime. Depuis que le pénitencier est ouvert, on n'a pas
constaté la moindre altération dans la santé des prisonniers, dont quelques-uns y sont restés au-delà de onze
mois.

3° L'emprisonnement individuel accroît la mortalité
chez les détenus soumis à ce régime.

MM. de Beaumont et de Tocqueville, qui ont recueilli
des documents sur la mortalité dans les différentes prisons, en Amérique, établissent que, dans les pénitenciers
suivants, dont le régime est le travail en commun pendant le jour et l'isolement pendant la nuit, le chiffre des
décès est de : 1 sur 36 détenus pour celui de Sing-Sing ;
1 sur 44 pour celui de Wethersfield ; 1 sur 48 pour celui
de Maryland ; 1 sur 55 pour celui d'Auburn, 1 sur 58
pour celui de Charles-Town ; chiffre beaucoup plus faible
que celui des anciennes prisons, qui était de 1 sur 16 pour
Walnut-Street et de 1 sur 18 pour Newgate.

Quant à la mortalité des pénitenciers soumis à l'isolement complet de jour et de nuit, voici comment ils s'ex-
priment, *tome* Ier, *page* 267 : « Nous n'avons rien dit sur
« l'état sanitaire de la nouvelle prison de Philadelphie,
« qui est établie depuis trop peu de temps pour qu'on
« ait pu juger de ses effets. Tout nous porte à penser que
» le système de réclusion perpétuelle et absolue qui y est
« en vigueur sera moins favorable à la santé des prison-

« niers que le système d'Auburn. » Cette opinion de
MM. de Beaumont et de Tocqueville ne reposait, comme
ils le reconnaissent eux-mêmes, sur aucun document :
M. Demetz a comblé la lacune que la création trop ré-
cente du pénitencier de Philadelphie les avait contraints
à laisser dans leur travail, et, d'une statistique par lui
établie dans son *Rapport sur les pénitenciers des États-
Unis*, *page* 32, il résulte que, de 1830 à 1836 inclusivement, 697 prisonniers sont entrés au pénitencier de
Cherry-Hill ; que, sur ce nombre, 78 sont sortis avec une
meilleure santé ; 166 avec une santé égale ; 17 plus faibles,
sans être plus malades ; 13 ayant la santé moins bonne ;
4 l'ayant très-détériorée et que 34 sont morts. Ce dernier
chiffre donnerait donc une moyenne d'un peu moins de
3 1/2 p. 0/0, et encore explique-t-il, *à la page* 120, que,
parmi ceux-ci, 1 s'est suicidé ; 25 sont entrés très-malades
ou ayant des germes de maladies chroniques ; 4 sont morts
d'accidents et que, chez les autres seulement, les maladies qui les ont emportés paraissent s'être déclarées en
prison.

La proportion des décès dans la prison de Cherry-
Hill se trouverait donc, à peu de chose près, en rapport avec ceux du pénitencier de Sing-Sing, et ne dépasserait pas d'une manière frappante ceux des autres prisons
où le travail en commun est admis ; elle se trouverait
également en rapport avec le chiffre de la mortalité dans
la ville et les faubourgs de Philadelphie, qui a été, de
1820 à 1830, de 1 habitant sur 38, 85° . Cette appréciation diffère peu de celle faite récemment à la tribune
par M. de Beaumont : « De 1829 à 1842, a-t-il dit, la

, « moyenne de la mortalité, a été, dans le pénitencier de
« Philadelphie, de 4 détenus p. 0[0.

. . . .

» Si on écarte la population noire du pénitencier de
« Pensylvanie, et si on ne fait porter l'appréciation que
« sur la population blanche, la population n'est plus que
« de 2 p. 0[0.

. . . .

« Ainsi, en résumé sur ce point, la mortalité dans le
« pénitencier de Philadelphie, le seul qui nous présente
« sur une grande échelle une statistique sur laquelle on
« puisse raisonner sérieusement, est moindre qu'elle n'é-
« tait dans le régime ancien, c'est-à-dire, dans le régime
« en commun. Elle est moindre que sous le régime ré-
« formé d'Auburn et Sing-Sing, avec travail en commun;
« elle est moindre que la mortalité en France dans les mai-
« sons centrales; elle est six fois moindre qu'à Fonte-
« vrault, nos prisons modèles, et la mortalité étant de 4
« p. 0[0, si on compte les noirs; si on les ajoute à la
« population blanche, elle sera encore trois fois moindre
« que dans celle de Fontevrault. » (*Chambre des députés,
Moniteur du* 21 *avril* 1844.)

Quand bien même le point de départ de ces calculs serait vicieux, ainsi que l'affirme M. Benoiston de Châteauneuf, *page* 24 de son *Mémoire sur le système pénitentiaire*, parce qu'on aurait adopté un méthode trompeuse
en calculant la population des prisons par le nombre total
des individus qui y sont entrés, au lieu de suivre le nouveau procédé indiqué par M. le docteur Villermé, et qui
consiste à évaluer la moyenne annuelle des détenus pen-

dant une période de temps quelconque, d'après la somme totale des journées de présence de cette période divisée par 365, nombre des jours de l'année; cette circonstance ne détruirait pas le fait constaté par MM. de Beaumont et de Tocqueville, que le nombre des décès, dans les pénitenciers où la règle est le travail en commun avec l'isolement pendant la nuit, a été plus faible que dans les anciennes prisons où la règle était la promiscuité des détenus, puisque les calculs qui ont servi à établir la moyenne de ces décès, dans les uns ou dans les autres, ont été faits d'après le même point de départ.

J'ai dit plus haut qu'il était contestable et contesté que le régime de l'isolement exerçât, dans les prisons d'Angleterre, où il avait été introduit, une funeste influence sur la santé des détenus. Voici un document qui prouve au contraire qu'il produit, dans ces prisons, aussi bien que dans les pénitenciers d'Amérique, les plus heureux résultats. Je l'emprunte au *Journal la Presse du* 9 décembre 1844; c'est l'extrait d'une enquête à laquelle M. Vakley, coroner de la cité de Londres, a procédé dans la prison de Pentonville pour constater la cause du décès de l'un des détenus.

« *M. Vackley.* — Dans le pénitencier, les détenus sont « assujétis à un silence absolu; en est-il de même pour « ceux qui se trouvent à l'infirmerie?

« *M. Rees* (chirurgien de la prison). — La conversa-« tion est alors permise comme un excitant qui provoque « souvent une crise favorable dans les maladies ner-« veuses.

« *L'infirmier.* — Cependant les conversations sont dé-« fendues.

« *M. Rees.* — Je veux dire que l'on ne condamne pas
« les malades à un mutisme complet. Le chirurgien et
« les infirmiers sont juges de l'utilité ou du danger qui
« existerait pour les détenus de converser entre eux.
« Quant à moi, j'use habituellement de mon pouvoir
» pour autoriser l'usage de la parole.

« *Le Magistrat.* — La mortalité est-elle considérable à
« Pentonville?

« *M. Rees.* — Sur sept cents détenus, que l'on y a en-
« fermés jusqu'à présent, il n'en est mort que cinq. »

En France, les statistiques de mortalité donnent une
moyenne de cinq p. 0|0 pour les bagnes (1). Pour les
maisons centrales, MM. de Beaumont et de Tocqueville
trouvent une moyenne de 1 sur 14, ou environ 7 p. 0|0
pour les années 1828, 1829, 1830 et, de 1834 à 1835,
les statistiques officielles donnent également une moyenne
de 6, 75 c⁶ p. 0|0.

Je ne chercherai point à apprécier l'exactitude de ces

---

(1) On accuse le régime cellulaire d'être barbare et meurtrier ; ne compte-t-on
donc pour rien la mortalité qui résulte, dans les bagnes, du supplice de la double
chaîne? « J'ai dit que, lorsque les condamnés ont été mis à la double chaîne, peine
« infligée aux condamnés à vie qui ont été repris après une évasion, il était rare
« de leur voir faire les trois ans fixés par la loi ; qu'au bout de quelques mois,
« ils prenaient une espèce de fraîcheur, de santé factice dont on serait tenté de les
« féliciter, mais que, bientôt après, ils tombaient dans un état d'obésité qui leur
« permettait rarement d'atteindre le terme de leur double chaîne, pendant lequel
« ils ne sortent pas d'une salle commune. » (M. Nozereau, *Chambre des députés,*
Moniteur du 7 mai 1844.) Qu'on s'imagine des malheureux attachés dans une salle
commune, à un lit de camp, au moyen d'une chaîne qui, pendant trois longues
années, ne leur permet pas de s'éloigner à plus de deux ou trois mètres de ce lit,
et, contraints de satisfaire tous leurs besoins dans un baquet placé à leur portée ; qu'on dise ensuite s'il est possible d'inventer un traitement plus barbare !

calculs, et je me bornerai à faire observer que, dans les
rapports de 6, 75 à 6, 50 et 5,25, avec la mortalité cons-
tatée dans les prisons de Walnut-Street et de New-gate, la
moyenne des décès, dans les maisons centrales de France,
serait dans les proportions de 6, 75 à 2, 75 avec les décès
de Sing-Sing; de 6, 75 à 3, 43 avec ceux de Chery-Hill ;
de 6, 75 à 2,25 avec ceux de Wethersfield; de 6, 75 à 2,
12 avec ceux de la prison de Maryland, et de 6, 75 à moins
de 2 avec ceux d'Auburn et de Charlstown.

Si ces résultats ne suffisaient pas pour établir que,
loin d'exercer une fâcheuse influence sur la santé des
détenus, l'emprisonnement individuel ne peut que lui être
favorable, qu'il me soit permis de reproduire ici deux passages *du compte décennal des travaux de la société pour
le patronage des jeunes détenus du département de la
Seine, dont j'ai déjà parlé*; ils me fourniront un dernier
argument : « Bien que le chiffre moyen des décès soit de
« 12 0/0 à la Roquette, depuis 1840 (époque à laquelle
« la séparation complète a été adoptée), il se trouve
« cependant encore fort au dessous de ce qu'il est dans
« la plupart de nos maisons centrales, dans celles notam-
« ment de Beaulieu, de Fontevrault, de Limoges et
« d'Ysses, où il s'est élevé jusqu'à 13, 14, 15, et même
« 18 0/0.

« On n'a d'ailleurs pas oublié que l'année 1839, pen-
« dant laquelle la moitié environ de nos jeunes détenus
« était encore sous le régime commun, tandis que l'autre
« moitié n'était qu'imparfaitement soumise à celui de la
« séparation, la maladie qui régnait dans Paris frappa
« vivement sur le pénitencier, où on comptait jusqu'à

« 90 et même 100 détenus à l'infirmerie, et jusqu'à 5
« et 6 décès par mois. » (*page 75*).

J'ajouterai que la différence signalée par M. de Bérenger entre les décès de la Roquette et ceux des maisons
centrales est d'autant plus remarquable que les chances
de mortalité sont, comme personne ne l'ignore, beaucoup plus nombreuses chez des enfants que chez des
adultes.

« Mais ce qui achève de démontrer, est-il dit à la
« page 75, que le régime de séparation qui a été adopté
« n'est pas funeste à la santé et à la vie, c'est qu'il y
« a toujours eu plus de malades aux Madelonnettes, lors-
« que les jeunes y étaient renfermés sous le régime com-
« mun, qu'à la Roquette sous celui de l'isolement. Le
« tableau suivant offre cette démonstration :

A LA ROQUETTE.		AUX MADELONNETTES.
Fin Août 1842, 25 malades sur 440;		23 sur 109.
Id. Janv. 1843, 20 id. id. 401;		21 id. 130.
Id. Fév. 1843, 21 id. id. 391;		21 id. 163.
Id. Mai 1843, 39 id. id. 402;		17 id. 125.
Id. Juin 1843, 32 id. id. 416;		13 id. 112.

Est-il donc téméraire, après ce langage si formel des
chiffres, de supposer que l'introduction en France du
régime cellulaire devra amener, dans le nombre des maladies, et, en conséquence, dans la mortalité des détenus,
un décroissement semblable à celui reconnu dans les prisons de l'Amérique, depuis que le nouveau système pénitentiaire y est mis en vigueur, et, à la Roquette, de-

puis que l'isolement complet de jour et de nuit y a été adopté ?

Quand bien même cette supposition serait erronée et que, contre toute vraisemblance, l'emprisonnement individuel, devrait au contraire avoir, pour résultat, en France d'augmenter la somme des décès parmi les détenus, faudrait-il donc renoncer à son adoption ? Assurément non ! car la question n'est pas uniquement d'arriver à une diminution dans la mortalité des prisonniers, elle consiste principalement, et avant tout, à obtenir un châtiment efficace et l'amélioration du criminel. Qu'il me soit permis d'appuyer cette proposition de l'autorité de MM. de Tocqueville, Moreau-Christophe et Demetz. Le premier écrivait, en 1828 : « Il faut bien en arriver à « dire qu'une prison n'est point un hôpital ; que ce n'est « pas pour leur plaisir et le plus grand bien de leur « santé que nous nous déterminons à mettre nos semblables « blables en prison : c'est pour les réformer et les pu- « nir ; et celui qui a violé les lois de son pays et ou- « tragé la société toute entière, doit s'attendre à ce qu'il « résulte pour lui quelques inconvénients et quelques in- « commodités de son crime.

« Si le système de Philadelphie, d'Auburn ou tout « autre, a dit M. Moreau-Christophe, était reconnu « pour être le seul qui réunit toutes les conditions vou- « lues pour punir les condamnés d'abord, pour les cor- « riger ensuite, s'il est possible, et pour empêcher, en « tous cas, le retour de crimes pareils, par la peine « qu'en ressentirait le coupable, et par la terreur qu'elle « inspirerait à ceux qui seraient tentés de l'imiter, i

« faudrait l'adopter sans hésiter, dût le criminel cou-
« rir plus de chances de maladie et de mort dans la pri-
« son régie par ce système, que dans la vie libre qu'il
« menait dans le monde.... Tout ce qu'on peut, tout ce
« qu'on doit exiger d'une prison, c'est qu'elle ne tue
« pas ; et elle ne tue pas, lorsque la moyenne de ses morts
« est dans une proportion qui n'accuse pas son régime de
« barbarie par des chiffres incontestables et excessive-
« ment élevés.

« C'est là, en effet, ajoute M. Benoiston de Châteu-
« neuf, auquel j'emprunte ces deux citations, ce qu'on
« doit demander à tout châtiment, à toute peine qui n'est
« pas la peine de mort, c'est de ne pas la donner.

« Humanité ! s'écrie à son tour M. Demetz, c'est là
« un mot dont on fait un étrange abus. Est-ce donc pour
« complaire aux condamnés qu'on les enferme dans les
« prisons, et faut-il y étudier leurs goûts, leurs incli-
« nations ? Le nom de pénitencier n'indique-t-il pas qu'ils
« y sont pour faire pénitence et pour expier leurs crimes ?
« *intimider à tout prix, moraliser autant que possible*,
« tel est le but qu'on doit se proposer d'atteindre. »
(*Résumé sur le système pénitentiaire, page* 12).

1° L'emprisonnement individuel, poursuivent les adversaires de ce régime, ne moralise point le condamné
qui sort de prison avec les mêmes penchants criminels
qu'il y avait apportés.

Le régime cellulaire n'étant pratiqué en France que
depuis fort peu de temps, et dans un très-petit nombre

de prisons seulement, l'expérience des faits ne saurait prêter, sous le rapport des résultats de moralisation qu'on a pu en obtenir, d'arguments bien concluants à ses partisans ou à ses adversaires ; néanmoins je dois encore faire connaître ici les résultats obtenus à la Roquette : de 1833 à 1837 inclusivement, la récidive qui, avant l'établissement de la société, avait été de 75 pour 100, était descendue à 19 pour 100, puis, pour les années 1838 et 1839, pendant lesquelles une partie des détenus avaient été isolés, à 17 et à 14, 90 pour 100, maintenant, je copie textuellement :

« Les quatre années qui ont suivi ont été le temps
« de la complète séparation. Alors la récidive a sensi-
« blement diminué ; ainsi elle a été :

En 1840, de 7, 63 p. 100 ;

En 1841, de 9, 18 deux tiers ;

En 1842, de 8, 40 ;

En 1843, de 9, 38 p. 100.

« Lorsqu'on compare les deux époques, il est diffi-
« cile de ne pas attribuer l'amélioration qui s'est ma-
« nifestée dans la seconde, au régime nouveau auquel
« le pénitencier a été soumis. » (*Compte décennal*, etc.,
pages 72 *et* 73.)

A l'appui de cette opinion, M. de Béranger rapporte en ces termes un fait de moralisation produit par l'isolement dans la cellule :

« Malgré les mesures prises dans le pénitencier pour
« que les détenus ne puissent communiquer, l'un deux
« était parvenu à se mettre en rapport avec l'enfant qui
« occupait la cellule voisine, et, au moyen de précau-

« tions infinies, il conversait de temps en temps avec
« lui. Tout le temps que dura cette situation, et elle se
« prolongea, il montra un caractère léger, il écoutait
« impatiemment les conseils qui lui étaient donnés, soit
« par le directeur ou l'aumônier de la maison, soit par
« les délégués de la société; et il se préparait si mal à
« sa première communion, qu'on concevait de sérieuses
« inquiétudes sur la nature de ses dispositions. Mais
« voilà que, par l'effet d'une circonstance en quelque
« sorte providentielle, on le change de corridor et de
« cellule; cette fois il y a impossibilité pour lui de
« nouer de nouvelles relations, sa séparation de tout ce
« qui peut contribuer à le distraire et à l'étourdir sur
« sa position est devenue complète. Dès lors, on remar-
« que dans ses manières un changement qu'on ne sait à
« quelle cause attribuer; son air est triste, souvent il
« répand des larmes, et on l'entend pousser des san-
« glots : enfin, oppressé par les remords, éprouvant le
« besoin de rendre la paix à sa conscience, il fait l'aveu
« d'un crime dont la gravité est extrême, car ce crime
« était un meurtre. — A la suite d'une querelle, occa-
« sionnée par le partage fait pendant la nuit, dans un
« bois, de quelques objets volés de complicité avec un
« autre enfant, il s'était emporté jusqu'à frapper celui-
« ci d'un coup de couteau : ce coup avait été mortel;
« prenant aussitôt la fuite, il erra pendant deux jours,
« et arrêté loin de là, il fut jugé comme vagabond et
« enfermé au pénitencier, sans qu'on le soupçonnât du
« crime qu'il avait commis. Tant qu'il put communiquer
« avec son jeune voisin, son âme ne fut pas troublée, elle

« n'avait commencé à l'être que lorsque l'isolement était
« devenu sérieux pour lui. Tel fut son récit; il s'en trou-
« va soulagé. Depuis lors, son caractère a reçu la plus
« favorable transformation ; les exhortations, les encou-
« ragements du digne aumônier lui sont venus en aide;
« il a fait sa première communion avec les marques
« d'un repentir sincère, et ce jour là, sans doute, il a
« juré aux pieds des autels de faire tous ses efforts pour
« dompter les funestes penchants qui l'ont rendu si cou-
« pable.» (*Compte décennal, etc., pages* 79 *et suiv.*)

Il a été fort difficile de constater, d'une manière satisfaisante, les résultats de moralisation produits par l'isolement de jour et de nuit dans les pénitenciers d'Amérique
où il est pratiqué, la classe des malfaiteurs passant successivement d'un état dans un autre, afin de dissimuler des
antécédents fâcheux, et d'une prison où le régime Cherry-
Hill est en vigueur, dans une prison soumise à celui d'Auburn. M. Elam Lynds, d'abord directeur de ce dernier
pénitencier, puis fondateur et directeur de celui de Sing-
Sing, pense, il est vrai, que la réforme du criminel est
une chimère qu'il n'est pas raisonnable de poursuivre;
tout ce qu'on peut obtenir, lui semble-t-il, c'est qu'un
grand nombre d'anciens condamnés ne retombent pas en
récidive, et que même ils deviennent des citoyens utiles,
ayant appris un état en prison et y ayant contracté l'habitude constante du travail.

M. Wilste, directeur de Sing-Sing, à l'époque du
voyage de M. Demetz en Amérique, ne semble pas croire
davantage à cette réforme. « J'ai, lui disait-il, en parlant
« d'une liste publiée par l'administration d'Auburn, des

« détenus qu'elle prétendait avoir ramenés au bien, j'ai,
« ou j'ai eu, dans cette maison-ci, les deux tiers de ces
« hommes de bien; ils ne me parlent pas de religion, je
« vous assure! »

Pour bien apprécier la valeur de pareilles opinions,
qu'on n'oublie pas que la règle d'Auburn est l'isolement
pendant la nuit avec le travail en commun, dans les ateliers, durant le jour, et l'on reconnaîtra que, loin d'accuser
le régime de Cherry-Hill, elles fournissent un argument
de plus en sa faveur. Je leur opposerai d'ailleurs la con-
clusion du *Rapport du comité de l'enquête législative de
Pensylvanie du 6 décembre* 1834. « En résumé, y est-il
« dit, le comité ne peut s'empêcher d'exprimer sa haute
« admiration pour l'institution dont l'économie et la dis-
« cipline ont fait l'objet de son examen. Il ne peut pareil-
« lement s'empêcher d'exprimer cette ferme croyance
« que le système qui y est pratiqué est calculé à un degré
« éminent pour atteindre le but de toute peine péniten-
« tiaire, savoir : *l'empêchement des crimes et l'amen-
« dement des criminels.* »

On a invoqué, il est vrai, un rapport des directeurs
du pénitencier de Philadelphie dans lequel, se plaignant
de la progression des récidives, ils demandent l'adoption
de mesures propres à l'arrêter.

Un tableau dressé par le docteur Varrentrapp, et qui
constate, dans les pénitenciers de la Pensylvanie, une
diminution annuelle de 33 p. 0/0 dans les condamnations
de 1829 à 1842, quoique dans le même espace de temps,
la population se soit accrue de 27 p. 0/0, confirmerait
encore l'opinion du comité d'enquête, et répondrait suf-

fisamment à l'objection que je viens de rapporter, si M. de Tocqueville ne l'eût détruite en faisant connaître que les récidives de Philadelphie étaient imputables à des libérés des autres pénitenciers d'Amérique, qui s'expatriaient des lieux où ils avaient subi une condamnation antérieure, et que les mesures réclamées avaient pour objet de mettre un terme à cet état de choses. (*Moniteur du 11 mai 1844.*)

Il ne faut pas, toutefois, se dissimuler que, pendant les premières années de l'adoption du régime cellulaire de jour et de nuit, il sera difficile de constater des résultats de moralisation sur les individus qui y seront soumis. Les habitudes contractées par ces individus, abandonnés, dès la plus tendre enfance, à leurs funestes penchants, et qui, pour la plupart, auront déjà subi des condamnations dans les bagnes ou dans les prisons, opposeront sans doute un obstacle puissant à ce qu'ils éprouvent, du nouveau système, les bons effets que l'on peut en attendre. C'est donc seulement lorsque la population actuelle des prisons se sera éteinte, et aura été remplacée par une nouvelle famille de condamnés pris parmi une génération élevée conformément aux principes que j'ai développés plus haut, que l'emprisonnement individuel devra porter des fruits salutaires.

Est-il bien vrai, en principe, que tout amendement soit impossible, à quelque régime que l'on soumette les détenus? Si une pareille doctrine devait être admise sans contrôle, elle fournirait, aux adversaires de la réforme actuelle des prisons, l'argument le plus péremptoire; car, cette réforme deviendrait sans objet. Aussi, est-ce avec

une généreuse indignation que M. Cantagrella combat. « Il est, dit-il, de la plus haute utilité sociale de mettre à l'é-
« preuve des faits ce dogme de la *perversité native de*
« *l'homme,* qui n'a que trop de partisans encore ; dogme
« des plus funestes au progrès ; dogme impie au premier
« chef, et qui va droit à la négation de la Providence ;
« dogme que, pour notre part, nous repoussons de toute
« la force de notre foi dans la puissance et la bonté de
« Dieu. » (Mettray et Ostwald, *page 41.*) Quant à moi, m'associant à cette noble protestation, je dirai que, quoique je sois des premiers à reconnaître combien l'amendement du coupable est difficile, je ne saurais admettre sans ré-serve, même dans l'état actuel des choses, qu'il soit ab-solument impossible, et, m'appuyant sur l'expérience des faits, je rappellerais qu'un forçat libéré (il m'a été im-possible, malgré de nombreuses recherches, de retrouver son nom, que je regrette d'avoir oublié), a été jugé digne d'obtenir un des prix Monthyon. Ce fait, qui avait laissé dans mes souvenirs une profonde impression, a été signalé à la tribune, par M. Crémieux, dans les termes suivants :
« Qui de nous n'a entendu parler de cet homme réhabi-
« lité aujourd'hui, qui demeure à la porte de Paris, à
« Pontoise? Depuis longtemps il avait accompli sa peine,
« mais il n'était pas encore réhabilité, l'année dernière ;
« il n'osait pas, et, depuis longues années, pourtant,
« cet homme était parfaitement bien accueilli et estimé,
« entendez-moi bien, et estimé par la population de Pon-
« toise. L'année dernière, l'Académie a voulu lui décer-
« ner le prix Monthyon, mais elle n'a pas cru pouvoir
« l'accorder à un homme qui restait encore flétri. Alors,

« Messieurs, la population de Pontoise en masse s'est
« émue; elle a obtenu la réhabilitation. » (*Moniteur du*
8 mai 1844.)

Je rapporterais encore que, le 14 juillet dernier,
M. Fourdrey, pasteur à Brest, en transmettant à l'adjoint
au maire de cette ville une somme de vingt francs, destinée à la veuve et aux enfants d'un ouvrier assassiné
par son apprenti, accompagnait cet envoi d'une lettre
reproduite par le journal la *Presse*, le 24 du même mois,
et dans laquelle on remarque les passages suivants : « Cette
« somme provient des privations que s'impose journelle-
« ment un malheureux forçat nommé Allaire. En se pri-
« vant de son vin et en sacrifiant tous ses petits gains,
« cet homme qui, par ses sentiments, est au-dessus de
« sa position, et qui, suivant l'expression d'un de ses
« chefs, honorerait la société, s'il y était rendu, se met
« à même de soulager la misère et l'infortune. Déposi-
« taire de ses aumônes, je puis certifier que, depuis
« plusieurs années, ce pauvre condamné a sacrifié près
« de trois cents francs pour venir au secours de malheu-
« reux qu'il ne connait que par leur infortune ; ce qu'il
« y a de plus beau, c'est qu'il ne travaille pas en vue
« d'une récompense terrestre, car je suis témoin qu'il
« a refusé des faveurs qu'on lui offrait. »

« Quoique ce digne homme paraisse vouloir garder
« l'anonyme, cependant je pense que, pour exemple, sa
« conduite ne peut être trop connue. »

D'ailleurs, tous les condamnés sont-ils donc arrivés au
même degré de corruption, pour qu'il faille désespérer
d'eux sans aucune exception? L'homme qui, dans un

moment d'ivresse, dans un accès de colère, de jalousie, aura donné la mort à l'adversaire avec lequel il se sera pris de querelle, ou à la maitresse à laquelle il aura tout sacrifié et qui l'aura trompé; le père qui aura vengé l'honneur de sa fille sur la personne de son séducteur; celui qui, poussé par le dénuement et le désespoir aura commis une soustraction dont le produit était destiné à nourrir sa famille; ceux-là, dis-je, sont-ils donc des criminels pour lesquels tout retour au bien soit impossible? Serait-il raisonnable d'affirmer que, les circonstances qui les ont dominés ne se reproduisant plus, une première faute doit nécessairement, inévitablement les entraîner à en commettre de nouvelles? Assurément non! Pour ceux-là, tout espoir d'un meilleur avenir n'est pas fermé; apprenez au premier à modérer ses passions, à maitriser ses premiers sentiments; donnez du travail et du pain au second; empêchez-les surtout de se corrompre au contact d'êtres plus vicieux qu'eux, et la société pourra encore les considérer un jour comme des membres utiles, et non comme des ennemis irréconciliables.

Si l'on doit prémunir les coupables dont je viens de parler contre la souillure inévitable, qui résulte de l'emprisonnement en commun, ne serait-il pas barbare d'exposer à ce venin l'individu qui n'est en prison que pour expier une faute qui n'implique pas d'intention criminelle : celui qui, par exemple, aura été condamné pour homicide par imprudence, pour coups et blessures involontaires, pour fait de chasse, pour mendicité, etc.... Pour tous ceux-là, il faut le reconnaitre, l'emprisonnement individuel est le seul juste, le seul rationnel.

conséquence, sous le rapport de l'enseignement, de celles actuellement existantes.

Les dispositions législatives en vertu desquelles ces dernières ont été fondées sont la loi du 11 floréal an 10, art. 25, paragraphe 4; le décret du 28 floréal an 13; l'arrêté du 6 ventôse an 11, et les ordonnances royales des 26 février 1817 et 31 décembre 1826.

Aux termes du préambule de cette dernière ordonnance, qui seule est en vigueur et qui, d'ailleurs, ne diffère que fort peu des dispositions qui l'avaient précédée : « la destination de ces écoles est d'enseigner spécia-« lement la théorie et la pratique nécessaires pour for-« mer des chefs d'ateliers et de bons ouvriers. Les objets « de l'enseignement, l'âge et les conditions d'admission « sont déterminés par les art. 15, 16, 24 et 5 de ladite « ordonnance de la manière suivante :

« L'instruction ordinaire dans les écoles durera qua-« tre années, le temps qui y sera journellement consacré « se divisera en deux parties; la première, embrassant « les deux tiers de sa durée, appartiendra aux travaux « manuels et au dessin linéaire ; la seconde, embras-« sant l'autre tiers, à l'instruction théorique. (Art. 15).

« L'instruction théorique comprendra l'arithmétique, « les éléments de géométrie et de trigonométrie, la géo-« métrie descriptive avec leurs applications aux tracés de « charpente, aux engrenages, etc... à la mécanique in-« dustrielle ; les notions principales des sciences physico-« chimiques appliquées aux travaux de l'industrie et l'ex-« position des recherches sur la force et la résistance des « différents matériaux de construction. (Art. 16).

5

« Les leçons d'écriture et de grammaire française con-
« courront avec l'étude de l'arithmétique pendant la pre-
« mière année. Le dessin des machines, des ornements
« d'architecture et du lavis, le seul admissible dans les
« écoles, sera enseigné pendant tout le temps de l'ins-
« truction. (Art. 24.)

« L'âge d'admission auxdites écoles sera depuis treize
« ans jusqu'à quinze ans révolus : Nul ne peut être reçu
« qu'après avoir subi au chef-lieu du département de son
« domicile, par les soins du préfet, un examen qui de-
« vra constater qu'il sait lire et écrire correctement et
« qu'il connait les quatre premières règles de l'arith-
« métique. » (Art. 5).

La destination des nouvelles écoles qui, par rapport
à celles actuellement existantes, ne seraient, si je puis
m'exprimer ainsi, que des écoles *primaires*, serait d'enseigner la théorie et la pratique nécessaires pour former
de *simples ouvriers* ; ainsi, l'instruction ne durerait que
trois années et comprendrait seulement les *travaux manuels*, l'écriture, la grammaire française, l'arithmétique ;
les premiers éléments de géométrie, le dessin linéaire,
le dessin des ornements d'architecture et de lavis : l'âge
d'admission serait de douze à treize ans et les seules conditions de savoir lire et écrire (1).

Il se présenterait peut-être encore un autre moyen
d'utiliser, d'une manière avantageuse pour la société, une

_____

(1) On comprendra que, dans cette partie de mon travail, je n'ai eu l'intention que d'émettre quelques idées, n'ayant point les connaissances nécessaires
pour traiter la matière *ex-professo*.

partie de cette population de jeunes détenus acquittés
comme ayant agi sans discernement, d'enfants des hospices
ou d'enfants de condamnés. Indépendamment des marins
classés à l'inscription maritime, en exécution des décrets
des 31 décembre, — 9 janvier 1791; 19—25 juillet 1792;
3 brumaire an 4; de l'arrêté du Directoire exécutif du
21 ventôse an 4, et des ordonnances royales des 1er juillet — 6 août 1814 et 17 mars — 4 mai 1824, l'armée
navale demande annuellement au contingent fourni par le
recrutement treize cents hommes pour les équipages de
ligne. Bien que ces hommes soient, autant que possible,
choisis parmi les jeunes conscrits des départements situés
sur les côtes, déjà trop âgés pour s'habituer facilement
à un métier qui exige qu'on le pratique dès l'enfance,
sans vocation pour cet état et soupirant incessamment
après la terre qu'ils auraient voulu ne pas quitter, la
plupart ne font que d'assez mauvais marins; car, ainsi que
l'a dit dans une note sur l'état des forces navales de la
France, un jeune amiral dont l'opinion est assurément
de quelque poids en pareille matière, et qui naguère,
sur les côtes du Maroc, a prouvé qu'à la théorie il savait
allier aussi l'expérience de l'homme de mer : « Plusieurs
« fois dans le cours de son histoire, la France, alors qu'on
« la croyait sans soldats, a bien pu en faire sortir des
« milliers de son sein, comme par enchantement; mais
« il n'en va pas ainsi à l'égard des flottes, le matelot ne
« s'improvise pas; c'est un ouvrier d'art qui, s'il n'est
« façonné dès son enfance au métier de la mer, conserve
« toujours une inévitable infériorité. Depuis le temps où
« nous cherchons à faire des matelots, nous sommes

« parvenus, il faut le reconnaître, à avoir des gens qui
« n'ont pas le mal de mer ; mais le nom de matelot ne
« se gagne pas à si bon marché. »

Ne pourrait-on donc pas créer une ou deux écoles de
mousses et de matelots où seraient envoyés ces enfants
qui fourniraient un jour à l'armée navale et au commerce
des sujets précieux ?

A l'aide des sociétés de patronage, de la fondation d'a-
teliers d'apprentissage, de colonies agricoles, d'écoles
primaires d'arts-et-métiers et d'écoles de mousses et de
matelots, disparaîtraient *l'anomalie, l'injustice sociale* re-
prochées aux établissements de la nature de celui de Mettray, car, du moment que l'éducation et l'avenir des enfants irréprochables des classes pauvres seraient assurés
par tous les moyens possibles, la sollicitude du gouvernement pourrait, sans froisser aucun intérêt, sans craindre
aucun reproche, s'occuper utilement des jeunes détenus.

Je crois avoir démontré que le système bâtard adopté
à l'égard de ces derniers ne saurait se perpétuer plus
longtemps, sans mentir aux promesses contenues dans
les articles 66 et 67 du Code pénal : jusqu'à présent, les jeunes enfants détenus en vertu du premier de
ces articles, bien que déclarés acquittés de l'accusation
qui pesait sur eux, sont renfermés dans les mêmes maisons centrales où les condamnés adultes subissent leur
peine. Un semblable abus se manifeste plus évidemment
encore à l'égard des jeunes enfants condamnés en vertu
de l'art 67 ; car, si, parmi ces enfants, ceux qui doivent
subir un emprisonnement d'une certaine durée sont éga-

lement envoyés dans des maisons centrales, ceux qui ne sont condamnés qu'à un emprisonnement de quelques jours ou de quelques mois restent dans les prisons départementales ou d'arrondissement où ils se trouvent confondus avec les autres détenus et sont exposés aux exemples et aux conseils les plus pernicieux. Tous d'ailleurs, dans l'état de choses actuel, sont victimes des déplorables inconvénients que je viens de signaler, avant le jugement et pendant tout le temps que dure la prévention dont ils sont l'objet, et, ceux qui sont condamnés, jusqu'à ce qu'ils soient conduits dans la maison de correction où ils doivent être détenus.

Le système adopté à Mettray me paraît on ne peut plus convenable pour la réformation des jeunes enfants qui, en exécution des articles 66 et 67, doivent être retenus dans des maisons de correction : Il y aurait donc un avantage réel à les faire élever dans des colonies agricoles, qui différeraient des établissements destinés à l'éducation des orphelins et des enfants issus de parents pauvres, en ce que ces derniers établissements seraient créés et administrés par l'influence et les soins des sociétés de patronage ; tandis que les premières seraient toujours sous la direction et la surveillance immédiate du gouvernement.

Les enfants acquittés en vertu de l'article 66, comme ayant agi *sans discernement*, et ceux condamnés en vertu de l'article 67, comme ayant agi *avec discernement*, mais dont la peine est modifiée en raison de leur jeune âge, devraient-ils être réunis et confondus dans les mêmes établissements ? Je ne saurais admettre l'affirmative ;

quoique la déclaration du discernement soit le résultat d'une appréciation du juge, qui souvent peut être erronée, la plupart du temps, cette appréciation est basée sur des preuves certaines, et n'est que l'expression de la vérité ; car, à l'égard d'aussi jeunes accusés, les magistrats sont toujours portés à apprécier les faits avec indulgence, et il faut que ces faits soient accompagnés de circonstances bien graves pour qu'ils consentent à user de sévérité. Dès lors, qu'on ne l'oublie pas, dans le premier cas, il y a *acquittement*, c'est-à-dire, *non culpabilité !* la faute commise est le résultat de l'ignorance, et l'enfant n'a besoin que d'être *éclairé*; dans le second cas, il y a *condamnation*, c'est-à-dire, *culpabilité !* L'enfant doit être *puni* ; il faut donc qu'il soit soumis à une plus grande surveillance encore et à un régime de nature à le corriger. En conséquence, il serait nécessaire d'établir deux catégories ; les *acquittés* et les *condamnés*, et ces derniers se subdiviseraient en deux autres catégories ; les condamnés auxquels la durée de l'emprisonnement à subir permettrait de s'occuper plus fructueusement d'apprendre un état, et ceux dont la durée de l'emprisonnement serait trop restreinte pour qu'on pût songer à leur instruction. Il y aurait, ce me semble, nécessité de soumettre ceux-ci au même régime que les condamnés adultes ; en admettant pour les uns et pour les autres, ainsi que je le dirai plus tard, le système cellulaire.

Quant aux individus du sexe féminin qui se trouveraient soumis aux dispositions de l'article 66 du code pénal, le nombre en est tellement restreint, qu'il serait toujours facile à l'administration d'en opérer le placement dans des maisons d'orphelines ou en apprentissage, sans qu'il fût besoin de fonder des établissements spéciaux ; dans tous les cas, un seul établissement suffirait, car les statistiques officielles nous apprennent que, sur huit cent soixante-cinq jeunes détenus existant au 1er juillet 1843, les enfants du sexe féminin ne figuraient que pour un chiffre de cent vingt-cinq. Le genre d'immoralité que l'on rencontre chez les jeunes filles des classes pauvres ne tombe donc pas sous l'application des lois pénales, et c'est à un bon système d'éducation seulement qu'il faut avoir recours pour y porter remède (1).

CHAPITRE VI.

De la mendicité et du vagabondage. — Des moyens d'y obvier. — Des moyens de les réprimer.

Le mauvais exemple et l'absence d'une éducation qui inspire, dès l'enfance, l'amour de l'ordre, le besoin du travail et le respect des lois, font naître chez l'homme, ainsi que je l'ai déjà dit, des habitudes pernicieuses qui le rendent dangereux pour la société et doivent appeler sur lui la sévérité du législateur. Parmi ces habitudes, il faut nécessairement placer la mendicité et le vagabon-dage, qui, procédant presque toujours de la fainéantise

(1) Depuis cinq ans, l'*OEuvre des Filles Abandonnées*, sous la présidence de Madame de Lamartine et de Madame la marquise de Lagrange, s'occupe d'offrir un asile aux jeunes filles de Paris sans appui, et de les protéger contre les dangers de toute sorte qui les environnent.

et de l'oisiveté, finissent trop souvent par faire naître chez celui qui s'y livre, la pensée du crime.

De tout temps, la mendicité a été l'objet d'une répression justifiée par les inconvénients, les dangers même qu'elle présente et qui sont parfaitement reproduits dans le préambule de la déclaration du 18 juillet 1724, que je transcris ici :

« Nous avons toujours vu avec une peine extrême,
« depuis notre avénement à la couronne, la grande quan-
« tité de mendiants de l'un et l'autre sexe qui sont ré-
« pandus dans Paris et dans les autres villes et lieux de
« notre royaume, et dont le nombre augmente tous les
« jours; l'amour que nous avons pour nos peuples nous
« a fait chercher les expédients les plus convenables
« pour secourir ceux qui ne sont réduits à la mendicité
« que parce que leur grand âge ou infirmités les met-
« tent hors d'état de gagner leur vie, et notre attention
« pour l'ordre public et le bien général de notre royaume
« nous engage à empêcher, par des règlements sévères,
« que ceux qui sont en état de subsister par leur travail,
« mendient par pure fainéantise, et parce qu'ils trouvent
« une ressource plus sûre et plus abondante dans les
« aumônes des personnes charitables que dans ce qu'ils
« pourraient gagner en travaillant; ils en sont d'autant
« plus punissables, qu'ils volent le pain des véritables
« pauvres en s'attribuant les charités qui leur seraient
« destinées; et l'ordre public y est d'autant plus inté-
« ressé, que l'oisiveté criminelle dans laquelle ils vivent
« prive les villes et les campagnes d'une infinité d'ou-
« vriers nécessaires pour la culture des terres et pour

« les manufactures, et que la dissolution et la débauche,
« qui sont les suites de cette même oisiveté, les portent
« insensiblement aux plus grands crimes.

« Pour arrêter les progrès d'un si grand mal, etc. »

Cette déclaration se termine par les paroles suivantes :

« Nous espérons, par ces justes mesures et par la fer-
« meté que nous apporterons à l'exécution de notre pré-
« sente déclaration, faire cesser un si grand désordre,
« distinguer le véritable pauvre, qui mérite tout secours
« et compassion, d'avec celui qui se couvre faussement
« de son nom pour lui voler sa subsistance et rendre
« utile à l'Etat un grand nombre de citoyens qui lui
« avaient été à charge jusqu'à présent. »

On peut distinguer trois sortes de pauvres; ce sont :

1° Ceux qui souffrent chez eux des besoins pressants
auxquels ils ne peuvent pourvoir, faute de santé et de
moyens ou d'occasion de travailler ;

2° Ceux qu'on appelle *invalides*, tels que les enfants,
les vieillards et les infirmes;

3° Ceux enfin, qui, quoique valides, préfèrent au travail une vie oisive et errante, en abusant des aumônes.

Je n'ai guère à me préoccuper de ceux compris dans
les deux premières classes, que pour me demander si
l'on ne saurait trouver des moyens de venir à leur secours ; car ceux-là sont dignes surtout de protection ? A
cette question, ma réponse ne peut être douteuse ! Les
économistes versés dans ces sortes de matières et qui en
font une étude spéciale indiqueraient ces moyens; qu'il
me soit permis de dire en passant, et sans m'y appesantir,

qu'une des principales causes de malaise des classes laborieuses étant leur agglomération dans l'enceinte des villes,
où le prix des objets de consommation de première nécessité s'élève, par le seul fait de la concentration d'un grand
nombre sur un seul point, et où, d'ailleurs, la concurrence qui en résulte fait baisser le prix des salaires,
toute mesure qui tendrait à reporter la population dans
les campagnes diminuerait évidemment ce malaise, le
salaire y fût-il même inférieur. En effet, les campagnes
offrent plus d'économie pour les familles composées d'enfants en bas-âge, plus de moyens de les utiliser à mesure
qu'ils grandissent, et plus de ressources à l'industrie
domestique d'une bonne ménagère ; les occasions de dépenses et de débauches y sont plus rares ; les objets de
première nécessité y sont moins coûteux ; enfin, l'agriculture, plus perfectionnée qu'elle ne l'est encore, ferait
produire à la terre tout ce qu'elle est susceptible de produire.

L'esprit d'association, qui fait que chacun se prête un
secours mutuel, devrait aussi recevoir des encouragements. La fondation de sociétés de prévoyance et d'hospices d'incurables, dans lesquels l'indigent invalide serait
admis, moyennant une somme une fois payée, soit par
lui, soit par sa famille, me semblerait encore devoir produire d'heureux résultats. Tout individu qui aurait réussi
à économiser un pécule, pendant qu'il pouvait travailler,
serait ainsi assuré d'un refuge, lorsque ses forces s'af-
faibliraient.

Une association, fondée à Valenciennes, sous le nom
de société de Saint-Vincent-de-Paule, et comme il en existe

dans beaucoup d'autres villes du royaume, sous la même invocation, se livre à l'accomplissement de son œuvre avec un succès attesté par une feuille de la localité.

1° Exciter l'ouvrier au travail, lui en procurer;

2° Lui donner, en cas de maladie ou d'extrême besoin, quelques secours, tels que vêtements, paillasses, couvertures, bouillons, pain, etc..., lui faire gratuitement l'avance de petites sommes pour l'aider à s'acheter des outils ou les objets nécessaires pour continuer sa profession;

3° Le visiter pendant sa maladie, le consoler, l'encourager, l'engager à se faire transporter à l'Hôtel-Dieu, où un membre le visite;

4° Lui conseiller, l'obliger au besoin de déposer quelques économies à la caisse d'épargne;

5° L'entretenir dans des habitudes de sobriété, de bonne conduite, d'accomplissement des devoirs religieux;

6° Envoyer aux écoles les enfants qui peuvent y aller; leur procurer l'instruction religieuse;

7° Obliger l'ouvrier à la propreté la plus stricte, veiller au blanchiment, au nettoiement de son habitation, lui en procurer les moyens;

8° Faire contracter le mariage civil et religieux à ceux qui vivent dans le concubinage; procurer à cet effet, gratuitement, toutes les pièces nécessaires à cette réhabilitation de la famille.

Tel est le but éminemment utile qu'a surtout en vue cette association.

Enfin, il est encore une mesure de prévoyance, qui, si elle venait à être sanctionnée par les pouvoirs de l'Etat,

exercerait assurément, à mon avis, une salutaire influence
sur le sort des indigents dont je m'occupe en ce moment.
Déjà, les caisses d'épargne rendent d'immenses services
aux classes moyennes et même aux classes pauvres. Toutefois, instituées pour recevoir et conserver, moyennant
un intérêt déterminé, les économies du déposant, qui
peut toujours les retirer suivant ses caprices ou ses besoins, il n'entre point dans leur objet d'assurer à l'ouvrier laborieux, pour ses vieux jours, une existence tran-
quille et à l'abri de la misère. Sous la présidence de M. le
comte Molé, une réunion d'hommes de bien, d'industriels
distingués et d'hommes d'Etat pleins de sollicitude pour
les classes laborieuses, a conçu la pensée d'une institution complémentaire, qui, sous le nom de *Caisse de retraite pour les travailleurs des deux sexes*, serait destinée
à combler cette lacune; et elle a présenté à M. le ministre
des finances un projet de loi dont le journal *la Presse* a fait
connaître, en ces termes, les principales dispositions,
dans son numéro du 13 mars 1844.

« Toute personne âgée de vingt-un ans, au moins,
« pour les hommes, de dix-huit pour les femmes, et de
« quarante-cinq au plus pour les deux sexes, est admise
« à faire le versement d'une prime annuelle pour obtenir
« de l'Etat une pension de retraite, calculée sur une mor-
« talité moyenne entre la table de Duvillard et celle de
« Deparcieux. »

« La femme mariée aura le droit de se constituer une
« pension et d'en percevoir les arrérages. En cas de
« refus d'autorisation du mari, le juge de paix y sup-
« pléera.

« Le minimum de la pension sera de soixante francs,
« et le maximum de quatre cent quatre-vingts. La pen-
« sion partira de l'âge de 50, 55, 60 ou 65 ans, au
« choix des contractants, mais à la condition que l'en-
« trée en jouissance sera séparée de l'époque du pre-
« mier versement par 20 ans au moins. Toute infraction
« à la limite du maximum de la pension, qui peut être
« obtenue par une même personne, entraînera la perte
« des sommes versées en excédant de celles qui donnent
« droit à la pension maximum.

« Le prime annuelle pourra être acquittée, soit di-
« rectement, soit par l'intermédiaire des caisses d'é-
« pargne ou des sociétés de secours reconnues.

« Si, trois mois après l'époque fixée pour le paie-
« ment de la prime annuelle, le contractant n'a pas
« complété le versement de cette prime, la pension sera
« liquidée de plein droit, d'après le tarif, à raison des
« versements effectués. Dans le cas où, par suite de
« liquidations opérées, le chiffre de la pension se trou-
« verait au-dessous du minimum de 60 francs, cette
« pension serait capitalisée, d'après le même tarif, à
« l'époque fixée pour l'entrée en jouissance, et le pro-
« duit de la capitalisation payé au titulaire.

« Au décès du contractant, soit avant, soit après
« l'ouverture de la pension, il sera payé une somme
« égale à une année de la pension, savoir :

« Au conjoint survivant ;

« A son défaut, aux descendants légitimes ;

« A leur défaut, aux ascendants légitimes ;

« Le montant de ces paiements ne pourra excéder

« celui des primes versées ; toutefois il sera prélevé et
« payé, dans tous les cas, une somme de trente francs
« pour servir aux frais funéraires. »

Dans son N° du 12 novembre suivant, le même journal
annonce que, depuis qu'il a été soumis à M. le ministre
des finances, ce projet n'a cessé d'éveiller sa sollicitude,
qu'il en a complètement adopté le principe et qu'il ne
serait plus retenu que par la question d'opportunité, pour
en faire l'objet d'une proposition législative; on doit faire
des vœux pour que, les objections financières ou les difficultés de détail tombant devant une nouvelle étude et
de nouveaux efforts, la France se voie dotée avant peu
d'une institution dont il est permis d'attendre de si heureux effets !

D'un autre côté, presque tous les journaux ont annoncé dernièrement qu'on venait de distribuer à Bruxelles
le prospectus d'une société d'assurances mutuelles entre
tous les ouvriers de la Belgique : Au moyen d'un franc par
mois, chaque ouvrier aurait droit à un secours de 75 c.
par jour en cas de chômage, et à un franc en cas de maladie. Ne pourrait-on pas s'approprier cette idée qui paraît féconde ?

Faut-il ranger, parmi les établissements de bienfaisance,
les Monts-de-Piété ? Je ne serais pas de cet avis : s'il con-
vient d'accoutumer celui qui vit de son travail à placer
ses économies aux caisses d'épargne, il peut être dangereux de l'aider à recourir aux emprunts. Lorsque l'ouvrier parisien manque d'argent pour pourvoir à ses besoins, ou même pour chômer le lundi, sa première

pensée, sa principale ressource, personne ne l'ignore, est d'aller engager au Mont-de-Piété ses effets et quelquefois jusqu'aux outils qui lui servent à exercer son état; Puis, le terme du remboursement arrivé, s'il se voit dans l'impossibilité de les retirer ou même sans attendre cette époque, il cède à vil prix les reconnaissances qui constatent son dépôt à ces individus dont l'industrie consiste à spéculer sur sa détresse. Ne reconnaîtra-t-on pas que, loin d'être un bienfait pour lui, le Mont-de-Piété ne fait qu'aider à la consommation de sa ruine? D'ailleurs, ces établissements ne servent que trop souvent, à leur insu, à recéler des objets volés.

Mais je m'aperçois que je suis éloigné du but que je me propose, l'examen des mesures propres à prévenir ou à réprimer la mendicité, en ce qui concerne seulement les individus auxquels les moyens ou l'occasion de travailler manquent et ceux qui préfèrent au travail une vie oisive et errante; je me hâte donc d'y revenir, laissant, ainsi que je l'ai dit, aux économistes versés dans ces sortes de matières, le soin d'indiquer par quelles voies on peut venir avec succès au secours de ceux qui souffrent chez eux et des invalides.

Avant la promulgation du Code pénal, la mendicité était réprimée par le décret du 5 juillet 1808 dont les articles 3, 4 et 5 sont ainsi conçus :

« Art. 3. Dans les quinze jours qui suivront l'établis-
« sement et l'organisation de chaque dépôt de mendi-
« cité, le préfet du département fera connaître par un
« avis, que ledit dépôt étant établi et organisé, tous les

« individus mendiant et n'ayant aucun moyen de subsis-
« tance, sont tenus de s'y rendre ;

« Cet avis sera publié et répété dans toutes les commu-
« nes du département, pendant trois dimanches consé-
« cutifs ;

« Art. 4. A dater de la troisième publication, tout
« individu qui sera trouvé mendiant dans ledit départe-
« ment sera arrêté, d'après les ordres de l'autorité locale
« et, par les soins de la gendarmerie ou de toute autre
« force armée ;

« Il sera traduit au dépôt de mendicité ;

« Art. 5. Les mendiants *vagabonds* seront arrêtés et
« traduits dans les *maisons de détention.* »

- Il résultait évidemment de la combinaison de ces articles, que les mendiants qui, obéissant à l'injonction qui
leur en était faite, se rendraient au dépôt de mendicité,
devraient y être admis sur *leur simple demande* et sans
qu'il fût nécessaire qu'ils subissent *une condamnation
préalable*; que ceux mêmes qui, résistant au contraire
à cette injonction, continueraient à mendier seraient arrêtés et traduits, également *sans condamnation préalable*,
au dépôt de mendicité. Cette interprétation me paraît
d'autant mieux fondée qu'établissant, dans son article 5,
une différence à l'égard des mendiants vagabonds, c'est-
à-dire, étrangers au département et qui, aux termes de
l'article 270 du Code pénal qui définit le vagabondage,
n'ont ni *domicile certain, ni moyens de subsistance* et
n'exercent habituellement ni métier ni profession, le
décret dispose que ceux-ci seront arrêtés et traduits, *non
plus au dépôt de mendicité*, mais dans *les maisons de*

litation du condamné? Les adversaires du projet de loi ont été chercher des arguments dans le motif religieux, dans l'impossibilité pour le détenu de se livrer, dans la cellule, à l'exercice en commun du culte divin ; qu'ils songent donc aussi que notre religion est une religion de miséricorde et d'oubli ; qu'ils méditent ces belles paroles de M. le ministre de l'intérieur : « Voyez ce que fait le prêtre, lors-
« qu'il accompagne le criminel à l'échafaud? croyez-vous
« qu'il devienne son complice parce qu'il l'appelle son
« frère? Non, il lui donne des conseils, il l'invite au
« repentir, il ne croit pas que le repentir lui soit fermé,
« et qu'il soit voué à un éternel anathème (*id.*, *id.*, *id.*).

Qu'ils méditent encore ces autres paroles de M. de Lamartine :

« . . . . Si j'osais dire ma pensée, que dis-je? pas
« ma pensée, la pensée du siècle pensant, la pensée de
« la philosophie, la pensée du christianisme, la pensée
« de cette religion qui a substitué partout, dans ses
« dogmes comme dans sa morale, la rédemption à la
« vengeance, et la réhabilitation à la flétrissure, je di-
« rais que peut-être serait-il plus beau, plus humain,
« plus juste, et par conséquent plus utile d'effacer en-
« tièrement la flétrissure de vos lois, ou du moins d'at-
« tacher exclusivement la flétrissure au crime, en lavant
« le criminel dans son repentir, dans sa peine subie,
« dans son ostracisme et dans sa régénération, et de faire
« participer, pour ainsi dire, la justice des hommes de
« cette miséricorde divine qui tient l'homme pour racheté
« et pour innocent quand il s'est condamné lui-même, et

6

« qu'en acceptant sa peine, il a satisfait aux hommes
« par son corps, et à Dieu par son esprit.

. . . .

. . . . . . De deux choses l'une, ou le forçat s'accou-
« tumera à la honte, où il ne s'y accoutumera pas. S'il
« ne s'y accoutume pas, si chaque rayon de lumière
« qui tombe du ciel sur son visage le couvre de la même
« confusion, du même opprobre que le premier jour,
« que le jour de son exposition, par exemple, alors
« c'est un supplice tel, c'est une telle torture de l'âme,
« que votre loi dépasse en cruauté les inventions les
« plus barbares de la vengeance humaine; c'est une loi
« de sauvages et non de chrétiens; passez-moi le seul
« mot qui la définisse, c'est une exposition à vie, c'est
« le *pilori* à perpétuité. » (*Moniteur du* 7 *mai* 1844).

8° Le travail du condamné introduit dans l'industrie
une concurrence immorale et ruineuse :

Lors de l'adoption par la chambre des députés du projet de loi sur la réforme des prisons, une pétition destinée à la chambre des pairs circula dans les ateliers de
Paris ; on y remarque les passages suivants :

« Les dispositions de la loi qui forcent les condamnés
« à un travail industriel sédentaire introduisent dans
« l'industrie la plus immorale de toutes les concurren-
« ces, en créant dans certains métiers, déjà peu avan-
« tagés sous le rapport du salaire, vingt cinq à trente
« mille ouvriers nouveaux dont les produits peuvent être
« livrés au consommateur, en raison du bas prix de
« revient, à un taux auquel ne peuvent jamais descendre
« les ouvriers honnêtes exerçant ces métiers.

« D'où il suit que ces derniers sont réduits à une si-
« tuation bien plus misérable que les condamnés qui, as-
« surés du pain quotidien, peuvent, en outre, faire des
« épargnes, position que les ouvriers honnêtes sont ré-
« duits à envier.

« Les soussignés considèrent un pareil état de choses
« comme une espèce de prime accordée au vice, et dé-
« plorent cette philanthropie qui, ne s'exerçant qu'à
« l'égard de ceux qui ont contrevenu aux lois de la so-
« ciété, non-seulement laisse en oubli la situation des
« ouvriers de l'industrie manufacturière, mais encore fait
« peser sur eux, par la concurrence du travail des prison-
« niers, une misère qui surpasse la peine que ceux-ci
« seuls doivent encourir.

« . . . .

« Pour se résumer, les soussignés demandent que l'on
« inflige aux détenus, suivant le degré de criminalité,
« soit la privation absolue du travail, soit l'exécution
« des travaux insalubres et dangereux de l'agriculture
« et de l'industrie. »

On ne saurait se dissimuler la gravité des questions que
soulève cette pétition : s'il était vrai, ce que je ne me
propose pas d'examiner ici, que le travail des condamnés
fasse une concurrence ruineuse aux classes ouvrières,
il faudrait assurément rechercher les moyens d'apporter
remède à un tel état de choses. Le travail auquel, sous tous
les systèmes et de tous les temps, les condamnés ont été
soumis, est, ainsi que je l'ai dit plus haut, une condition essentielle, indispensable de l'emprisonnement individuel ; dès lors, la privation absolue de travail, demandée

par la pétition ci-dessus, devant produire sur la santé des détenus les mêmes résultats fâcheux constatés par les essais tentés à Auburn, ne saurait être accueillie. L'exécution par les condamnés des travaux insalubres et dangereux de l'agriculture et de l'industrie est inapplicable, puisque ces travaux, excepté ceux des mines et des carrières, exigent un état de liberté pour ceux qui y sont employés ; mais ne serait-il pas possible de n'adopter, dans les prisons, que le genre de travail que l'expérience ferait reconnaitre devoir faire une concurrence moins redoutable à l'industrie privée, d'en limiter la durée, en impartissant chaque jour une tâche au détenu ou d'en maintenir le prix, à l'aide de certaines combinaisons, et, par suite, le prix des objets fabriqués par les prisonniers à un chiffre qui légitimerait la concurrence.

Les condamnés, dans les maisons centrales, ayant toujours été astreints à un travail qui créait à l'industrie privée la concurrence signalée par la pétition des ouvriers de Paris, il s'agit moins, aujourd'hui, de la supprimer que de faire en sorte que la réforme pénitentiaire ne donne pas une nouvelle impulsion à cette concurrence. Or, s'il est vrai que le prisonnier, ayant dans la cellule moins de sujets de distraction, perdra moins de temps, fera un meilleur emploi des matières premières et acquerra plus d'habileté dans l'exercice de l'état qu'il pratiquera, il est permis aussi de croire que, livré à ses propres ressources, il éprouvera plus de difficultés dans la confection des ouvrages qui lui seront confiés, que les différents genres d'industrie auxquels on peut se livrer dans l'isolement de la cellule étant plus restreints, sous ce rapport, le tra-

vail sera moins productif que dans des ateliers, qui sont
de véritables manufactures où l'aide des machines et le
concours d'un grand nombre d'ouvriers facilitent et abré-
gent la confection de la tâche entreprise; qu'ainsi, il y
aura au moins compensation entre les avantages et les
désavantages de chaque genre de travail, et qu'en définitive, la concurrence dont se plaint la pétition ne sera pas
augmentée par l'adoption du système de Cherry-Hill.

9° Ce qui prouverait encore que le travail dans la cellule ne saurait faire à l'industrie privée une concurrence
plus nuisible que celui en commun, c'est que les adversaires de l'emprisonnement individuel ont cherché une
objection dans la difficulté que l'on éprouverait, selon
eux, à trouver un genre de travail convenable au détenu
soumis à ce régime, et qu'ils ont prétendu ensuite qu'il
serait moins productif que dans les ateliers.

Placé entre deux écueils que je dois éviter, je ferai
remarquer tout d'abord la singularité de ma position :
Les adversaires du système cellulaire prétendant, les uns,
que le travail dans la cellule sera trop productif, les autres, qu'il ne le sera pas assez; en présence de ces deux
reproches, qui se détruisent réciproquement, après avoir
démontré aux premiers que ce travail ne donnera pas
naissance à une concurrence dangereuse pour l'industrie
privée, il faut maintenant que je démontre aux seconds
qu'il ne sera ni plus impossible, ni moins productif que
celui en commun. Quant à la difficulté que l'on éprouverait à trouver un genre d'occupation convenable au dé-

tenu soumis à l'isolement, M. de Bretignères donne, à la fin de son livre, intitulé *les Condamnés et les prisons*, que l'on peut consulter, une nomenclature de soixante-douze métiers, qui pourraient facilement être exercés par des personnes dans l'état de solitude où les réduirait un nouveau système pénitentiaire, nomenclature remise à M. Demetz par M. Pradier, coutelier, qui a eu, pendant trente ans, l'entreprise des prisons. Quant à la diminution dans le produit du travail, par suite de l'adoption du système cellulaire, M. Demetz, s'appuyant de l'opinion de MM. Pradier, Guillot, entrepreneur de Gaillon, et Pouillet, directeur des arts-et-métiers de Paris, affirme que cette objection n'est nullement fondée et j'y ai répondu par avance en balançant, sous le numéro précédent, les avantages et les inconvénients du travail en commun et du travail dans la cellule.

10° La dernière objection que l'on fait à l'adoption de l'emprisonnement individuel, en France, est fondée sur les dépenses qu'elle nécessiterait.

Sans doute l'adoption, en France, du système de Philadelphie entrainera une dépense considérable. Sans doute, encore, on ne doit pas montrer trop de dédain pour la question financière ; mais, lorsqu'on dépense plus de cinquante millions en fortifications, il ne faut pas non plus se préoccuper trop de cette question, s'il est reconnu que l'emprisonnement individuel procurerait les effets salutaires que tous ses partisans proclament. « Les dépenses ne sont pas une charge, dit

« M. Demetz, quand il s'agit d'une question fondamen-
« tale de bien-être général, quand il s'agit d'extirper
« un mal qui ronge le pays au cœur. A proprement
« parler, un pays ne dépense pas, quand il fonde des
« monuments utiles; il ne fait au contraire que s'enri-
« chir ; car il a des établissements de plus sans que l'ar-
« gent qui a servi à les payer soit sorti de son sein. »
(*Résumé. page* 31.)

Mais d'ailleurs ces dépenses, plus considérables, sous
certains rapports, que celles auxquelles donnerait lieu
l'adoption du système d'Auburn, ne seront-elles pas
moindres sous certains autres? Ainsi, dans le premier
système, celui de Cherry-Hill, si les cellules doivent
être plus spacieuses, le personnel des gardiens plus
nombreux, etc., d'un autre côté, ne trouvera-t-on pas
une économie dans la suppression des infirmiers, des
réfectoires et des ateliers indispensables dans le second
système ? M. Tupinier, dans son rapport sur le matériel
de la marine, publié en 1838, affirme que ce département
perd annuellement, sur le travail des forçats, une somme
de près de 900,000 francs (*Siècle,* 22 *septembre* 1845).
Dès lors, en leur retirant ce travail, l'Etat bénéficierait
d'une pareille somme. Mais un tel préjudice n'est pas
le seul éprouvé; M. de Lacoudrais a cité une lettre du
mois de mars 1808, du conseiller d'État Caffarelli, alors
préfet maritime à Brest, à M. Jurien, chef de la 2e division du ministère de la marine, dans laquelle il lui disait
qu'une conspiration générale était organisée contre le
port, afin de voler cuivre, plomb, fer, bois, et que les
vols montaient à un taux considérable chaque jour. Le

même orateur a signalé en outre un nouveau danger résultant du séjour des forçats dans les ports : « Quant aux « bagnes de la marine, a-t-il dit, plus nous allons, et plus « la présence des forçats y est menaçante. Je dois le dire, « des tentatives d'incendie ont eu lieu dans plusieurs « ports, et notamment dans celui de Brest. »

. . . . . L'administration ne conserva pas le moindre « doute. Seulement, afin de calmer les imaginations, on « laissa déclarer, on fit répandre que des incertitudes « pouvaient s'élever à cet égard; mais il n'est que trop « avéré, que la tentative avait été faite par les forçats. » (*Monit.* 9 mai 1844.)

La population des détenus devant évidemment suivre une progression décroissante par suite de la généralisation, en France, de l'emprisonnement individuel, et la durée des peines devant également subir une réduction, si ce système était adopté ; il y aurait, sous ces deux rapports, une diminution progressive dans les frais de justice, et dans ceux d'entretien des détenus.

« Si l'impôt du sang, a dit encore M. Demetz, est « le plus lourd des impôts, celui que prélèvent les « malfaiteurs sur les honnêtes gens n'est-il pas le plus « immoral et le plus révoltant? » Adoptant sans restriction cette pensée, j'ajouterai qu'une des économies le mieux entendues serait de réduire cet impôt au chiffre le plus restreint possible : or, l'emprisonnement individuel amènerait cette conséquence, puisque, même en n'admettant pas la moralisation du condamné, de l'intimidation qu'il trouverait dans l'isolement de la cellule, de l'impossibilité de se corrompre davantage, et, surtout, de la difficulté de trouver des complices qui pus-sent indiquer des crimes à commettre ou en faciliter l'exé-cution, résulterait nécessairement une diminution dans le nombre des attentats.

Après avoir combattu successivement les principales objections élevées contre l'emprisonnement individuel, qu'il me soit permis de résumer en peu de mots les avan-tages qu'offrirait son adoption.

I. Les détenus n'acquerraient pas, dans la cellule, comme dans les bagnes et les maisons centrales, une plus grande corruption, et plusieurs même dont les instincts ne seraient pas naturellemnnt vicieux, forcés, en l'ab-sence des distractions et des mauvais exemples de l'em-prisonnement en commun, de faire un retour sur eux-mêmes, et de méditer sur les dangers inévitables d'une vie de désordres et de crimes, pourraient s'amender.

II. A l'expiration de leur peine, ceux qui voudraient rentrer dans la voie du bien n'en seraient pas détournés par d'anciens compagnons de geôle qui viendraient à les reconnaître; présentant plus de garanties à la société, ils pourraient encore être accueillis chez des maîtres et trou-ver de l'ouvrage.

III. L'intimidation résultant de l'emprisonnement so-litaire, la crainte d'y être soumis de nouveau, ainsi que la difficulté de trouver des complices, retiendraient dans la bonne voie le plus grand nombre de ceux qui ne se-raient pas animés des mêmes résolutions.

IV. Il n'y aurait plus entre les prévenus et les condamnés cette déplorable confusion qui cause si souvent
la dépravation des premiers, lorsqu'ils sont innocents et
qu'ils seraient restés irréprochables.

V. Avec l'adoption du nouveau système, disparaitrait
la nécessité, pour maintenir la discipline, de recourir
aux moyens coercitifs si fréquents et quelquefois même
si barbares, que j'ai fait connaitre, et contre lesquels on
ne saurait trop s'élever (1) ; on n'aurait plus besoin de recourir, au ferrement des condamnés, mesure d'une autre époque qui ne se justifie que par la nécessité de mettre
obstacle aux évasions.

VI. Contraint d'échapper le plus possible à l'amertume de ses réflexions et au souvenir du crime qui aurait motivé son châtiment, le détenu contracterait, malgré lui, des habitudes de travail qui assureraient, un
jour, son avenir ; plus habile dans l'exercice de l'état
qu'il aurait adopté, il ferait un meilleur emploi des ma-

(1) « A Pentonville, prison soumise à l'isolement continu, dans l'année qui
« vient de s'écouler, a dit M. de Tocqueville, il n'y a eu de punis, sur 525 déte-
« nus que 159.
« Et savez-vous, messieurs, combien de détenus étaient punis à côté de là,
« dans une prison semblable aux nôtres, à Coldbathsind? Dans une prison de
« 1,100 détenus, il y a eu, dans une seule année 18,000 punitions, et, parmi ces
« 18,000 punitions, savez-vous combien pour le maintien du silence, 9,000 !
(Moniteur du 11 mai 1844.)
« L'immense avantage du système que nous proposons, a dit M. le ministre de
« l'intérieur, c'est qu'il supprime la nécessité de ces châtiments, parce qu'il en
« supprime la cause. Du moment où la cause cesse, il n'y a plus de rigueurs à
« exercer. La rigueur ne serait plus soutenable, elle n'aurait ni excuse ni motif. »
(Moniteur du 11 mai 1844.)

tières premières, livrerait des produits mieux confectionnés, et, sous ce rapport, il y aurait économie pour
l'état.

VII. Le chiffre des crimes devant éprouver une progression décroissante, la même diminution se ferait sentir dans les frais de justice criminelle et dans les dépenses
d'entretien des détenus, devenus moins nombreux; mais
l'économie ne s'arrêterait pas là; car l'état trouverait
un nouveau dégrèvement par suite de la réduction de la
durée des peines temporaires qui ne sauraient être aussi
longues, subies dans la cellule solitaire, qu'avec le régime
de l'emprisonnement en commun.

VIII. En supprimant les bagnes, et en faisant exécuter
par des ouvriers libres les travaux dont sont aujourd'hui
chargés les forçats, le département de la marine bénéficierait annuellement d'une somme de près de neuf cent
mille francs; on mettrait un terme aux dilapidations de
toute nature dont nos ports et nos arsenaux sont journellement victimes, et on s'affranchirait du danger de voir
incendier ces établissements qui renferment une partie
importante de nos forces matérielles.

IX. Le détenu, de son côté, trouverait un immense
avantage dans cette réduction de sa peine : avant la révolution de 1789, les peines corporelles existaient en France
comme chez tous les peuples où la civilisation n'avait pas
fait les immenses progrès qu'elle a faits depuis. Alors,
dans beaucoup de circonstances, un coupable, après avoir

subi la flagellation ou tout autre châtiment physique infligé à sa faute, était rendu à la liberté, à ses occupations
journalières, et pouvait encore pourvoir à son existence
et à celle de sa famille. Plus humains de nos jours, nous
indignant à la pensée de peines aussi barbares, nous nous
contentons de jeter le coupable dans un bagne, et, quand
sa jeunesse et son âge mûr s'y sont écoulés, lorsque ses
forces ont succombé sous le poids des années, des souffrances morales et des mauvais traitements, nous le rendons à la société avec l'alternative, ou de mourir de misère, ou de commettre de nouveaux crimes, afin de revenir au bagne comme dans le seul refuge qui lui soit ouvert! A Dieu ne plaise! que je regrette les châtiments
corporels si incompatibles aujourd'hui avec nos mœurs;
mais, s'il est possible, par d'autres moyens, de préserver
le condamné de tout contact avec les autres criminels,
de lui faire expier son forfait par un châtiment rigoureux
et toutefois modéré dans sa durée qui laisse en son esprit
une impression de terreur salutaire, de le rendre ensuite
à la liberté, plein de forces, habitué au travail, sachant
un état et ayant encore devant lui assez d'années, pour
pouvoir se créer une nouvelle existence, un nouvel avenir; dans ma conviction, l'emprisonnement individuel
peut seul offrir ces résultats!

X. La liberté des communications entre détenus se
trouvant supprimée, il ne serait plus possible aux inculpés de recevoir des conseils et un système de défense
de ces habitués de prison, qui ont fait une étude particulière du code pénal, ou, lorsque plusieurs individus se-

raient impliqués dans la même accusation, de combiner entre eux leurs réponses : en conséquence, les aveux des coupables seraient plus fréquents, l'information plus facile, plus prompte, et la détention préventive moins prolongée.

J'en ai fini, je crois, avec les objections des adversaires de l'emprisonnement individuel et les raisons qui doivent le faire prévaloir. Je vais maintenant me livrer à un rapide examen du projet de loi adopté, dans la session dernière, par la Chambre des Députés.

CHAPITRE III.

Examen du projet de loi adopté par la Chambre des Députés, le 19 mai 1844.

TITRE Ier.

DU RÉGIME GÉNÉRAL DES PRISONS.

Article 1er. Toutes les prisons affectées aux détenus non-militaires sont placées sous l'autorité du ministre chargé de l'administration départementale.

Art. 2. Des ordonnances royales portant réglement d'administration publique détermineront le mode de surveillance des prisons, les attributions respectives, en ce qui les concerne, des préfets, des maires et autres délégués de l'autorité administrative, la composition et les attributions des commissions de surveillance qui seront instituées dans chaque arrondissement.

Les premiers-présidents et les procureurs-généraux seront membres de droit de toutes les commissions de surveillance de leur ressort.

Les présidents et procureurs du roi seront membres de droit des commissions de surveillance de l'arrondissement.

Deux membres du conseil-général et deux membres du conseil d'arrondissement feront partie de chaque commission de surveillance.

Art. 3. Un règlement spécial relatif au régime intérieur de chaque prison sera arrêté par le ministre.

Art. 4. Tous les agens préposés à l'administration et à la garde des prisons seront nommés ou révoqués par le ministre, ou, sous son autorisation, par le préfet.

TITRE II.

DU RÉGIME DES PRISONS AFFECTÉES AUX INCULPÉS, PRÉVENUS ET ACCUSÉS.

Art. 5. Dans les lieux où des maisons spéciales ne seront pas destinées aux inculpés, prévenus et accusés de chaque sexe, il sera affecté aux hommes et aux femmes des quartiers distincts.

La surveillance immédiate des prisons ou quartiers affectés aux femmes sera exercée par des personnes de leur sexe.

Art. 6. Les inculpés, prévenus et accusés, seront séparés les uns des autres pendant le jour et la nuit.

Chacun aura une cellule suffisamment spacieuse, saine et aérée.

Une heure au moins d'exercice en plein air sera accordée tous les jours à chacun d'eux.

Art. 7. Les règlements internes de la prison détermineront dans quelles circonstances ils sortiront de leurs cellules et les prescriptions nécessaires pour empêcher toute communication entre eux.

Art. 8. Toutefois, des communications de détenu à détenu pourront être permises par le chef de la maison entre les parents et les alliés.

Art. 9. Quand le juge n'aura pas interdit les communications entre les détenus compris dans la même instruction, les communications leur seront permises, s'ils le demandent réciproquement, aux heures, dans les lieux et sous la surveillance qui seront déterminés par les règlements de la maison.

Dans tous les autres cas, les communications de détenu à détenu pourront être autorisées par le préfet.

Art. 10. Les inculpés, prévenus et accusés pourront communiquer, tous les jours, avec leurs conseils, parents et amis. Un règlement d'administration publique déterminera les heures et les conditions.

S'il y a refus de la part du chef de la maison, dans le cas prévu au précédent paragraphe, comme aussi au cas de l'art. 8, il en sera référé aux magistrats chargés de l'instruction qui pourront permettre la communication demandée.

Art. 11. Les communications autorisées par les articles 8, 9 et 10 ne pourront avoir lieu dans le cas où les magistrats chargés de l'instruction auraient ordonné que le prévenu fût privé de toute communication.

Art. 12. Les prévenus et accusés pourront travailler dans leurs cellules à tous les ouvrages compatibles avec la sûreté et l'ordre de la maison.

Le produit de leur travail leur appartiendra.

TITRE III.

DES PRISONS AFFECTÉES AUX CONDAMNÉS ET DU RÉGIME DE CES PRISONS.

Art. 13. Les travaux forcés seront subis dans des maisons appelées : *Maisons de travaux forcés.*

Art. 14. Les condamnés à la reclusion subiront leur peine dans une prison qui sera appelée : *Maison de reclusion.*

Art. 15. Les condamnés à l'emprisonnement subiront leur peine dans une prison qui sera appelée : *Maison d'emprisonnement.*

Art. 16. Dans le cas où il serait nécessaire de recevoir dans la même maison des condamnés à la reclusion et à l'emprisonnement, ils seront renfermés dans des quartiers distincts et qui porteront les noms de *Quartier de la reclusion* et *Quartier de l'emprisonnement.*

Art. 17. Des maisons spéciales seront affectées aux femmes condamnées aux travaux forcés, à la reclusion et à l'emprisonnement.

Dans le cas où il serait nécessaire de recevoir dans la même maison des femmes condamnées aux travaux forcés, à la reclusion et à l'emprisonnement, elles seront renfermées dans des quartiers spéciaux et portant chacun des dénominations distinctes.

Art. 18. Les enfants condamnés en vertu des art. 67 et 69 du code pénal, et les enfants détenus, soit en vertu de l'art. 66 du même code, soit par voie de correction paternelle, seront détenus dans des maisons spéciales.

Ceux des enfants ci-dessus dénommés qui ne pourront être placés dans une maison spéciale, ainsi qu'il vient d'être dit, seront renfermés dans la maison des condamnés à l'emprisonnement, où un quartier distinct leur sera consacré.

Art. 19. Les condamnés à l'emprisonnement d'un an et au-dessous pourront être détenus dans les mêmes prisons que les inculpés, les prévenus et les accusés.

Art. 20. Les enfants condamnés en vertu de l'art. 69 du code pénal, et les enfants détenus en vertu de l'art. 66, pourront être placés en apprentissage, soit chez des cultivateurs, des artisans ou des industriels, soit dans des établissements spéciaux, avec la réserve expresse, pour l'administration, du droit d'ordonner leur réintégration dans les maisons spécifiées en l'art. 18.

La mise en apprentissage et la réintégration auront lieu en vertu des ordres de l'administration, et sur l'avis du ministère public.

Art. 21. Dans toutes les maisons de travaux forcés, de reclusion et d'emprisonnement, les condamnés seront, sauf l'exception indiquée ci-après, séparés les uns des autres pendant le jour et la nuit.

Art. 22. Chaque détenu sera renfermé dans un lieu suffisamment spacieux, sain et aéré, conformément à l'art. 6 dont toutes les dispositions seront applicables aux cas prévus par l'art. précédent.

Art. 23. Le travail est obligatoire pour tous les condamnés, à moins qu'ils n'en aient été dispensés par le jugement ou l'arrêt de condamnation.

Art. 24. Le produit du travail des condamnés appartient à l'État. Cependant, une portion déterminée de ce produit pourra être accordée aux condamnés, soit individuellement, soit en commun, soit pendant leur captivité, soit à leur sortie, soit à des époques déterminées après leur sortie; le tout, ainsi qu'il sera ordonné par des règlements d'administration publique.

Cette portion ne pourra excéder trois dixièmes pour les condamnés aux travaux forcés; quatre dixièmes pour les condamnés à la reclusion, et cinq dixièmes pour les condamnés à l'emprisonnement.

Art. 25. Les condamnés ne pourront recevoir aucun objet du dehors,

7

et, dans l'intérieur de la maison, il ne pourra leur être rien vendu ni donné à loyer. Néanmoins, les condamnés à l'emprisonnement à un an et au-dessous pourront recevoir du dehors des objets admis par le préposé en chef ou directeur.

Art. 26. Il sera attaché au service de chaque prison un ou plusieurs aumôniers. Un ministre appartenant à l'un des cultes non-catholiques sera attaché au service de la maison où se trouveront des condamnés appartenant à l'un de ces cultes.

Art. 27. Chaque condamné sera visité au moins une fois par semaine par le médecin et l'instituteur. Les ministres des différents cultes et les membres de la commission de surveillance auront accès auprès des condamnés aux heures qui seront déterminées par le règlement de la maison.

Art. 28. Pourront être autorisés à visiter les détenus : 1° leurs parents ; 2" les membres des associations de charité et de patronage régulièrement autorisées ; 3" les agents des travaux ; 4° toutes autres personnes ayant une permission spéciale du préfet du département.

Art. 29. Deux heures au moins par jour seront réservées aux condamnés pour l'école, les visites ci-dessus indiquées ; enfin, pour la lecture des livres dont le choix sera déterminé par le préfet, sur la proposition de la commission de surveillance.

Art. 30. La lecture et le travail ne pourront être refusés aux condamnés, si ce n'est à titre de punition temporaire.

Art. 31. Les condamnés aux travaux forcés, à la reclusion et à l'emprisonnement ne seront soumis aux conditions prescrites par l'art. 21, que lorsque le fait qui aura donné lieu à la poursuite sera postérieur à la promulgation de la présente loi.

Art. 32. Jusqu'à ce que toutes les prisons nécessaires à l'établissement du régime prescrit par la présente loi aient été construites, des ordonnances royales, insérées au *Bulletin des lois*, détermineront, au fur et à mesure de la construction desdites prisons, les ressorts judiciaires dont les condamnés seront soumis à ce régime.

Art. 33. Les tribunaux continueront à appliquer les peines fixées par les lois existantes ; mais l'emprisonnement individuel sera compté pour un quart en sus de la captivité réellement subie aux individus condamnés, soit à l'emprisonnement, soit à la reclusion.

Art. 34. Les condamnés, lorsqu'ils auront été soumis pendant dix ans au régime prescrit par l'art. 21 de la présente loi, seront transportés hors du territoire continental de la France, et demeureront à la disposition du gouvernement jusqu'à l'expiration de leur peine, suivant un mode qui sera ultérieurement fixé par une loi spéciale.

Les tribunaux pourront, dans l'arrêt de condamnation, réduire jusqu'à cinq ans le temps durant lequel le condamné, avant d'être transporté, doit être soumis à l'emprisonnement individuel.

Art. 35. Les dispositions de l'article précédent ne seront point appliquées aux condamnés correctionnellement.

Art. 36. Les individus qui auront été condamnés pour des faits antérieurs à la promulgation de la loi dont il est parlé dans l'article 34, cesseront d'être soumis, après le terme de dix ans, au régime de la séparation pendant le jour.

Art. 37. Les condamnés septuagénaires ne seront pas soumis au régime de l'emprisonnement individuel.

Art. 38. Les dispositions de la présente loi ne sont point applicables aux individus poursuivis ou condamnés :

1° Pour crimes punis de la détention, ou dont la peine est remplacée par la détention conformément à l'art. 17 du code pénal ;

2° Pour délits réputés politiques aux termes de la loi du 8 octobre 1830 ;

3° Pour délits commis, soit par la voie de la presse, soit par tous autres moyens de publication énoncés en l'art. 1er de la loi du 17 mai 1819.

La présente loi n'est pas non plus applicable aux condamnés pour contravention de simple police.

TITRE IV.

DÉPENSES DES PRISONS.

Art. 39. Les dépenses de construction et d'appropriation des prisons destinées aux inculpés, prévenus et accusés, et aux condamnés à un an d'emprisonnement et au-dessous sont à la charge des départements.

Une somme annuellement déterminée par la loi de finances sera accordée , à titre de subvention , aux départements qui feront des dépenses de construction et d'appropriation pour l'exécution de la présente loi.

Art. 40. Sont également à la charge des départements les dépenses des prisons dites chambres ou dépôts de sûreté et destinées au transfèrement des prisonniers.

Art. 41. Les dépenses ordinaires des prisons mises à la charge des départements, sont :

1° Les frais d'entretien et de réparation quelconque des bâtiments ;

2° Les frais de garde , d'administration , de greffe , de nourriture , de mobilier, de blanchissage, chauffage et autres menues dépenses ; les vêtements des condamnés, ceux des accusés et des prévenus, lorsqu'il y aura nécessité d'y pourvoir ;

3° Les frais d'infirmerie et les journées d'hôpital pour les détenus malades ;

Enfin , les frais que pourront exiger l'organisation du travail et l'instruction élémentaire , morale et religieuse.

La portion du produit du travail des condamnés à l'emprisonnement d'un an et au-dessous, qui ne leur serait pas attribuée, conformément à l'art. 24 , appartiendra au département.

Art. 42. Sont à la charge de l'État les dépenses de construction et d'appropriation , et les dépenses ordinaires des maisons établies par les articles 13 , 14, 15 , 16, 17 et 18.

Art. 43. Sur la demande des communes , le ministre pourra autoriser la réunion , dans un même local, de diverses espèces de prisons municipales et départementales ; dans ce cas , le conseil-général du département déterminera la somme que les communes devront fournir, pour leur part, dans les frais de construction, de réparation et d'entretien.

TITRE V.

DISPOSITIONS GÉNÉRALES.

Art. 44. Le préposé en chef à l'administration d'une prison, sous le titre de directeur ou tout autre , sera soumis aux obligations prescrites par les articles 607, 608, 609 et 610 du code d'instruction criminelle ;

Les dispositions des articles 230, 231 et 233 du code pénal lui seront applicables, ainsi qu'aux autres fonctionnaires attachés à l'administration des prisons.

Art. 45. En cas de menaces, injures ou violences commises par un prisonnier, ou de toute autre infraction aux règlements de la maison, les moyens que le préposé en chef pourra employer, seront :

1° La cellule obscure pendant cinq jours au plus ;

2° La privation du travail ;

3° La mise au pain et à l'eau, pendant cinq jours au plus ;

4° Une retenue sur la part qui lui aurait été allouée sur les travaux ou sur son dépôt d'argent à la caisse de la maison ;

5° L'interdiction de communiquer avec ses parents et amis ;

Le préposé en chef pourra employer tout ou partie de ces moyens de correction selon les cas.

Il pourra de même ordonner la mise aux fers en cas de violence grave et de fureur.

Dans tous les cas, il en rendrait compte dans le délai et selon les formes qui seront déterminées par une ordonnance du roi portant règlement d'administration publique.

Chaque mois le préposé en chef de la maison rendra compte par écrit au procureur-général des peines disciplinaires qui auront été infligées aux prisonniers.

Art. 46. Il n'est pas innové à l'action de l'autorité judiciaire sur les prisons dans les cas prévus par les lois et règlements.

Art. 47. Sont abrogés le premier paragraphe de l'art. 613 et l'art. 614 du code d'instruction criminelle.

Art. 48. Il sera rendu compte annuellement aux chambres de l'exécution et des résultats de la présente loi.

Après avoir fait connaître le texte du projet de loi adopté, j'arrive à l'examen des articles : je ne m'occuperai que de ceux qui me sembleront avoir besoin d'inter-

prétation, de modification ou même devoir être rejetés,
laissant à l'écart ceux au contraire qui n'auraient pas une
importance réelle, ou que je croirais devoir être accueillis
comme remplissant le but qu'il faut se proposer dans une
réforme pénitentiaire.

Art. 1ᵉʳ Toutes les prisons affectées aux détenus non militaires sont
placées sous l'autorité du ministre chargé de l'administration départementale.

« Tout conseille, a dit M. Cordier, de rendre à la
« magistrature la direction suprême des prisons, et de
« faire concourir, comme autrefois, pour la réforme des
« condamnés, les associations de charité. » (*Moniteur
du* 23 *avril* 1844).

Il est un principe en matière civile, c'est que l'exécution des jugements appartient aux juges qui les ont rendus : pourquoi n'en serait-il pas de même en matière
criminelle? N'y aurait-il pas tout à la fois avantage et con-
venance à ce que les magistrats qui auraient prononcé la
condamnation du coupable, après avoir fouillé toute sa
vie antérieure, pussent le suivre encore dans sa prison,
apprécier l'effet produit par le châtiment, se convaincre
de son repentir, de son amendement et, ministres de la
justice de Dieu jusqu'à la fin, après avoir appesanti sur
lui le glaive de la loi, lui apporter le baume consolateur
et lui ouvrir une main pleine de miséricorde et de par-
don? Cette pensée a été si bien comprise, qu'en Belgique, l'administration des prisons est dans les attributions
du ministre de la justice.

Art. 6. Les inculpés prévenus et accusés seront séparés les uns des
autres pendant le jour et la nuit.

Chacun aura une cellule suffisamment spacieuse , saine et aérée.

Une heure au moins d'exercice en plein air sera accordée tous les jours à chacun d'eux.

Art. 22. Chaque détenu sera renfermé dans un lieu suffisamment spacieux , sain et aéré , conformément à l'art. 6 , dont toutes les dispositions seront applicables aux cas prévus par l'art. précédent.

MM. Gaëtan de Larochefoucault-Liancourt et de Larochejaquelin ont proposé, l'un, que les cellules des prévenus eussent quatre mètres au moins en tout sens , (*Moniteur du 4 mai.*) l'autre, que celles des condamnés eussent au moins de 15 à 20 mètres de superficie. (*Moniteur du 14 mai.*) Ces deux propositions ont été rejetées.

Sans examiner si elles étaient critiquables quant aux proportions qu'elles tendaient à faire adopter , il me semble qu'il eût été sage d'insérer dans la loi une disposition réglementaire qui, pour prévenir des économies mal entendues dans certaines localités où les terrains, les matériaux ou la main d'œuvre seraient plus élevés et pour ne rien laisser à l'arbitraire, eût déterminé les proportions que devraient avoir les cellules selon la qualité de condamnés aux travaux forcés , à la reclusion, à l'emprisonnement au-dessus d'un an , ou de condamnés à moins d'un an , ou encore, d'inculpés, de prévenus et d'accusés, des individus auxquels elles seraient destinées.

Il me semblerait également sage que la même disposition déterminât dans quelle proportion le nombre des préaux devrait être avec celui des détenus dans chaque prison.

« On a calculé, a dit M. Chegaray, membre de la
« commission, que c'était faire beaucoup, relativement

« à la dépense et à l'espace dont on pourra disposer dans
« les prisons d'arrêt qui sont nécessairement situées
« dans les villes, que de compter sur un préau par dix
« cellules, ce qui donnerait, dans les jours les plus
« courts de l'année, un minimum d'une heure de prome-
« nade. » (*Moniteur du 4 mai 1844*). Ainsi donc, en
adoptant cette base, le temps imparti journellement
à chaque détenu pour prendre de l'exercice, serait au
minimum d'une heure en hiver, il s'accroîtrait d'environ
un tiers, en été, et en outre, en toute saison, lorsque la
population du pénitencier ne serait pas au complet, il
s'accroîtrait également en raison du nombre des cellules
vacantes.

Art. 12. Les prévenus et accusés pourront travailler dans leurs cellules à tous les ouvrages compatibles avec la sûreté et l'ordre de la
maison.

Le produit de leur travail leur appartiendra.

« Un travail de son choix, a dit M. Carnot, en parlant
« du prévenu ou de l'accusé, et dont tous les produits
« lui appartiennent ne doit jamais lui être refusé, puis-
« que la détention le prive de celui qu'il pourrait ac-
« complir au dehors. » (*Moniteur du 24 avril* 1844).

On remarquera que cet article reste muet en ce qui
concerne les inculpés : ce silence ne doit évidemment être
attribué qu'à une omission involontaire; si les prévenus et les accusés, contre lesquels il existe déjà un préjugé de culpabilité, peuvent se livrer au travail de leur
choix et s'en appliquer le produit, *à fortiori* la même
faveur doit-elle être accordée aux simples inculpés.

Art. 13, 14, 15, 16, 17 et 19.

Tout en admettant entre les divers détenus les distinctions établies par ces articles, il me semble, ainsi que je l'établirai plus loin, qu'il serait possible de simplifier beaucoup l'organisation des maisons destinées à les recevoir, et de réduire les dépenses qu'elle doit entrainer.

Art. 18. Les enfants condamnés en vertu des art. 67 et 69 du code pénal, et les enfants détenus, soit en vertu de l'art. 66 du même code, soit par voie de correction paternelle, seront détenus dans des maisons spéciales.

Ceux des enfants ci-dessus dénommés qui ne pourront être placés dans une maison spéciale, ainsi qu'il vient d'être dit, seront renfermés dans la maison des condamnés à l'emprisonnement, où un quartier distinct leur sera consacré.

Art. 20. Les enfants condamnés en vertu de l'art. 69 du code pénal, et les enfants détenus en vertu de l'art. 66, pourront être placés en apprentissage, soit chez des cultivateurs, des artisans ou des industriels, soit dans des établissements spéciaux, avec la réserve expresse pour l'administration, du droit d'ordonner leur réintégration dans les maisons spécifiées en l'art. 18.

La mise en apprentissage et la réintégration auront lieu en vertu des ordres de l'administration et sur l'avis du ministère public.

On aurait pu, je crois, l'emprisonnement individuel devenant la règle générale, se dispenser d'établir des maisons spéciales pour les enfants détenus par voie de correction paternelle : très-peu de chefs de famille consentant à avoir recours à des moyens aussi rigoureux, le nombre des enfants soumis à cette mesure est très-restreint ; les maisons spéciales que l'on établirait pour eux seraient en raison des besoins, et elles

devraient être quelquefois très-éloignées. Si l'on songe que
cette détention ne peut jamais être que de six mois au
plus, et que souvent même elle ne saurait excéder un
mois, il arriverait qu'une partie de sa durée serait ab-
sorbée par la translation dans la maison spéciale. Si l'on
a craint que l'incarcération dans le pénitencier de la
localité ne laissât un souvenir fâcheux, en établissant
alors des maisons spéciales, il aurait fallu, du moins,
laisser le choix entre ces maisons et le pénitencier le plus
rapproché de son domicile au chef de famille qui ferait détenir un enfant par voie de correction paternelle
et qui jugerait utile de le surveiller encore et de lui porter
des conseils ou des encouragements.

Quant aux enfants condamnés en vertu de l'article 69
du Code pénal, comme ils ne le sont que pour de simples
délits, leur emprisonnement, la plupart du temps, n'est
que de très-courte durée; c'est sans doute pour ce motif
que le législateur de 1810 ne s'était point occupé de leur
éducation et de leur apprentissage. L'innovation, toute
dans leur intérêt, qui les assimile aux enfants détenus
en vertu de l'article 66 du Code pénal est une mesure
heureuse. J'aurais désiré que la loi accordât la même faculté de mise en apprentissage pour les enfants condamnés en vertu de l'article 67: quoique reconnus coupables
de crimes, ils peuvent vouloir s'amender; les travaux
et la liberté des champs peuvent être nécessaires au développement de leurs forces physiques; il aurait donc été
prévoyant et sage de leur accorder ces avantages comme
récompense d'une conduite satisfaisante dans la maison
spéciale, surtout si l'on songe qu'en ordonnant qu'ils se-

ront jugés par les tribunaux correctionnels , lorsqu'ils n'auront pas de complices présents , âgés de plus de 16 ans , l'article 68 du Code pénal les assimile à de simples délinquants.

La mise en apprentissage et la réintégration devant avoir lieu en vertu des ordres de l'administration et sur l'avis du ministère public, qu'adviendra-t-il en cas de dissentiment ? En sera-t-il référé à l'autorité supérieure ?

Art. 23. Le travail est *obligatoire* pour tous les condamnés, à moins qu'ils n'en aient été dispensés par le jugement ou l'arrêt de condamnation.

Art. 30. La lecture et *le travail ne pourront être refusés* aux condamnés, si ce n'est *à titre de punition temporaire.*

Art. 45. En cas de menaces, injures, etc... les moyens que le préposé en chef pourra employer sont :

1° . . . .

2° *La privation du travail.*

Le journal la *Presse*, en rapprochant les termes de ces trois articles, y trouve avec raison une contradiction facile à faire disparaître : sans doute, en fait, le travail est obligatoire ; mais , en principe, il doit être considéré comme volontaire, puisque, dans l'esprit de la loi, sa privation est un châtiment infligé au détenu indiscipliné. Au lieu de poser en principe, dans l'article 23, qu'il était obligatoire, il eût donc été plus logique de proclamer qu'il était une faveur à laquelle la bonne conduite seule donnait droit.

Art. 24. Le produit du travail des condamnés appartient à l'État. Cependant une portion déterminée de ce produit pourra être accordée aux condamnés, soit individuellement, soit en commun, soit pendant leur captivité, soit à leur sortie, soit à des époques déterminées après leur sortie, le tout ainsi qu'il sera ordonné par des règlements d'administration publique.

Cette portion ne pourra excéder trois dixièmes pour les condamnés aux travaux forcés, quatre dixièmes pour les condamnés à la réclusion, et cinq dixièmes pour les condamnés à l'emprisonnement.

Cet article qui règle la quotité, non déterminée par les articles 21 et 41 du Code pénal, à attribuer sur leur travail, en vertu desdits articles, aux reclusionnaires et aux condamnés correctionnels et qui accorde également aux condamnés aux travaux forcés, dans le produit de leur travail, une part qui leur était implicitement refusée par l'art. 15 du même code auquel le projet de loi innove en ce point, cet article, dis-je, n'est que la reproduction de l'article 1er de l'ordonnance royale des 27 décembre 1843 — 12 mars 1844, qui, elle-même, n'avait fait que régulariser, autant qu'une ordonnance pouvait le faire, ce qui, quant aux condamnés aux travaux forcés, et contrairement à l'esprit dudit article 15, se pratiquait depuis longtemps. L'article du projet est conçu en termes qui laissent à l'administration toute liberté de changement, si le besoin s'en faisait sentir : tout en approuvant le principe qu'il consacre, je reviendrai plus tard sur cet objet.

Art. 29. Deux heures au moins par jour seront réservées aux condamnés pour l'école, les visites ci-dessus indiquées, enfin, pour la lecture des livres dont le choix sera déterminé par le préfet sur la proposition de la commission de surveillance.

Dans les pénitenciers des États-Unis, la seule lecture permise aux détenus est celle de la Bible. Quelque substantielle que soit cette nourriture de l'âme, elle a le défaut, à mes yeux, d'être par trop uniforme. Lorsque les facultés intellectuelles tournent toujours dans le même cercle, elles finissent par s'y accoutumer, les yeux lisent encore, mais l'esprit est absent, et, ce qui devait produire d'excellents effets n'est plus qu'une vaine pratique.

En France, la lecture des détenus est plus variée; mais, jusqu'à ce jour, l'autorité n'a exercé qu'une influence nulle ou insuffisante sur le choix des livres mis à leur disposition « Dans la maison centrale de détention « de Melun, disent M. de Beaumont et de Tocqueville, il « il y a une bibliothèque assez considérable à l'usage des « détenus. Elle est fournie par l'entrepreneur, auquel les « prisonniers paient la location de chaque volume qu'ils « lisent. On peut juger par ce fait de la nature des livres « dont la bibliothèque se compose : » (*Du Système Pénitentiaire aux États-Unis, tom.* 1er, *p.* 241, *à la note.*)

La disposition finale de l'art. 29 a pour but et aura pour résultat d'éviter ces deux inconvénients extrêmes.

Art. 31. Les condamnés aux travaux forcés, à la reclusion et à l'emprisonnement ne seront soumis aux conditions prescrites par l'art. 21, que lorsque le fait qui aura donné lieu à la poursuite sera postérieur à la promulgation de la présente loi.

Cette disposition a été motivée sur la crainte de donner un effet rétroactif à la loi : « Nous adoptons le principe de la suppression des bagnes, a dit M. Duchâtel, mais nous ne pouvons admettre le délai de trois « ans. Il faut d'ailleurs que les individus condamnés « avant la promulgation de la loi achèvent leur peine « dans les bagnes actuels. Il est impossible de les sou-

« mettre à une autre peine que celle à laquelle ils ont été « condamnés. » M. de Tocqueville a également déclaré que supprimer immédiatement les bagnes, c'était donner à la loi un caractère de rétroactivité.

M. Duchâtel déclarait que les individus *condamnés avant la promulgation de la loi* ne pouvaient, sans effet rétroactif, être soumis au nouveau régime ; sa pensée a été outre-passée par l'article 31 qui a statué qu'il fallait que *le fait qui aurait donné lieu à la poursuite fût postérieur à la promulgation de la loi*, pour que le condamné pût être soumis au régime établi par cette loi.

La crainte qui a fait adopter l'art. 31 n'était-elle pas chimérique ? Est-il donc impossible en effet, sans donner un caractère de rétroactivité à la loi, de soumettre tous' les condamnés indistinctement au régime cellulaire, à partir de sa promulgation, et faut-il nécessairement, à moins de substituer arbitrairement à la peine à laquelle ils ont été condamnés, une autre peine, que les forçats achèvent leur temps dans les bagnes actuels ?

On n'a pas sans doute songé que la loi en discussion n'édicte pas une pénalité nouvelle, mais se borne seulement à réglementer le mode d'exécution des condamnations prononcées conformément aux dispositions du Code pénal. Si M. de Tocqueville commettait une erreur en affirmant que supprimer les bagnes immédiatement, c'était donner à la loi un caractère de rétroactivité, il revenait à la vérité, lorsque plus tard il faisait la déclaration que je transcris ici : « Je dirai d'abord que le bagne « dont on a tant parlé, n'existe pas dans le Code pénal. « Le Code pénal ne connait pas le mot de bagne, à ce

« point que si, aujourd'hui, l'administration de la ma-
« rine voulait renfermer les forçats dans un autre lieu
« qui ne porterait pas le nom de bagne, mais qui porte-
« rait le nom de *maison de travaux forcés*, elle serait
« parfaitement libre de le faire. Lorsque la chambre
« vote qu'il y aura des maisons de travaux forcés, elle
« ne vote pas en réalité la destruction partielle ou totale
« de l'art. 15 du Code pénal ; elle laisse les peines comme
« elles sont jusqu'à présent, elle se borne à nommer
« une espèce de prison. » (*Moniteur, 9 mai 1844.*)

Qu'on lise les art. 15 et 16 du Code pénal :

Art. 15. Les hommes condamnés aux travaux forcés,
seront employés aux travaux les plus pénibles, ils trai-
neront à leurs pieds un boulet, ou seront attachés deux à
deux avec une chaîne, lorsque la nature du travail auquel
ils seront employés le permettra.

Art. 16. Les femmes et les filles condamnées aux travaux forcés, n'y seront employées que dans l'intérieur
d'une maison de force.

Aperçoit-on dans la lettre de ces deux articles la pensée des bagnes, tels qu'ils existent aujourd'hui ? Peut-
on en induire que les hommes seront dans les attributions
du ministère de la marine, et devront être employés aux
travaux des ports, et que les femmes, rentrant dans les
attributions du ministère de l'intérieur, seront détenues
dans les maisons centrales ? Il est vrai que l'article 15
porte que les premiers traîneront à leurs pieds un boulet
ou seront attachés deux à deux avec une chaîne ; mais
ne se hâte-t-il pas d'ajouter ces mots : « *Lorsque la*

nature du travail auquel ils seront employés le permettra. »

• L'art. 6 de la loi du 25 septembre. — 6 octobre 1791, qui a été remplacé par le Code pénal, était encore plus explicite : « Les condamnés aux fers, était-il dit dans cet
« article, seront employés à des *travaux forcés* au profit
« de l'État, soit *dans l'intérieur des maisons de force*,
« soit dans les ports et arsenaux, soit pour l'extraction
« des mines, soit pour le desséchement des marais, soit
« enfin pour tous autres ouvrages pénibles qui, sur la
« demande des départements, pourront être déterminés
« par le corps législatif. »

Disons le donc : le code pénal n'a rien décidé quant à la nature des établissements dans lesquels les condamnés aux travaux forcés devraient subir leur peine ; le nouveau régime proposé ne blesse en rien l'esprit de la loi de 1791 dont on pourrait peut-être considérer l'art. 6 qui a défini la peine des travaux forcés, comme non abrogé par le code pénal de 1810, et, si le décret du 16 juin 1808 a pu prescrire l'organisation des maisons centrales, la nouvelle loi et même une ordonnance royale pourrait également porter institution de maisons de travaux forcés : réglementant seulement le mode d'exécution des condamnations prononcées conformément au code pénal, la disposition de cette loi ou de cette ordonnance qui, à dater de sa promulgation, soumettrait au nouveau régime de ces maisons tous les condamnés indistinctement, ne serait évidemment entachée d'aucun caractère de rétroactivité. M. le ministre de l'intérieur s'est montré si pénétré de cette vérité qu'il aurait

ordonné qu'un condamné aux travaux forcés à perpétuité subirait sa peine à Poissy ; ce fait, que j'emprunte à l'art. du *Droit* du 3 novembre 1844, intitulé : *Maison centrale de Poissy*, que j'ai déjà cité, est rapporté dans les termes suivants : « Le règlement de M. de Gasparin interdisant le
« tabac lui avait paru intolérable, il voulait aller au ba-
« gne, et, pour cela, il n'avait trouvé qu'un moyen,
« frapper un gardien d'un coup qui aurait pu être
« mortel.

« La cour d'assises l'a condamné aux travaux forcés
« à perpétuité. Mais le ministre a voulu qu'il restât
« comme un exemple dans la maison centrale. Séparé
« des autres condamnés, il ne paraît qu'aux moments
« de réunion, aux repas, aux offices, revêtu de la li-
« vrée du bagne, avec le bonnet vert. »

Si l'on admet qu'on ne donnerait aucun effet rétroactif à la loi, en soumettant, à compter de sa promulgation, au nouveau régime qu'elle établit, tous les condamnés aux travaux forcés, l'on devra admettre, par les mêmes motifs et par voie de conséquence, qu'il n'y aurait pas davantage rétroactivité à soumettre de la même manière à ce régime les condamnés à la reclusion et à l'emprisonnement, puisque, dans ses art. 21 et 40, le code pénal ne s'est pas montré plus explicite que dans les art. 15 et 16.

« Tout individu de l'un ou de l'autre sexe, condamné à
« la peine de la reclusion, porte l'art. 21, sera renfermé
« dans une maison de force et employé à des travaux dont
« le produit pourra être en partie appliqué à son profit,
« ainsi qu'il sera réglé par le gouvernement.

« Quiconque aura été condamné à la peine d'emprison-

8

« nement, porte l'art 40, sera renfermé dans une maison
« de correction : il y sera employé à l'un des travaux établis
« dans cette maison, selon son choix.

Ni l'un ni l'autre de ces articles, on le voit, ne parle
de maisons centrales et ne décide si les condamnés seront
séparés ou s'ils devront être détenus en commun ; toute
liberté reste donc, sous ce rapport, à l'administration.
Lorsqu'en 1839, faisant un premier pas vers la réforme
pénitentiaire, on a soumis les reclusionnaires au silence
dans les ateliers, s'est-on préoccupé de la crainte de donner un caractère de rétroactivité à cette mesure et en a-t-on
excepté les individus condamnés avant son adoption? Non !
et l'on a eu parfaitement raison ; car, je le répète, le code
pénal laissait toute latitude à cet égard et il ne pouvait y
avoir aucun effet rétroactif dans des dispositions qui ne
faisaient que réglementer le mode d'exécution des condamnations. Si, aujourd'hui, une loi venait prescrire
que les arrêts portant peine de mort seraient exécutés
dans l'intérieur des prisons, les individus condamnés
avant la promulgation de cette loi seraient-ils fondés à
exiger leur exécution sur une place publique?

La possibilité, je dirai mieux, le droit de soumettre
immédiatement les condamnés au régime établi par la
nouvelle loi une fois démontré, on ne saurait hésiter, il
me semble, à supprimer l'art. 31, cet article devant avoir
nécessairement pour résultat de créer à l'administration
de sérieuses difficultés et de compliquer l'exécution de
cette loi. Combien ne s'écoulera-t-il pas de temps, sous
l'empire de la disposition qu'il consacre, avant que
l'emprisonnement individuel des condamnés puisse être

généralisé par toute la France? La dépense qu'entraînera l'érection de maisons de travaux forcés, de reclusion et d'emprisonnement recevrait d'ailleurs un accroissement notable de la nécessité de conserver les bagnes qui pourraient être appropriés au nouveau régime ou qui, en les aliénant, offriraient des ressources qu'on ne saurait négliger. Ces bagnes destinés à contenir des milliers d'individus, voyant leur population diminuer graduellement, finiraient, dans un temps donné, par ne renfermer que quelques rares condamnés pour lesquels il faudrait conserver toute une administration, des gardes-chiourmes, un hôpital, etc... Et cet état de choses se prolongerait peut-être pendant quarante ans encore ! Je suppose en effet qu'un individu commette, avant l'adoption de la nouvelle loi, un crime entraînant la peine des travaux forcés à temps ; qu'après une procédure plus ou moins prolongée et à la veille d'être jugé, il parvienne à s'évader et soit condamné, par contumace, à vingt ans de travaux forcés ; que, dans la vingtième année de sa condamnation, sa peine, aux termes de l'art. 635 du Code de procédure criminelle, n'étant pas encore prescrite, il se représente pour purger sa coutumace et voie sa condamnation confirmée sans aucune modification ; pour cet individu, il faudra un bagne encore dans quarante ans ou l'on se trouvera dans la nécessité de lui accorder sa grâce ; car une commutation de peine ne lèverait pas la difficulté, puisque l'art. 31 s'oppose à ce que les condamnés à la reclusion ou à l'emprisonnement pour des faits antérieurs à la promulgation de la loi puissent être soumis à l'isolement de la cellule.

Ces difficultés, qui doivent se prolonger davantage pour les bagnes, se rencontreraient également pour les maisons centrales et pour les prisons actuelles, puisqu'il y aurait nécessité de suspendre pendant un temps plus ou moins long l'exécution de la nouvelle loi ou de construire des prisons cellulaires, tout en conservant les anciennes jusqu'à ce que le dernier condamné pour faits antérieurs à la promulgation de cette loi eût vu finir le dernier jour de sa peine. En outré, il y aurait illégalité à faire subir dans les pénitenciers où, comme à Tours et à Bordeaux, le régime cellulaire est en vigueur, les peines qui seraient prononcées pour des délits antérieurs à la promulgation de la loi et, dès-lors, le condamné au minimum de l'emprisonnement correctionnel, c'est-à-dire, à six jours, devrait, pour subir sa condamnation, être envoyé, par la gendarmerie ou muni d'une lettre du procureur du roi, à ses frais ou à ceux de l'Etat (dépense qui, dans le premier cas, aggraverait sa peine et, dans le second, augmenterait les frais de justice criminelle) dans la prison la plus voisine non soumise au régime cellulaire.

Art. 33. Les tribunaux continueront à appliquer les peines fixées par les lois existantes, mais l'emprisonnement individuel sera compté pour un quart en sus de la captivité réellement subie aux individus condamnés, soit à l'emprisonnement, soit à la reclusion.

En décidant que l'emprisonnement individuel sera compté pour un quart en sus de la captivité réellement subie aux individus condamnés soit à l'emprisonnement, soit à la reclusion, le projet a excepté de cette faveur les condamnés aux travaux forcés. Cette exception, ainsi que je l'ai dit ailleurs, a eu pour objet de conserver la gradation des peines.

Art. 34. Les condamnés, lorsqu'ils auront été soumis pendant dix ans au régime prescrit par l'article 21 de la présente loi, seront transportés hors du territoire continental de la France, et demeureront à la disposition du gouvernement jusqu'à l'expiration de leur peine, suivant un mode qui sera ultérieurement fixé par une loi spéciale.

Les tribunaux pourront, dans l'arrêt de condamnation, réduire jusqu'à cinq ans le temps durant lequel le condamné, avant d'être transporté, doit être soumis à l'emprisonnement individuel.

J'ai signalé plus haut les nombreux et insurmontables inconvénients de la transportation et des colonies pénales : je persiste dans l'opinion que j'ai émise. Mais, dira-t-on, la transportation n'est instituée, dans le projet de loi, que comme complément de peine. C'est en quoi, précisément, je trouve ce système plus vicieux encore : les directeurs de Mettray, que j'aime à citer souvent, parce qu'ils ont mûrement et consciencieusement étudié toutes les questions qui se rattachent à la réforme pénitentiaire et que l'expérience est toujours venu confirmer leurs théories, les directeurs de Mettray, dis-je, ont proclamé ce principe que les habitudes et les affections de famille inspirent à l'homme le besoin de la propriété, l'amour du foyer domestique et, le familiarisant avec les sentiments et les devoirs qui en découlent, sont le plus puissant moyen de moralisation. Ce principe, si fertile en bons résultats, lorsqu'ils en font l'application à leurs jeunes colons, ne saurait recevoir d'exception lorsqu'il s'agit de le mettre en pratique à l'égard des condamnés adultes; tous les efforts du législateur doivent donc tendre à les ramener à ces habitudes et à ces affections. Or, loin de produire ces résultats, la transportation proposée dans l'article 34 ne peut nécessairement en produire que de diamétralement opposés. En effet, le condamné, après avoir subi, pendant cinq années, au minimum, pendant dix années, au maximum, le régime cellulaire, sera arraché à son sol natal et à sa famille : en France, il lui eût été possible encore, à l'expiration de sa peine, de recueillir auprès de sa femme et de ses enfants, s'il est marié, des conseils salutaires, de retrouver, dans son amour pour eux, les notions du bien et la force de persévérer dans ses résolutions de retour à une conduite honnête; s'il est célibataire, d'unir son existence à une existence vierge de toute flétrissure, et de retremper son cœur à cette source dont rien n'aurait altéré la pureté : transporté sur une terre maudite, peuplée de condamnés seulement, il lui faudra oublier sa famille et vivre en concubinage ou associer son sort à quelque être dégradé comme lui! Comment de la communion de ces deux dégradations pourrait-il sortir quelque élément de moralité?

Le gouvernement, me dira-t-on sans doute, autorisera, comme cela se pratique en Angleterre, les plus proches parents des transportés à les suivre au lieu de leur exil. Mais, sans compter les dépenses qui en résulteraient, ce serait envelopper des innocents dans le châtiment des coupables! Je comprendrais peut-être la transportation à l'égard des condamnés à perpétuité, néanmoins, elle aurait toujours pour résultat de s'opposer à la moralisation par les habitudes et les affections de famille, et de remettre en conflict et en fermentation, au lieu de la transportation, tous les mauvais levains que la cellule aurait précédemment isolés. Je ne reviendrai pas sur ce que j'ai dit relativement aux inconvénients et à l'inefficacité des colonies pénales de la Grande-Bretagne ; toutefois qu'il me soit permis de rappeler ces paroles de M. Daguenet à la tribune : « Je « ne crains pas de le dire, l'histoire de Botany-Bay est « l'histoire la plus malheureuse de l'humanité ; nulle part « les crimes de meurtre, d'incendie, de débauches cyni- « ques ne sont plus communs que dans ce pays. En 1821, « le tiers de la population fut repris de justice, et l'on a « vu des condamnés incendier des églises pour s'affran- « chir de l'obligation d'assister aux offices religieux aux- « quels ils étaient forcés d'aller, sous peine de vingt-cinq « coups d'étrivière. » (*Monit.* 15 mai 1844) (1).

D'ailleurs, quoiqu'on en dise, cette transportation constitue une aggravation de peine ; en cela, je m'associe entièrement à ces autres paroles de M. Daguenet : « Vous ajoutez une peine ; vous l'aggravez ; le condamné « subira forcément le bannissement. Eh bien ! je m'a- « dresse ici, non pas aux juristes et aux magistrats seu- « lement, mais à toutes les consciences impartiales, pour « réprouver cette iniquité. S'il y a un principe élémen- « taire et salutaire dans nos lois, c'est que la peine subie

(1) M. Taillandier, en combattant à la chambre la mesure de la transportation, a invoqué l'autorité d'un grand nombre de publicistes parmi lesquels il a cité Jérémie Bentham, sir Samuel Romilly, sir James Mackintosh, M. Bonnet, l'archevêque de Dublin Whately, M. Bannister, qui a rempli les fonctions de procureur-général à la Nouvelle-Galles, M. Bigge, commissaire anglais envoyé dans les colonies pénales pour en étudier les résultats, M. Cunningham, chirurgien, qui a habité longtemps ces colonies, MM. Sismondi, Barbé-Marbois, Lally-Tolendal et le jurisconsulte allemand Mittermaier.

« doit se renfermer dans la limite exacte et étroite de la
; condamnation. » (*Monit.*, *id.*, *id.*)

L'art. 34 portant que les condamnés demeureront à la
disposition du gouvernement jusqu'à *l'expiration de leur
peine*, il s'en suit nécessairement que, cette peine ex-
pirée, ils rentreront dans le plein exercice de leur liberté;
il leur sera loisible de revenir dans la métropole et d'y rapporter les mauvais penchants qui se seront réveillés en eux
pendant leur séjour dans la colonie. L'emprisonnement
cellulaire produisit-il sur leurs esprits des effets salutaires,
la liberté accordée aux transportés de communiquer entre
eux, dans le lieu de transportation, aura pour conséquence inévitable de détruire ces bons effets. Le gouvernement qui aura fait les frais de leur transport dans la
colonie pénale devra encore faire les frais de leur retour;
car il y aurait inhumanité, illégalité même à prolonger
l'effet de leur condamnation au-delà du temps fixé par
elle pour l'expiation de leur faute, et l'on ne saurait supposer que personne eût l'arrière pensée, en leur refusant
les moyens de *rapatriement* de perpétuer leur exil : d'ailleurs leur établissement dans le lieu de transportation,
sans esprit de retour dans la métropole, finirait promp-
tement par y produire un encombrement. Quelles mesures adopterait-on à l'égard des condamnés qui, à l'expiration des cinq ou des dix années d'emprisonnement
cellulaire subi conformément aux dispositions de l'art.
34, et devant précéder leur transportation, n'auraient
plus qu'un ou deux ans à attendre pour arriver au terme
de leur peine? Ferait-on les frais de cette transportation,
pour voir s'écouler dans la traversée la moitié du temps

restant à courir, et ensuite, à peine débarqués, les ramener en France, ou bien leur accorderait-on leur grâce?
Quelles mesures encore adopterait-on à l'égard du transporté qui, cédant au besoin irrésistible de revoir le sol
natal, sa femme, ses enfants, ou une vieille mère suc-
combant à la misère et au désespoir, parviendrait à
s'échapper de la colonie pénale et à rentrer dans la métropole? Que ferait-on des déportés, si nos relations
maritimes venaient à éprouver une interruption prolongée?

Voilà des questions qui n'ont point été étudiées, sur
lesquelles l'attention ne s'est même pas arrêtée. « Je de-
« manderai à l'honorable auteur de l'amendement, a
« encore dit M. Daguenet, quel examen, quelle prépara-
« tion, quelles études préalables ont été faites sur le
« système de la déportation. Peut-on nous faire connaî-
« tre l'avis du garde-des-sceaux et du ministre de la
« marine? Peut-on nous communiquer les documents
« émanés de l'administration de la justice crimelle? »
(*Moniteur*, 15 mai 1844). A mes yeux, l'art. 34 contient
une disposition essentiellement vicieuse, essentiellement
inexécutable, qui s'est glissée incidemment dans la loi,
sans examen préalable, et qui dès-lors doit être repoussée.

Art. 36. Les individus qui auront été condamnés pour des faits antérieurs à la promulgation de la loi dont il est parlé dans l'article 34, cesseront d'être soumis, après le terme de dix ans, au régime de la séparation pendant le jour.

La chambre a craint avec raison de donner un effet
rétroactif à la loi qui interviendrait pour réglementer la

transportation, en soumettant à cette mesure les individus condamnés pour des faits antérieurs à la promulgation de cette loi ; mais, comme il a paru impossible de
leur appliquer le cellulage de jour et de nuit pendant toute
la durée de leur peine qui pouvait se prolonger au-delà
de vingt ans et même pendant toute leur vie, il a été
ordonné que ces détenus cesseraient d'être soumis, après
le terme de dix ans au régime de la séparation, *pendant
le jour*. Il résulte donc de l'adoption de l'art. 36, que les
condamnés pour plus de dix années, devront, après dix
années d'emprisonnement solitaire, être réunis pendant
le jour, dans des ateliers en commun. Cette disposition, dictée par l'humanité, a le double inconvénient
que j'ai déjà signalé de remettre en contact et de res-
susciter de mauvais penchants qui, s'ils n'avaient pas entièrement disparu dans les méditations de la cellule, y
avaient du moins perdu de leur intensité et en outre, en
rétablissant des relations entre les condamnés au moment de leur libération, de mettre ceux qui voudraient
mener une conduite irréprochable dans l'impossibilité de
se soustraire à la pernicieuse influence de ceux qui ne
seraient pas animés des mêmes sentiments. Ces inconvénients, je l'avoue, n'existeraient pas pour les condamnés à perpétuité qui, pour la plupart, sont retranchés à
tout jamais de la société et, pour eux, on pourrait maintenir la disposition de l'art. 36, en ordonnant toutefois
que ceux qui obtiendraient leur grâce, seraient préala-
blement soumis à un emprisonnement quelconque de jour
et de nuit, avant leur mise en liberté. Quant aux condamnés à temps, il aurait été plus rationnel, selon moi, de

prendre la mesure écrite en l'art. 36 dans un sens inverse et d'ordonner que , durant les premiers temps de
la peine prononcée contre eux , ils seraient détenus en
commun pendant le jour, et qu'ils ne seraient soumis à
l'emprisonnement individuel de jour et de nuit que pendant les dix dernières années de cette peine. De la sorte,
ils échapperaient aux influences dont je viens de parler,
et, sachant que la réclusion solitaire serait un temps
d'épreuve et de transformation qui devrait précéder et
préparer leur essor vers la liberté , que la cellule serait
une sorte de sépulcre duquel ils s'élanceraient un jour
vers une résurrection morale, ils l'appelleraient de leurs
vœux, ou tout au moins la subiraient avec plus de résignation. De la sorte encore, le gouvernement pourrait
immédiatement approprier quelques-uns des bagnes pour
le travail en commun des détenus pendant le jour , et leur
isolement pendant la nuit, ou conserver quelques-unes
des maisons centrales déjà appropriées à cette destination, se ménageant ainsi plus de temps pour construire
les pénitenciers nécessaires à la généralisation en France
du nouveau régime prescrit par l'art. 21 du projet.

Art. 37. Les condamnés septuagénaires ne seront pas soumis au régime de l'emprisonnement individuel.

M. Carnot a proposé que cette disposition fût étendue
aux femmes, mais sa proposition a été repoussée par la
chambre : Voici un des principaux motifs sur lesquels
M. Gustave de Beaumont s'est appuyé pour la combattre;
il me parait plein de force : « C'est surtout aux femmes,
« a-t-il dit, qu'il importe, quand elles rentrent dans la

« société, de ne point y reparaitre avec la souillure du
« crime et le souvenir des peines attachées à leurs cri-
« mes ; cela est important, surtout parce que la femme
« n'a pas d'autre asile que la famille. Quand elle rentre
« dans la société, elle ne peut pas, comme l'homme,
« disparaitre, se transporter d'un lieu à un autre ; il faut
« qu'elle revienne se placer près de son mari et de ceux
« qui lui sont chers. Voyez alors le danger qu'elle court,
« si elle vient à être reconnue par des compagnes de pri-
« son, qui viennent la flétrir de nouveau, en lui rappe-
« lant le souvenir d'une détention commune, et troubler
« ainsi une existence qui avait recommencé à être hon-
« nête. » (*Moniteur*, 16 mai 1844.)

Art. 38. Les dispositions de la présente loi ne sont point applicables
aux individus poursuivis ou condamnés :

1° Pour crimes punis de la détention ou dont la peine est remplacée par
la détention conformément à l'art. 17 du code pénal ;

2° Pour délits réputés politiques aux termes de la loi du 8 octobre
1830 ;

3° Pour délits commis soit par la voie de la Presse, soit par tous autres
moyens de publication énoncés en l'art. 1er de la loi du 17 mai 1819.

La présente loi n'est pas non plus applicable aux condamnés pour contravention de simple police.

Cet article est l'expression d'un amendement présenté
par M. Gustave de Beaumont et adopté par la chambre ;
son auteur s'est exprimé en ces termes : « La pensée de
« l'amendement que j'ai l'honneur de proposer à la
« chambre est tellement facile à saisir, et je crois qu'elle
« est tellement comprise dans toutes les parties de cette
« chambre, que je ne me livrerai à aucun développement. »
(*Moniteur des 17 et 18 mai 1844*). En effet, aucune

contestation ne s'est élevée sur son adoption et ce qu'il peut présenter d'obscur ou de douteux n'a point été éclairci par la discussion; je vais tâcher d'y suppléer.

La loi du 8 octobre 1830 a eu pour objet de définir les *délits politiques* dont la connaissance serait attribuée aux cours d'assises, et elle range parmi ces délits ceux prévus 1° par les chapitres I et II du titre 1er du livre III, du code pénal ; 2° par les paragraphes 2 et 4 de la section III ; 3° et par la section VII des mêmes livre et titre, tout en gardant le silence sur les *crimes* contre la sûreté extérieure et intérieure de l'État, qui étaient déjà de la compétence de ces cours.

Il me semble donc que l'art. 38 du projet qui s'en réfère à la définition de la loi du 8 octobre 1830 doit être entendu en ce sens que les condamnés pour *délits politiques* seront seuls dispensés de l'emprisonnement de jour et de nuit, les condamnés pour *crimes politiques* restant soumis à ce régime. Cette interprétation paraitra, je pense, d'autant plus rationnelle que, si l'on rapproche dans l'énumération faite audit article des individus poursuivis ou condamnés qui seront dispensés du régime cellulaire, ces expressions : *pour crimes punis de la détention* employées dans le paragraphe n° 1, de ces expressions : *pour délits réputés* politiques employées dans le paragraphe n° 2, et encore de ces autres expressions : *pour délits commis soit par la voie de la presse*, etc, employées dans le paragraphe n° 3, on reconnaitra assurément l'intention de ne pas prendre le mot *délits* dans son acception la plus étendue, et de le renfermer au contraire dans sa signification la plus littérale et la plus restreinte.

Comment comprendre, d'ailleurs, que celui qui se serait rendu coupable de crimes aussi odieux que celui de porter les armes contre la France, de faciliter l'invasion du royaume aux armées ennemies ou d'attenter à la vie du roi, pût être l'objet d'une exception refusée à des délits qui n'inspirent pas la même horreur? Prétendra-t-on que, les crimes dont je viens de parler étant punis de la peine capitale, il n'y avait pas lieu de s'en occuper? L'argument ne serait pas péremptoire; en effet, lorsque le jury admettrait des circonstances atténuantes ou que la clémence royale accorderait une commutation de peine, le fait qui aurait donné lieu à la condamnation étant un crime politique, quel serait donc le mode d'exécution? Le projet de loi voudrait-il que le condamné ne fût pas soumis à l'emprisonnement individuel? Cela me paraît inadmissible!

En disposant que les condamnés pour délits commis, soit par la voie de la presse, soit par tous autres moyens de publication énoncés en l'art. 1er de la loi du 17 mai 1819, l'art. 38 n'a point maintenu les exceptions établies par l'art. 2 de la loi du 8 octobre 1830, pour les cas prévus par l'art. 14 de la loi du 26 mai 1819, c'est-à-dire, pour la diffamation et l'injure; il en résulte, je pense, que le coupable du premier de ces délits ne devra pas non plus être soumis à l'emprisonnement individuel, et pourtant quel fait appelle une répression plus sévère que celui qui tend à jeter la déconsidération sur un citoyen honorable? Quel bien est donc plus précieux que la réputation ou le crédit? Pourra-t-on donc presqu'impunément, par une calomnie méchamment répandue, voler son honneur à un fonctionnaire, à un époux ou à un père de famille et détruire leur repos, consommer la ruine d'un commerçant, tandis que le moindre larcin, la moindre filouterie, entraînerait toute la sévérité de la cellule? Oh non! si tel était l'esprit de la loi, il faudrait nécessairement modifier l'art. 38 et soumettre au régime cellulaire tout coupable de diffamation, lorsque la peine de l'emprisonnement serait prononcée contre lui, ce qui d'ordinaire n'a lieu que pour des faits graves, la loi du 17 mai 1819 laissant, dans presque tous les cas, aux juges la faculté de ne prononcer qu'une amende. On trouverait, d'ailleurs, un avantage dans l'adoption de cette mesure, celui de rendre plus rare encore cette fatale manie du duel, contre laquelle, de nos jours, la jurisprudence s'efforce de sévir. Que de gens attaqués dans leur honneur et leur réputation renonceraient à en demander une réparation douteuse à la justice aveugle des armes, si la répression accordée par la loi leur paraissait suffisante.

Art. 45. En cas de menaces, injures ou violences commises par un prisonnier, ou de toute autre infraction, aux règlements de la maison, les moyens que le préposé en chef pourra employer, seront :

1° La cellule obscure pendant cinq jours au plus ;

2° La privation du travail ;

3° La mise au pain et à l'eau pendant cinq jours au plus ;

4° Une retenue de la part qui lui aurait été allouée sur les travaux ou sur son dépôt d'argent à la caisse de la maison ;

5° L'interdiction de communiquer avec ses parents et amis.

Le préposé en chef pourra employer tout ou partie de ces moyens de correction selon les cas.

Il pourra de même ordonner la mise aux fers en cas de violence grave et de fureur.

Dans tous les cas, il en rendrait compte dans le délai et selon les fornies qui seront déterminées par une ordonnance du roi portant règlement d'administration publique.

Chaque mois, le préposé en chef de la maison rendra compte par écrit au procureur-général des peines disciplinaires qui auront été infligées aux prisonniers.

« Il existe, dans la loi qui régit le pénitencier de
« Wethersfield, dit M. Demetz (*Rapports sur les péni-*
« *tenciers des États-Unis, page* 21), une disposition qui
« doit singulièrement contribuer au maintien de la dis-
« cipline, et sur laquelle nous aurons plus tard occasion
« de revenir. Cette disposition consiste en ce que, cha-
« que fois que les détenus sont condamnés pour infrac-
« tion à passer quelques journées dans l'isolement sans
« travail, ces journées ne comptent pas pour le temps de
« leur peine : elles sont ajoutées à sa durée. Ainsi, si
« un prisonnier condamné à deux ans, a, durant ce
« temps été quinze jours dans l'isolement, il fera deux
« années et quinze jours de détention.

« C'est l'application la plus large d'un principe gé-
« néralement adopté aux États-Unis, que le prisonnier
« est l'esclave de la peine, que son travail appartient à
« l'État ; aussi ajoute-t-on à sa détention le temps qu'il
« a passé dans l'oisiveté par sa faute. »

Cette mesure me paraît excellente, et j'aurais désiré qu'elle eût été reproduite dans l'art. 45, par l'adoption d'une disposition qui eût décidé que toute journée passée sans travail ou dans la cellule obscure, par suite d'une condamnation disciplinaire, ne compterait pas dans la peine du détenu auquel ces moyens de correction seraient appliqués. La crainte de voir allonger par sa faute la durée de sa détention, mettrait un frein à l'insubordination du condamné et le maintiendrait dans l'obéissance à la discipline.

Enfin, je ne trouve pas la gradation des châtiments convenablement établie dans l'article 45 du projet, et, commençant par le plus faible, j'aurais préféré qu'elle le fût ainsi qu'il suit :

1° La mise au pain et à l'eau pendant cinq jours au plus ;

2° L'interdiction de communiquer avec ses parents et amis ;

3° Une retenue de la part qui lui aurait été allouée sur les travaux ou sur son dépôt d'argent à la caisse de la maison ;

4° La privation de travail ;

5° La cellule obscure pendant cinq jours au plus (1).

Le préposé en chef pourra, etc.

CHAPITRE IV.

Exposé de quelques idées sur un mode d'organisation des prisons ayant pour base l'emprisonnement individuel.

J'ai annoncé qu'il me paraissait possible de simplifier beaucoup l'organisation des maisons destinées à recevoir les divers détenus suivant les nouvelles distinctions établies par le projet de loi : c'est le moment d'exposer quelques idées sur cet objet.

Il me semblerait avantageux de choisir, parmi les maisons centrales actuellement existantes, celles qui pourraient être appropriées au nouveau régime de l'emprisonnement individuel de jour et de nuit, et de les consacrer

(1) Ce dernier châtiment entraîne nécessairement la privation du travail.

9

à recevoir les condamnés aux travaux forcés et les condamnés à la reclusion pour plus de cinq ans, c'est-à-dire,
pour plus de trois ans et neuf mois, aux termes de l'art.
33 du projet de loi voté par la Chambre des députés.

Il serait en outre créé, par chaque département, une
prison générale dans laquelle seraient détenus, 1° tous
les condamnés aux assises du chef-lieu dont la peine
serait le minimum de la reclusion (cinq ans, aux termes
du Code pénal, trois ans et neuf mois aux termes de l'article dont je viens de parler, ou un emprisonnement qui
n'excéderait pas cinq ans); 2° Tous les condamnés correctionnels du département dont la peine serait de trois
mois au moins, et de cinq ans au plus. Ce mode d'emprisonnement, pour ces deux catégories de détenus,
aurait pour résultat de laisser le condamné à proximité
des visites et des conseils des personnes qui s'intéresse-
raient à lui, ou même de sa famille, s'il était jugé que
ces dernières relations dussent être sans danger.

Conformément à l'esprit et aux dispositions de ce
même projet, il existerait, dans chaque maison centrale, des quartiers distincts pour les condamnés aux
travaux forcés, pour les reclusionnaires, pour les différents sexes et pour les enfants, lorsque ces diverses
classes de détenus se trouveraient réunies dans la même
maison : cette distinction de quartiers existerait également dans les prisons départementales, pour les reclusionnaires, pour les condamnés correctionnels, pour les
inculpés, prévenus et accusés, ainsi que pour les différents sexes et pour les enfants.

Quant aux maisons centrales actuellement existantes,

dont la distribution se refuserait à ce qu'on les appropriât au système d'emprisonnement de nuit et de jour, il ne serait sans doute pas impossible de les disposer pour les condamnés à plus de dix ans qui ne devraient pas être soumis au régime de la séparation de jour durant les premières années de leur peine, si la mesure que j'ai proposée à leur égard était adoptée, ou qui cesseraient d'y être soumis, après dix ans, si au contraire la disposition consacrée par l'art. 36 du projet prévalait. Les ateliers organisés dans ces maisons serviraient au travail en commun et, les conditions d'espace ainsi que la nécessité de mettre obstacle aux relations entre prisonniers étant moins impérieuses, on pourrait, au moyen de murs de refend, distribuer les dortoirs en cellules. En cas d'insuffisance de ces dernières maisons, quelques-uns des bagnes qui, en exécution du projet de loi et conformément à ma manière de voir, devraient être supprimés, pourraient encore recevoir la même appropriation.

De la sorte, les condamnés aux travaux forcés, et les condamnés à la reclusion pour un temps qui, réduit en vertu de l'art. 33, excéderait encore trois ans et neuf mois, seraient soumis, presque immédiatement et sans dépenses trop onéreuses, au régime de la nouvelle loi: il ne resterait donc plus qu'à construire un pénitencier dans chaque département et, pour ceux dans lesquels cette construction se ferait attendre, les condamnés au minimum de la reclusion ainsi que les condamnés correctionnels à plus d'un an, seraient, jusqu'à nouvel ordre, détenus dans les maisons de reclusion.

Le pénitencier de Tours compte cent dix-huit cellules, et il a coûté trois cent seize mille francs de construction (1), y compris les bâtiments de l'administration, les promenoirs, le logement de l'aumônier et la prison pour dettes, qui seule peut être comptée dans la dépense pour vingt mille francs; chaque cellule revient donc à une somme de 2,678 francs (2).

La moyenne de sa population qui a varié de 37 à 97, est de 60 détenus; mais il faut dire qu'elle s'est trouvée accidentellement augmentée par la présence, dans l'arrondissement, d'un grand nombre de malfaiteurs et gens sans aveu attirés par les travaux du chemin de fer, et que, cette cause cessant, l'effet cessera également : je dois faire remarquer encore qu'un certain nombre de condamnés à un an et au-dessous par les tribunaux de Loches et de Chinon ont été transférés dans ce pénitencier par suite d'une mesure administrative; qu'enfin jusqu'à ce jour, les condamnés à l'emprisonnement de simple police y ont également subi leur peine et que la construction d'une prison municipale mettra bientôt un terme à cet état de choses, quant à ces derniers, et sera une nouvelle cause de diminution dans cette population sur le chiffre de laquelle l'adoption probable d'une proposition

(1) Voir la notice à la fin de l'ouvrage.

(2) Il faudrait, il est vrai, ajouter environ six cent trente-six francs pour acquisition du terrain, ce qui donnerait un total de trois mille trois cent quatorze francs par cellule; mais, il est bon de faire observer, d'une part, que ce pénitencier est construit dans le plus beau quartier de la ville, dans celui dès lors où le prix des terrains est le plus élevé, et, d'autre part, qu'il occupe un espace de soixante-onze ares, lorsque les deux tiers de cette superficie auraient largement suffi à toutes les exigences.

présentée à plusieurs sessions législatives, adoptée même dans celle de 1843, et ayant pour but de garantir la liberté individuelle, pourrait encore exercer une influence, en diminuant le nombre des détentions préventives.

La présence dans le pénitencier de Tours des condamnés par la cour d'assises au minimum de la reclusion, n'augmenterait pas de plus de 15 détenus la moyenne de 60 que je viens d'indiquer.

Le tableau suivant me servira à établir cette proposition (1) :

Condamnés à cinq ans de reclusion de 1837 à 1842 inclusivement.

1837....460. dans ce chiffre Paris figure pour 45. Les autres dép. pour 415.		
183°....489.	47.	442.
1839....471.	37.	434.
1840....532.	57.	475.
1841....445.	40.	405.
1842....4'0.	52.	358.
Total. 2807.	Total. 278.	2529.

Le minimum de la reclusion devant être réduit d'un quart, en vertu de l'art. 33 du projet de loi, ainsi que je l'ai déjà dit, ce total de 2,529 condamnés, pendant six

(1) Ce tableau n'embrasse que six années, les comptes généraux de la justice criminelle antérieurs, dans les tableaux présentant le nombre des condamnés dans chaque département avec indication des peines prononcées, ne distinguant pas les diverses gradations entre le minimum et le maximum des peines temporaires, ce qui me mettait dans l'impossibilité de déduire du total des condamnations à la reclusion pour cinq ans, celles prononcées par la cour d'assises de la Seine.

années à la reclusion pour cinq ans, dans les 85 départements autres que celui de la Seine, devra également être réduit d'un quart, et il ne restera, en définitive, qu'un total de 1897 qui, divisé par 6, donnera, pour chacune de ces six années, une moyenne de 316 qui, répartie à son tour, entre 85 départements, présentera enfin, pour chacun, une moyenne d'un peu plus de 3 condamnés 75[100ᵉ, et, multiplié par cinq années, durée du minimum de la reclusion, ce dernier chiffre produira donc, dans chaque pénitencier de département, une augmentation moyenne de 18 détenus 75[100ᵉ. Cette moyenne serait très-probablement moindre pour celui de Tours, car les comptes généraux n'établissent qu'un total de 19 condamnés à cinq ans de reclusion par la cour d'assises d'Indre-et-Loire de 1837 à 1842 inclusivement, et ce chiffre, réduit d'abord d'un quart et divisé ensuite par 6, ne produit que 2 condamnés 38[100ᵉ environ par an, ou 11 condamnés 90[100ᵉ pour cinq années.

On peut donc supposer, je crois, que les cent dix-huit cellules de ce pénitencier suffiraient pour contenir : 1° les inculpés et prévenus de l'arrondissement de Tours ; 2° les accusés des trois arrondissements qui doivent être jugés aux assises du chef-lieu ; 3° les condamnés à ces assises au minimum de la reclusion ou à un emprisonnement n'excédant pas cinq ans, ainsi que les condamnés par le tribunal correctionnel à un emprisonnement de cinq ans au plus : 4° et enfin, les condamnés correctionnels des autres arrondissements dont le minimum de la peine serait au-dessus de trois mois et dont le maximum n'excéderait pas cinq années. J'aurais désiré établir

également par des chiffres ma proposition quant aux condamnés correctionnels ; je me vois forcé de confesser
qu'il m'est impossible de livrer ici autre chose que des
conjectures. Une peine, dont le minimum est de 24 heures, dont le maximum ordinaire est de cinq ans, et dont
l'application peut varier à l'infini entre ces deux limites
extrêmes, m'a semblé se refuser à tous calculs et lorsque
je me serais trompé à cet égard, j'aurais encore rencontré un obstacle insurmontable dans ce fait, que les comptes
généraux de la justice criminelle se bornent à indiquer
le nombre des condamnations par chaque département,
et n'en font pas une sous-répartition par arrondissement.

Rien ne démontre d'une manière positive, m'objectera-
t-on sans doute, que cent dix-huit cellules pussent renfermer tous les détenus dont vous venez de faire l'énumération et peut-être ce nombre devrait-il être dépassé. Je
l'admets, et je le porterai à cent cinquante pour le département d'Indre-et-Loire ; cela fait, il me semble que
ce chiffre pourra être considéré comme une moyenne convenable pour chacun des quatre-vingt-cinq départements
du royaume (1) (je ne parle pas du département de la
Seine, qui est pourvu de prisons de toute nature et auquel il reste peu à faire); en le multipliant donc par 85,
on aura un total de 12,750 cellules; si celles du pé-

_____

(1) Si cette moyenne était reconnue insuffisante, on verra plus loin que, dans
mes calculs, j'arrive à un nombre total de 12,000 cellules tant pour les prisons
d'arrondissement et les pénitenciers de département que pour les maisons de
travaux forcés et de réclusion. Il ne s'agirait donc alors que d'augmenter le nombre des cellules des pénitenciers de département en diminuant celui des cellules
des maisons de travaux forcés et de réclusion, ce qui, loin d'accroître la dépense,
aurait un résultat contraire, les premières coûtant moins cher que les autres.

nitencier de Tours ont coûté 2,678 francs sans le terrain, 3,314 francs avec le terrain, que des circonstances particulières, ainsi que je l'ai dit, ont fait porter au prix le plus élevé, on peut, sans encourir le reproche de dissimuler la dépense, établir la moyenne des frais de construction de ces 12,750 cellules, terrain compris, à 3,000 francs, et dès lors elles coûteraient une somme totale de 38,250,000 ; mais dans beaucoup de localités, l'emplacement et les matériaux des anciennes prisons pourraient se prêter à une reconstruction, et, dans ces localités, la dépense serait bien inférieure ; puis, sur les 12,750 cellules des pénitenciers de département, il faudrait nécessairement déduire d'abord les prisons déjà construites pour le nouveau système ou pour la construction desquelles les ressources sont créées et qui présentent, a dit M. le ministre de l'intérieur, un total de 2,665 cellules ; ensuite, 4,000 cellules qu'on pourrait obtenir par l'appropriation des divers locaux existants, et qui ne devraient coûter que 1,200 fr. l'une (1) ; il ne resterait donc à construire, pour les prisons départementales, que 6,085 cellules présentant, au plus haut chiffre, une dépense de 18,255,000 francs, à laquelle somme on ajouterait 4,800,000 francs pour l'appropriation des 4,000 cellules dont je viens de parler ; total : 23,055,000 francs ; mais cette dernière somme devrait encore être réduite de 3,000,000 (2) au moins, valeur des maisons départementales actuelles, à

(1) *Chambre des députés, Moniteur du 26 avril 1844.*

(2) Id., id., *Moniteur du 27 avril 1841*, rectification au compte rendu de la séance du 26.

supposer que leur emplacement se refusât d'une manière insurmontable à la distribution ou à la reconstruction dont je viens de parler, resterait donc, en définitive, une dépense de 20,055,000.

Quant aux arrondissements autres que le chef-lieu de cour d'assises, une moyenne de vingt-cinq cellules, et peut-être moins, suffirait pour renfermer les inculpés, les prévenus, les accusés ayant leur translation dans la prison de la cour d'assises, et enfin, les condamnés correctionnels dont le maximum de la peine ne dépasserait pas trois mois. Comme ces cellules seraient destinées à des individus pour lesquels, à raison du peu de temps qu'ils devraient y rester, les communications de détenu à détenu offriraient moins de dangers, les précautions à prendre pour les prévenir seraient moins rigoureuses, la surveillance plus facile par le petit nombre des prisonniers, et, dès lors, presque toutes les prisons actuelles de ces arrondissements pourraient aisément, et à peu de frais, être appropriées à leur nouvelle destination par de simples distributions dont partie, au moyen de murs de refend, et partie, au moyen même de doubles cloisons entre lesquelles on laisserait un interstice de quelques centimètres pour empêcher la transmissibilité du son. N'ayant aucun document pour établir le chiffre de la dépense qu'occasionnerait cette appropriation, je n'en parle ici que pour mémoire. Les deux cent soixante-quinze tribunaux non chefs-lieux de cours d'assises donneraient encore 6,878 cellules, qui, réunies aux 12,750 des prisons départementales, présenteraient un total de 19,628 cellules.

La population des détenus formant un effectif d'envi-

ron 45,000 individus répartis savoir : 7,000 dans les
bagnes ; 19,000 dans les maisons centrales et autant à
peu près dans les maisons départementales (1), le nombre des cellules nécessaires pour les renfermer étant,
selon M. de Tocqueville, de 42,000 (2) ; il ne resterait plus à construire pour *les maisons de travaux forcés* et pour *les maisons de reclusion* que 22,375 cellules ;
mais il ne faut pas oublier que, sur les 22,375 détenus
auxquels elles seraient destinées, un certain nombre encore, condamnés à plus de dix ans, ne seraient, aux
termes de l'art. 36 du projet de loi, soumis qu'à l'encellulement de nuit, soit avant, soit après les dix premières
années de leur peine écoulées ; que, parmi les autres,
un certain nombre aussi pourrait, en vertu de l'art. 33
du même projet, voir réduire par les tribunaux, au dessous de dix ans, le temps pendant lequel ils seraient
soumis à l'emprisonnement individuel de jour et de nuit ;
si l'on réunit ces deux catégories de détenus à ceux qui,
n'étant condamnés qu'au minimum de la reclusion, devraient, conformément aux idées que j'ai exposées à ce
sujet, subir leur peine dans les pénitenciers de départements, il ne me semble pas déraisonnable de supposer
que, sur les 26,000 condamnés aux travaux forcés, à la reclusion ou à un emprisonnement qui, par sa durée, donne
lieu à la translation dans la maison centrale de l'individu
auquel il est infligé, la moitié à peine et peut-être moins
encore, serait soumise à l'isolement de jour et de nuit

(1) M. Duchâtel, *Moniteur du 25 avril 1844.*
(2) *Moniteur du 27 avril 1844,*

pendant dix ans. Pour ces derniers, on l'a reconnu généralement, l'emprisonnement cellulaire devant se prolonger, il serait nécessaire de construire des cellules plus
spacieuses : supposons donc que la dépense de celles-ci
s'élevât, pour chacune, à 3,500 fr., elle produirait, pour
13,000 cellules, 45,500,000 f. (1). Sur les 22,375 cellules pour les condamnés des bagnes et des maisons
centrales, 9,375 resteraient encore à construire; destinées à des individus qui, le jour, travailleraient en commun dans des ateliers, ces dernières pourraient être éva-
luées, comme les cellules des prisons départementales,
à une dépense de 3,000 fr. l'une; leur construction coû-
terait donc une nouvelle somme de 28,125,000 fr., qui,
réunie à la première, formerait, pour *les maisons des
travaux forcés et les maisons de reclusion*, une dépense
totale de 73,625,000 fr.; mais, sur cette somme totale, il

(1) M. de Tocqueville évaluant à 16 mètres cubes la quantité d'air nécessaire
dans chaque cellule, celles du pénitencier de Tours en contenant environ 35 mètres cubes, c'est-à-dire plus du double, j'aurais pu adopter pour moyenne de la
dépense qu'occasionnerait la construction de ces 13,000 cellules une somme de
2,000 fr., pour chacune d'elles; M. Duchatel a déclaré, dans les termes suivants,
que cette moyenne ne devait pas dépasser 2,500 fr., : « au-dessus des calculs, il y
« a un juge suprême, il y a les faits accomplis. Il résulte des adjudications déjà
« faites, que le prix moyen ne dépassera pas 2,500..... Pour les prisons déjà cons-
« truites, il ne peut y avoir de doute, la dépense est liquidée. Je vais en donner
« l'énumération à la chambre, elle verra que ces prisons sont placées dans des
« conditions très-diverses, et que par conséquent l'ensemble des faits qui s'y
« rapportent peut fournir une moyenne suffisamment exacte : ce sont les prisons
« de Saint-Quentin, de Montluçon, de Bordeaux, de Bazas, de Tours, d'Abbe-
« ville, de Montdidier, de Péronne. Ces prisons ont coûté environ 1,500,000 fr.;
« elles contiennent 596 cellules, c'est à peu près 2,508 francs par cellule. »
(*Moniteur du* 26 *avril* 1844.) En la portant à 3,500 fr., emplacement compris,
je crois avoir fait la plus large part possible à toutes les éventualités et à toutes
les exigences.

faudrait également déduire : « 1° Un capital d'environ
« 5,000,000 fr. réalisé en rentes qui appartient aujour-
« d'hui aux maisons centrales, et qui a été accumulé
« pour servir à la construction de nos prisons ; 2° la va-
« leur des maisons de détention évaluée à 5,000,000
« fr. » (1) : resterait donc en définitive, pour cet objet,
une dépense d'environ 63,625,000 fr. qui, jointe aux
20,055,000 fr. nécessaires à la construction des prisons
départementales, ne présenterait, en resumé, selon moi,
pour la généralisation du système pénitentiaire, en
France, qu'une dépense totale de 83,680,000 fr., à
laquelle il faudrait ajouter, il est vrai, une somme quelconque pour l'appropriation des prisons d'arrondissement ; mais, d'un autre côté, je n'ai fait entrer en ligne
de compte ni la valeur des bagnes qui seraient supprimés, ni la diminution que l'on obtiendrait en utilisant
les maisons centrales qui pourraient se prêter à l'encellulement de nuit, avec travail en commun, des condamnés à plus de dix ans ou de ceux dont l'emprisonnement
de jour et de nuit aurait été réduit au dessous de ce
terme, en vertu de l'art. 33 (2), et l'on peut supposer,

(1) M. Duchâtel, *Moniteur du 26 avril* 1844.

(2) Si l'on prétendait, en songeant à l'élasticité proverbiale avec laquelle les
chiffres se prêtent à toutes les combinaisons, que j'ai atténué les dépenses qu'en-
trainerait la généralisation du régime cellulaire, je ferais observer que j'ai éva-
lué la construction des cellules à 3,000 fr. pour les unes, à 3,500 fr. pour les
autres, tandis que M. de Tocqueville, rapporteur du projet de loi, a déclaré à
la tribune que cette dépense devrait être circonscrite entre 2,000 et 2,700 fr. Les
nouvelles prisons de Bordeaux contiennent 172 cellules, la dépense était évaluée
à 550,000 f. (*Presse du 7 août* 1845), et elle ne s'est élevée qu'à 508,000. (M. Vatout,
Moniteur du 9 mai 1844), ce qui donne une somme d'un peu moins de 3,000 fr.
par cellule.

je pense qu'il y aurait au moins compensation sous ce dernier rapport (1).

Enfin, j'aurais pu faire valoir une considération qui, sans atténuer réellement la dépense, la rendrait moins sensible, c'est que, dès à présent, et même sans rien changer à notre système pénitentiaire, les prisons actuellement existantes doivent nécessiter des réparations éva- luées par M. de Tocqueville à une somme de 9 millions, et de 10 millions par M. le Ministre de l'intérieur, qui s'est exprimé en ces termes :

« Si des maisons centrales nouvelles ne sont pas cons-
« truites, qui permettent de diminuer dans les maisons
« actuelles le trop grand nombre de prisonniers, il fau-
« dra des travaux d'appropriation et d'assainissement
« dans plusieurs de ces maisons, que des calculs faits
« avec soin par l'administration ne portent pas à moins
« de 10 millions. » (*Moniteur du* 27 *avril* 1844).

J'ai établi la moyenne de cent cinquante cellules pour les prisons départementales : l'expérience ayant démon-

(1) En dehors des 42,000 cellules, base de mes calculs, j'ai laissé les prisons déjà construites du département de la Seine qui viendraient encore en déduction de ce nombre, on peut donc affirmer que la dépense ne dépasserait pas 85,000,000 francs, qu'elle serait même au-dessous, et que c'est à tort que quelques orateurs à la chambre l'ont portée à 150,000,000 et même 200,000,000; mais, les calculs qui précèdent fussent-ils erronés, je persisterais encore à soutenir la nécessité d'a- dopter l'emprisonnement individuel en rappelant ces paroles prononcées à la tri- bune par M. le rapporteur de la commission : « S'il existait un système qui dimi- « nuât le nombre des crimes, qui assurât votre existence, votre propriété, votre « honneur, l'honneur de vos enfants, assurément, si un pareil système devait « produire de pareils effets, vous ne regarderiez pas, vous qui consacrez avec « une facilité, que je ne blâme pas, un si grand nombre de millions aux progrès « de la vie matérielle, vous n'hésiteriez pas, j'ose le dire, à payer très-cher « des avantages aussi grands. » (*Moniteur du* 27 *avril* 1844.)

tré que la réunion d'un trop grand nombre de détenus
dans le même pénitencier s'opposait, d'une manière
presque insurmontable, à une bonne et vigilante administration, qu'il en naissait de nombreuses difficultés
pour la visite des prisonniers par le directeur, pour leur
promenade quotidienne dans les préaux, pour leur instruction et la démonstration d'un état manuel, pour le
maintien du bon ordre, pour les soins à donner, par
le médecin, à leur santé, et par l'aumônier, à leur moralisation, etc.... dans aucune *maison de travaux forcés
ou de reclusion*, le nombre des détenus ne devrait être au-
delà de cinq cents, chiffre généralement reconnu comme
pouvant se concilier avec toutes les exigences que je viens
d'indiquer. Si ce n'était même la crainte d'élever outre
mesure les frais généraux d'administration, j'inclinerais
pour que le nombre des détenus renfermés dans le même
pénitencier ne pût jamais dépasser trois cent cinquante.

Vainement réformera-t-on le régime de nos prisons,
vainement construira-t-on des pénitenciers en nombre
suffisant pour contenir tous les inculpés, prévenus, accusés et condamnés; l'adoption de l'isolement entre les
détenus ne pourra produire les résultats de moralisation
qu'à juste titre, on doit en attendre, qu'autant que l'administration supérieure dont le zèle est bien connu sera
secondée par un personnel probe, intelligent et dévoué
à sa mission. Il est indispensable que les gardiens d'un
pénitencier exercent, par la douceur, la patience et la
raison alliées à l'équité et à la fermeté dans l'accomplissement de leurs devoirs, une influence sur l'esprit du

prisonnier : il faut que ce dernier sache bien que, quelle que soit la résistance qu'il apportera aux réglements disciplinaires, sans colère, sans emportement, avec une volonté ferme et inflexible comme celle de la loi, on le contraindra à les observer parce que force doit rester à l'autorité. Il y aurait de graves inconvénients à ce que les agents de l'administration eussent recours à la violence, à la brutalité, au mensonge ou à d'autres moyens qu'ils n'oseraient loyalement avouer. Pendant une visite que je faisais, un jour, au penitencier de Tours, une pierre, lancée de l'un des préaux, alla briser une vitre dans une maison voisine : un gardien, qui depuis a quitté l'établissement ou en a été renvoyé, accusant de ce méfait l'un des prisonniers enfermés dans ces préaux, qu'il soupçonnait plus particulièrement d'en être l'auteur, le menaça de lui faire payer le carreau brisé, en lui affirmant qu'il l'avait vu lancer le projectile, chose qui pouvait être d'autant plus douteuse qu'entre le préau et la maison dans laquelle le carreau avait été brisé, se trouve une rue d'où des enfants pouvaient avoir lancé la pierre; de son côté, le détenu persista à nier énergiquement sa culpabilité. Ce fait que je signale paraitra peut-être bien minime, bien puéril même, et pourtant, il m'a semblé avoir une véritable importance : si le prisonnier soupçonné était réellement innocent, il était évident pour lui que le gardien soutenait à tort lui avoir vu commettre le délit qu'il lui reprochait; en conséquence, cet homme dont la mission était de le moraliser, en lui donnant l'exemple de la justice et de la probité, perdait toute influence sur son esprit; car il était convaincu de mensonge flagrant, c'est-à-dire, surpris faisant un acte de malhonnête homme. On comprendra, dès lors, combien l'autorité supérieure devra se montrer scrupuleuse dans le choix des agents qu'elle charge de l'administration des prisons, et quelle sollicitude elle devra mettre à ce qu'ils soient d'une moralité à l'abri de tout reproche. L'un des principaux moyens d'y parvenir, serait, je pense, de les rétribuer convenablement, de les entourer d'une certaine considération, et d'établir une hiérarchie entre eux : de la sorte, les bons choix seraient plus faciles et, tenant à juste titre, à cette considération, ils veilleraient scrupuleusement à ce qu'aucun d'eux n'y portât atteinte par sa conduite. « En « exposant l'organisation des nouveaux établissements, « disent MM. de Beaumont et de Tocqueville, nous avons « été frappés de l'importance qu'on attache au choix des « individus qui les dirigent. Aussitôt que le système pé-« nitentiaire parait aux États-Unis, on voit le person-« nel changer de nature. On ne trouvait que des hommes « vulgaires pour être geôliers d'une *prison* ; les hommes « les plus distingués se présentent pour administrer un « *pénitencier* où il y a une direction morale à impri-« mer. » (*Du système pénitentiaire aux États-Unis, tome* 1er, *page* 228).

Il ne saurait être douteux que l'adoption en France de la réforme pénitentiaire ne dût amener les mêmes changements dans le personnel de l'administration des prisons.

Si le choix du directeur surtout est chose importante, celui de l'aumônier ne l'est pas moins. Non-seulement les consolations de la religion peuvent donner la force et la

résignation nécessaires pour supporter l'emprisonnement
individuel; mais, sans son concours, la réforme du condamné serait impossible.

Dans un écrit intitulé : *Considérations sur l'influence
de la religion dans les maisons centrales de force et de
correction*, écrit où se trouvent retracés les devoirs des
aumôniers des prisons et la ligne de conduite qu'ils doivent se proposer, un digne ecclésiastique aussi connu
par son dévouement à consoler les infortunes des détenus
que par ses talents, et qui s'est trouvé mieux à même que
tout autre d'apprécier le pouvoir de la religion sur leur
esprit, puisqu'une partie de son existence s'est écoulée
au milieu d'eux, M. l'abbé Laroque a établi cette vérité
dans une page éloquente qu'on me saura gré sans doute
de reproduire ici :

« La puissance de la religion est telle qu'une admi-
« nistration, si habile qu'elle puisse être, ne pourra
« jamais produire un bien durable, si elle ne s'appuie
« sur les enseignements de cette religion. A force de
« précautions matérielles, de punitions, vous parvien-
« drez par la crainte à obtenir de l'ordre dans les mai-
« sons de détention ; mais, dans votre philantropie,
« vous aurez beau essayer de verser dans l'âme du détenu
« les soulagements de la raison, les consolations de la
« philosophie, tous vos efforts seront vains, tous vos
« adoucissements se changeront en amertume, et, au
« lieu d'alléger leurs maux, vous ne ferez que les aggra-
« ver. Vous pourrez les exhorter à la patience, mais non
« la leur donner ; leur en faire sentir les avantages, mais
« non leur en présenter les motifs ; leur en montrer la

10

« nécessité, mais non leur en apporter les moyens. Il
« arrivera enfin que vous leur laisserez pour unique
« consolation l'impuissance de se soustraire à leurs maux ;
« pour unique espoir, l'anéantissement, et pour dernière
« ressource, le suicide (*page* 8.) »

L'espoir d'obtenir quelque faveur ou même quelqu'a-
doucissement à sa peine pourra suggérer au détenu les
démonstrations hypocrites d'un repentir simulé. L'aumônier devra donc se prémunir contre les entraînements
d'une charité trop confiante qui lui inspirerait le besoin
si naturel de constater des conversions, lorsque leur
sincérité ne serait pas éprouvée par une persévérance,
soutenue dans la nouvelle voie où celui-ci serait entré. Pour
éviter des déceptions et déjouer des calculs intéressés,
il n'aura pas de meilleur moyen que de se renfermer
scrupuleusement dans l'exercice de son ministère et de
suivre ce sage conseil du même ecclésiastique.

« Mais avant tout, et nous ne saurions trop le répéter,
« il est de nécessité absolue que l'aumônier ne soit pas
« même soupçonné de s'immiscer dans les affaires de
« l'administration, ni directement, ni indirectement. De
« quelque manière qu'agisse l'autorité, quelque rigou-
« reuses que soient les peines qu'elle impose, les plaintes
« du détenu ne doivent être, avec l'aumônier, que le sujet
« d'exhortations religieuses et de consolations pour le
« détenu. Au prisonnier qui se plaint ou murmure, l'au-
« mônier doit n'avoir autre chose à présenter que la croix,
« d'autres paroles que celles de la croix. » (*Id.*, *Id.*,
page 19.)

« A l'article 24 du projet de loi, j'ai annoncé que

je reparlerais du produit du travail des condamnés ; je vais le faire en peu de mots.

Lorsqu'à l'occasion d'un crime auquel il est entièrement étranger, et par suite d'apparences fatalement trompeuses, un innocent est arrêté, il éprouve trop souvent dans sa fortune et sa réputation un préjudice de ce que le vrai coupable soit resté ignoré, préjudice dont tous les condamnés doivent être solidairement responsables, puisqu'il résulte du fait d'un criminel comme eux.

Tout en approuvant donc le principe que le produit du travail des condamnés appartient à l'Etat, et la disposition de l'art. 24 du projet, qui néanmoins leur en attribue une portion, ne pouvant excéder les $3/10^{mes}$, les $4/10^{mes}$ ou les $5/10^{mes}$, suivant que leur peine sera les travaux forcés, la réclusion ou l'emprisonnement, je désirerais que, soit sur la part revenant à l'Etat, soit sur celle accordée aux condamnés, ou même sur l'une et sur l'autre, on prélevât une quotité quelconque destinée à former une *caisse de secours* pour ceux qui, par suite d'une erreur judiciaire reconnue plus tard, subiraient une condamnation ou même une détention préventive qui les priverait de toute ressource. Ils ne pourraient toutefois prétendre à ce secours qu'autant que leur droit à l'obtenir serait reconnu, dans le premier cas, par l'autorité administrative, dans le second, par la chambre du conseil, sur le rapport du juge d'instruction et les conclusions du ministère public. De la sorte, on trouverait des garanties contre une trop grande facilité à accorder ces secours, et les intérêts de la caisse seraient sauve-gardés.

L'Etat, qui représente un être collectif, qui est la com-

munauté de tous les intérêts, auquel, nous dit M. de Lamartine, toutes les civilisations, antiques ou modernes,
ont affecté le titre le plus beau, celui de *providence du
peuple*, et qui, dès lors, doit venir en aide à toutes les
infortunes, et réparer, autant qu'il est en lui, les injus-
tices souffertes dans l'intérêt commun, n'éprouverait pas,
de ce sacrifice, un préjudice qui puisse entrer en balance
avec les avantages qu'il produirait. En voyant que, pour
le malheur immérité, il serait encore quelques sympathies
et quelques soulagements à espérer, celui dont une erreur
judiciaire serait venu causer la détresse reprendrait courage et bénirait l'institution qui pourvoirait ainsi à ses
premiers besoins. Lors de la discussion du projet de loi
sur la réforme des prisons, sans formuler aucune proposition, M. Lherbette a appelé l'attention de la chambre
sur le même objet. (*Moniteur du 7 mai 1844*) (1).

Je ne terminerai pas cet exposé sans m'occuper d'une
question qui a fixé l'attention des publicistes. Je veux parler de la protection dont il faudrait entourer le condamné
libéré, protection sans laquelle toutes les bonnes résolutions arrêtées dans la cellule se dessécheraient comme un
fruit naissant sous les atteintes d'un souffle destructeur.
Je pourrais peindre ici tous les obstacles qu'au sortir de
sa prison le libéré éprouve pour trouver du travail, toutes
les répulsions dont il est l'objet, toutes les craintes qu'il
inspire; mais je préfère laisser un de ces malheureux

(1) Dès l'année 1836, M. Demetz avait conçu la pensée d'un établissement destiné à offrir, pendant un certain nombre de jours, un asile aux prévenus acquittés,
à leur sortie de prison, afin de leur donner le temps de se procurer de l'ouvrage,
ce mode lui paraissant préférable à des secours pécuniaires, et depuis huit ans
cette institution offre les meilleurs résultats. (Voir sa brochure intitulée *Projet d'établissement d'une maison de refuge pour les prévenus acquittés, à leur sortie de prison*).

tracer ce sombre tableau, et faire le procès au régime auquel les condamnés sont soumis après leur libération. Je me borne donc à reproduire la défense présentée par un condamné libéré, traduit, sous la prévention de rupture de ban, devant le tribunal correctionnel de la Seine :

« . . . . Telles sont les défiances et les réproba-
« tions sociales, qu'elles repoussent le libéré qui a subi
« sa peine et lui dénient cet oubli de sa faute, cette in-
« dulgence dont il aurait besoin pour persévérer dans le
« bien; la loi n'a voulu que lui infliger une punition tem-
« poraire, elle lui rouvre les portes de la prison : « Ren-
« *trez au sein de la société!* » et la société le repousse;
« la loi pardonne, l'opinion publique demeure inflexible;
« contradiction étrange et cruelle! Averti par l'expé-
« rience, par le châtiment, vainement le libéré voudrait
« revenir à des sentiments meilleurs; vainement il se
« présente demandant sa place au soleil et le moyen de
« gagner sa vie : « *Que d'honnêtes gens*, lui dit-on,
« *qui manquent de travail; qu'il aille en chercher ail-*
« *leurs.* » Exaspéré par le mépris public, sollicité par
« les habitudes et les souvenirs de sa vie passée, par les
« mauvais conseils de la faim, il s'abandonne sans re-
« tour, et bientôt sans remords, à cette vie de désordres
« que semble faire peser sur lui une inexorable fatalité! »

« Loin de moi, Messieurs, de vouloir affaiblir ce qu'a
« de légitime la salutaire horreur que le crime inspire;
« mais, de l'œil, de la pensée, plongeant dans mon ave-
« nir, il m'est permis au moins de signaler mes craintes
« et les lacunes de nos institutions pénales. Ces dernières
« ouvrent pour le condamné les portes de la prison, et re-
« fusent de l'accueillir franchement; elles lui rendent la

« liberté, mais, sur les passeports qu'on lui délivre, elles
« impriment une désignation flétrissante : elles le sur-
« veillent, mais ne le protégent pas et l'entourent par-
« tout d'entraves.

« Ah! Messieurs, nous tous qui sommes rentrés dans
« la société, avec le désir de devenir honnêtes gens, de
« recommencer une vie nouvelle, nous n'avons pas trouvé
« un seul de nos anciens amis qui ne nous ait reniés, pas
« un de nos compagnons de bureau ou d'atelier qui ait
« osé parler pour nous à nos patrons d'autrefois; pas
« un patron, pas un de ces maîtres de travail qui ait
« voulu nous accueillir; pas une main, enfin, qui ne se
« soit éloignée, quand nous avons tendu la nôtre. Les
« tentations qui nous ont poussés, nous pauvres, dans
« les prisons, nous attendaient sur le seuil, pour nous
« ramener au vice par la misère.

« Cependant, Messieurs, la loi chrétienne, comme la
« loi des hommes, a ses châtiments et ses anathèmes;
« mais que le coupable rachète sa faute par la pénitence,
« par le repentir, la loi divine lui pardonne; l'assemblée
« des fidèles s'ouvre de nouveau pour lui; en eux, il
« retrouve des frères; comme eux, à côté d'eux, il re-
« vient s'asseoir à la table sainte. C'est donc sur ce prin-
« cipe sublime du christianisme qu'est fondée, pour la
« société, l'obligation de procurer aux libérés tout à la
« fois des appuis, des garants, des censeurs, afin que la
« réhabilitation vienne ensuite les affranchir de cette sur-
« veillance, quand ils l'auront conquise, en donnant des
« preuves irrécusables de leur amendement.

« Telle est, Messieurs, l'obligation de la société; mais,
« qui, mieux que vous, sait comment elle s'en acquitte,

« ce qu'elle fait, ou plutôt, ce qu'elle ne fait pas; et c'est
« parce que cette société me repousse de son sein, qu'elle
« me refuse ma place au soleil, du pain pour mon travail,
« que je suis placé de nouveau sur le banc des accusés.

   « Ah! qu'une âme charitable, qu'une main bienfaisante
« s'avance vers moi et me dise : « Viens, et, en échange
« de ton travail, tu auras du pain! » Alors, Messieurs,
« vous verrez que ce cœur, qu'un seul antécédent fâcheux
« peut vous faire considérer comme corrompu, renferme
« encore des sentiments de reconnaissance qui ne s'étein-
« draient jamais, si on voulait les y faire naître. » (*Presse
du 2 novembre* 1844.)

   Ces accents d'angoisse, ces cris de détresse, cet appel
à une âme charitable qui lui donnât du pain en échange
de son travail, un homme qui a expié un crime commis
dans sa jeunesse, un homme dont j'ai déjà cité un des ouvrages plus haut, les faisait également entendre naguère,
et celui-là, pourtant, s'était fait un nom dans les lettres!
Il était plus à même qu'un autre de lutter contre la répro-
bation qui s'attache au titre de condamné et de la vaincre!
Voici la lettre qu'Hippolyte Raynal, auteur de *Malheur et
Poésie* et *Sous les verrous*, adressait aux journaux :

   « . . . . Il y a quinze ans, j'encourus une condamna-
« tion grave et méritée, sans doute, mais que le roi,
« dans sa clémence et à l'époque de son avénement au
« trône, voulut bien me remettre, afin de ne pas fermer
« à ma jeunesse toutes les issues de l'avenir.

   « Rendu à l'espérance par cet acte de bonté, j'entrepris
« dès lors de donner l'exemple d'une transformation mo-
« rale réputée presque impossible, et de nombreux et
« puissants témoignages, joints à ceux des autorités du

« petit pays que j'habite, sont en ma possession pour ré-
« pondre de la persistance et du succès avec lesquels mon
« dessein fut exécuté.

« Eh bien ! depuis quatorze ans, l'opinion ne m'a point
« encore affranchi de sa colère. Admis jusque dans les
« plus hautes régions de la société, j'ai rencontré partout
« de chaleureuses sympathies, chaque fois qu'il s'est agi
« de venir isolément en aide à mes efforts ; mais, ce que
« jamais je n'ai pu trouver nulle part, c'est un emploi qui
« me fît vivre, en me conservant la dignité que donne la
« conscience d'un salaire obtenu pour un devoir rempli.

« C'est là ce dont je me plains !

« Chaque jour, de nouvelles lois s'élaborent dans le
« but annoncé d'opérer, par la terreur et la solitude, l'a-
« mendement des coupables ; chaque jour, de nouvelles
« fanfares éclatent en l'honneur de l'opinion publique à
« laquelle on suppose des pardons pour tous les repen-
« tirs, de la charité pour toutes les résipiscences. Or,
« moi, qui sais seulement comment l'opinion punit, je
« demande quand elle pardonne.

« En bonne justice, on me doit une réponse, et voici
« comment je l'attends.

« La démarche que je tente aujourd'hui prouve que
« je ne redoute aucune investigation ; je m'adresse donc
« au public en masse, et lui déclare avec humilité qu'un
« homme dans la vigueur de l'âge, voulant pouvoir s'ex-
« pliquer l'utilité de la vie par celle du travail, offre ses
« bras, son intelligence et son zèle à quiconque, dispo-
« sant d'une occupation digne, se sentira le courage de
« donner à son tour l'exemple équitable d'une assistance
« noble à une noble expiation. »

Ainsi, la clémence royale a pu rendre à l'auteur de
cette lettre la liberté et même un peu d'espérance ; mais
ce fut tout, car il n'était pas en son pouvoir de faire oublier le passé ! Quant à du travail ! quant à des moyens
d'existence ! quant à du pain ! Peut-être attend-il encore
que quelque cœur généreux se sente, comme il le dit, le
courage de donner l'exemple équitable d'une assistance
noble à une noble expiation ! Repoussé par l'opinion
publique, il porte encore aujourd'hui la peine d'une erreur de jeune homme que quatorze ans de louables efforts
et d'une conduite sans reproche auraient dû racheter.

« Il est d'usage de croire, dit M. l'abbé Laroque, que
« les détenus sont impuissants pour le bien, et qu'en
« sortant de prison la plupart de ces malheureux repren-
« nent le cours de leurs désordres. Mais a-t-on bien
« apprécié les causes diverses qui les conduisent là ? Il
« est commode de rejeter ce résultat déplorable sur la
« perversité des détenus ; mais leur tient-on compte des
« obstacles qu'ils rencontrent dès qu'ils sont libérés ?
« des pièges qui sont semés sur leurs pas ? des nombreu-
« ses humiliations qu'ils ont à subir ?

« . . . .

« Oui, il est peut-être vrai que, dans les circonstan-
« ces actuelles, les libérés sont impuissants pour le bien ;
« mais c'est parce qu'on n'a pas pris jusque-là les moyens
« directs pour les diriger efficacement vers ce bien.
« Qu'on ne croie pas qu'il soit impossible de les amener
« à cet état si désirable. — « Si le cœur ne refleurit
« point après qu'il s'est flétri ; la vie de l'homme peut
« reverdir encore sur un sol que fertilisent la sueur et
« les larmes du repentir. Il y a encore d'admirables

« destinées qui attendent l'homme, lorsque, fatigué de
« ses errements, de ses vagabondages à travers les pas-
« sions, il retourne vers la demeure *de son père qui est*
« *dans les cieux.* (1). Écrit déjà cité (*pages 6 et suiv.*) »

La société ne saurait se borner à réformer le régime
des prisons et à bâtir des cellules pour les détenus : il
faut encore qu'elle vienne en aide à la réhabilitation du
coupable que la loi a frappé, lorsque celui-ci a expié
sa faute ; il faut, ainsi que je l'ai dit ailleurs, qu'elle procure des moyens de travail et d'existence à tous ceux qui en
ont besoin, même aux condamnés libérés : « Une société
« à qui on tend des bras sans travail, a dit M. de La-
« martine, et qui se refuse à s'en occuper ! à qui on
« demande du pain et qui laisse affamer ses enfants, une
« telle société n'est ni de la religion, ni de l'esprit, ni
« de la date de ce siècle. Ce n'est ni une société de chré-
« tiens ni une société de philosophes, ni une société de
« frères ; ou plutôt, ce n'est pas une société, c'est une
« avarice civilisée. » (*Du droit au travail et de l'organisation du travail.*)

Le patronage, plus qu'aucun autre moyen, contribue-
rait à affermir le condamné libéré dans les bonnes résolutions qu'il aurait formées : en lui procurant du travail
et surtout en préparant dans l'opinion publique une révolution par suite de laquelle il lui serait tenu compte
de ses efforts et de sa courageuse persévérance pour faire
oublier sa précédente condamnation et pour se conduire
d'une manière irréprochable, cette institution protectrice
le défendrait presque toujours efficacement contre les
mauvais conseils et les exigences même de la misère.

(1) Christian, *du clergé de France.*

Il existe à Paris, pour les jeunes détenus libérés du département de la Seine, une société de patronage dont j'ai fait connaître plus haut les travaux ainsi que les excellents résultats qu'elle a déjà produits : les fondateurs de cette société ont eu des imitateurs et d'autres pays de l'Europe se sont hâtés d'en créer de semblables. J'ai trouvé dans la *Presse* du 5 novembre 1844 une correspondance de Milan qui rend compte en ces termes d'une institution du même genre :

« Dans aucun pays, le vœu ne s'est manifesté plus
« vivement que chez nous, d'y voir établir, en faveur
« des forçats, une institution de patronage, d'après le
« modèle de celle qui existe en France. Il y a, dans
« notre capitale, des milliers de *Precettati*, qui, lors-
« qu'ils sortent de prison, se trouvent sous la surveil-
« lance de la police. De temps en temps, le gouverne-
« ment se voit dans la nécessité de faire déporter en
« Hongrie cette dangereuse phalange. L'abbé don Gio-
« vanni Spagliardi, aumônier de notre prison, vient de
« former un plan qui consiste à fonder une société de
« protection dans laquelle des forçats capables de s'a-
« mender jouiraient d'une éducation morale et indus-
« trielle, pour entrer ensuite chez des artisans et des
« paysans doués de probité. Déjà ce plan est approuvé
« par les autorités et les dons volontaires dont le fonda-
« teur dispose font espérer que cet établissement pourra
« s'organiser dans peu de temps. Les principaux mem-
« bres de notre noblesse sont à la tête l'association. »

Ce qui existe déjà à Paris pour les jeunes libérés, ce qui existera bientôt à Milan pour tous les forçats, devrait être généralisé par toute la France. La fondation de sociétés

de patronage pour les condamnés adultes libérés serait, à
mes yeux, le complément indispensable de toute réforme
dans le système pénitentiaire ; sans ces sociétés, l'amendement des coupables est impossible, et la récidive est
une nécessité fatale, mais presque inévitable. Aussi n'est-
ce pas sans quelque apparence de raison que l'auteur des
Mystères de Paris a écrit les pages suivantes :

« Ce reclusionnaire libéré sort d'un antre de corruption
« pour rentrer dans le monde ; il a subi sa peine, payé sa
« dette par l'expiation.

« Quelles précautions la société a-t-elle prises pour
« l'empêcher de retomber dans le crime ?

« Aucune ...

« Lui a-t-on, avec une charitable prévoyance, rendu
« possible le retour au bien, afin de pouvoir sévir, ainsi
« que l'on sévit d'une manière terrible, s'il se montre
« incorrigible ?

« Non....

« La perversion contagieuse de vos geôles est tellement
« connue, est si justement redoutée, que celui qui en
« sort est partout un sujet de mépris, d'aversion et d'é-
« pouvante : serait-il vingt fois homme de bien, il ne
« trouvera presque nulle part de l'occupation.

« De plus, votre surveillance flétrissante l'exile dans
« de petites localités où ses antécédents doivent être im-
« médiatement connus, et où il n'aura aucun moyen
« d'exercer les industries exceptionnelles souvent impo-
« sées aux détenus par les fermiers de travail des maisons
« centrales.

« Si le libéré a le courage de résister aux tentations
« mauvaises, il se livrera donc à l'un de ces métiers ho-

« micldes dont nous avons parlé, à la préparation de cer-
« tains produits chimiques dont l'influence mortelle dé-
« cime ceux qui exercent ces funestes professions; ou
« bien encore, s'il en a la force, il ira extraire du grès
« dans la forêt de Fontainebleau, métier auquel on ré-
« siste, terme moyen, six ans!!!

« La condition d'un libéré est donc beaucoup plus fâ-
« cheuse, plus pénible, plus difficile qu'elle ne l'était
« avant sa première faute : il marche entouré d'entraves,
« d'écueils; il lui faut braver la répulsion, les dédains,
« souvent même la plus profonde misère....

« Et s'il succombe à toutes ces chances effrayantes de
« criminalité; et s'il commet un second crime; vous vous
« montrez mille fois plus sévère envers lui que pour sa
« première faute...

« Cela est injuste.... car c'est presque toujours la né-
« cessité que vous lui faites qui le conduit à un second
« crime. Oui, car il est démontré qu'au lieu de corriger,
« votre système pénitentiaire déprave.

« Au lieu d'améliorer.... il empire....

« Au lieu de guérir de légères affections morales, il
« les rend incurables.

« Votre aggravation de peine, impitoyablement appli-
« quée à la récidive, est donc inique, barbare; puisque
« cette récidive est, pour ainsi dire, une conséquence
« forcée de vos institutions pénales.

« Le terrible châtiment qui frappe les récidivistes se-
« rait juste et logique, si vos prisons moralisaient, épu-
« raient les détenus, et si, à l'expiration de leur peine,
« une bonne conduite leur était, sinon facile, du moins
« généralement possible... » (*Tome* 8, *pag.* 21 *et suiv.*)

Le gouvernement devrait donc, je pense, par des subventions et par tous les autres moyens possibles, provoquer, dans chaque département, la création d'une société de patronage, dont la mission serait d'accueillir le libéré adulte, à sa sortie du pénitencier, de lui procurer de l'ouvrage, de lui donner quelques secours, jusqu'à ce qu'il eût trouvé les moyens de pourvoir lui-même à ses besoins, de lui servir de garant et de surveiller sa conduite, pendant un temps déterminé. Tout ou partie de la masse qui lui reviendrait, conformément à l'article 24 du projet, serait déposé dans la caisse de la société qui l'emploierait à lui faire des versements successifs, à lui procurer un crédit chez le boulanger et à lui acheter soit des vêtements, soit des outils nécessaires à l'exercice de l'état qu'il voudrait pratiquer. Ces vêtements et outils pourraient être fabriqués, la plupart, dans les colonies agricoles, avec lesquelles des marchés seraient passés et qui y trouveraient un moyen d'écoulement pour leurs produits. De la sorte, le condamné libéré ne pourrait, à sa sortie de prison, consommer, en peu de jours, au sein de la débauche et de l'oisiveté, les économies acquises par son travail durant sa détention et il se verrait assuré de trouver, à son arrivée au lieu de sa destination, des ressources, des encouragements et une protection qui trop souvent lui font faute.

On a fait valoir, si je ne me trompe, comme argument contre la fondation de sociétés de patronage pour les libérés adultes, ou que ces derniers trouveraient difficilement des gens qui voudraient les accueillir et les patroner, ou qu'ils se refuseraient presque toujours à la protection forcée à laquelle on voudrait les soumettre ; il ne s'agit

que de consulter les faits pour reconnaître le peu de valeur de cette objection. Voici ce que je lis dans le *compte
décennal* de M. de Bérenger que j'ai eu déjà plus d'une
fois occasion de citer :

« Mais c'est surtout sur les hommes honorables qui se
« vouent, dans Paris, aux arts industriels, que votre
« exemple a eu de l'influence : dans quels que rangs
« humbles ou élevés qu'ils soient placés, ils ont mis une
« louable émulation à s'associer à vos efforts : triomphant
« du préjugé qui, jusque là, peut-être avec raison, re-
« poussait les jeunes gens que la justice avait atteints,
« ils ont compris notre pensée, et n'ont pas craint d'ou-
« vrir à nos pupilles le sanctuaire de la famille, pour nous
« seconder dans notre œuvre de moralisation.

« .... Aussi, de toute part, l'institution que vous avez
« fondée devient-elle populaire. Elle se propage dans nos
« départements, de nombreuses villes en ont reçu le
« bienfait, si elle n'a encore eu pour objet que les très-
« jeunes gens, les esprits sont doucement préparés à la
« voir s'étendre aux libérés de tous les âges.

« Ceux-ci même commencent à en comprendre les avan-
« tages et à en sentir le besoin : nos comptes-rendus, le
« bruit de nos travaux ont pénétré dans les maisons
« centrales et dans les bagnes, et y ont répandu des con-
« solations et l'espérance, et quoique les condamnés sa-
« chent que, d'après son institution, notre œuvre est li-
« mitée et qu'elle ne doit pas s'étendre jusqu'à eux, il
« se passe peu de jours que nous ne recevions de leur
« part des demandes de protection pour le moment où
« ils seront libres, avec offre de mettre leur pécule à no-

« tre disposition, ni prière, de l'employer d'une manière
« utile pour leur avenir. Si, en dehors de l'œuvre, nous avons pu préparer les
« voies à quelques-uns d'eux, contribuer à leur procurer
« un asile et du travail, et leur donner un appui, nous
« devons reconnaît qu'il n'en est aucun qui, jusqu'ici,
« ait trompé la confiance que nous avons mise dans ses
« promesses de bonne conduite. On peut être assuré que
« tout libéré qui demande protection a la résolution ar-
« rêtée de s'en rendre digne *(page 89 et suiv.)* »

La nouvelle loi sur les prisons adoptée, la mesure si
fatale de la mise en surveillance, objet d'attaques nombreuses et fondées, devrait-elle être maintenue? Quoique
cette grave question se rattache plus étroitement encore
à celle de la révision du code pénal qu'aux matières dont
je viens de m'occuper; elle n'en est pas moins le corol-
laire indispensable de la réforme pénitentiaire. Je crois
donc, par ce motif, devoir la discuter le plus rapidement
possible.

Presque tous les publicistes et les jurisconsultes s'ac-
cordent à proclamer les fâcheux effets de la surveillance:
bien peu sans doute pourraient indiquer ses bons résultats. 27,000 libérés environ sont soumis à cette mesure,
ce sont donc 27,000 individus sur lesquels la loi appelle
la défiance, le mépris et la répulsion. Un administrateur
dont j'ai déjà parlé, et que sa position de maire d'une
grande ville a mis à même de voir de plus près ses avantages ou ses inconvénients, le fondateur de la colonie agricole
d'Ostwald, M. Schutzenberger, s'exprimait en ces termes,
à la tribune, lors de la discussion du projet de loi sur les
prisons : « . . . . . Maintenant, si vous les soumettez à la

« surveillance de la haute police, qu'en résultera-t-il? Il
« en résultera que vous créez artificiellement des difficul-
« tés à leur retour aux habitudes d'ordre et de travail ;
« vous créez des obstacles à leur future réhabilitation. Il
« y a une mesure à prendre; vous ne voulez pas que ces
« libérés, en rentrant dans la vie civile, après avoir subi
« leur peine, y trouvent des obstacles qui détruisent pré-
« cisément les avantages que vous voulez obtenir par le
« principe pénitentiaire que vous avez introduit dans la
« loi; j'ai la conviction intime que le condamné libéré
« ne rencontre pas de plus grand obstacle à l'amende-
« ment, au retour à des habitudes d'ordre et de travail,
« que dans la surveillance; cet accessoire légal de la
« peine produit, sans aucune utilité réelle, les effets les
« plus déplorables.

« ...Je demande si jamais la surveillance de la haute po-
« lice a pu empêcher un criminel de commettre un nou-
« veau crime? Les avantages de cette mesure sont plus
« que douteux, mais ses inconvénients, ses dangers même
« sont certains. L'effet le plus fréquent de la mise en sur-
« veillance est d'empêcher le libéré de trouver du travail ;
« ne trouvant pas à s'occuper d'une manière honnête, il
« est violemment repoussé vers la mendicité ou vers le
« crime. » (*Monit. des* 17 *et* 18 *mai* 1844.)

« J'ai connu, a dit de son côté M. Joly, un homme
« qui, après avoir fait son temps au bagne, pour un
« premier crime, s'était établi à Avignon. Il y avait
« exercé l'état de coiffeur pendant cinq années, sans
« qu'aucune plainte eût été produite contre lui ; mais,
« au bout de ces cinq années, on vient à découvrir qu'il

11.

« était en surveillance, alors il lui fallut quitter la ville
« d'Avignon, son état, sa situation, et comme il n'y a
« pas d'autre asile pour ceux qui sont sous la surveil-
« lance de la haute police que la grande ville de Paris,
« il y vint et se fit condamner aux galères perpétuelles,
« n'ayant pas d'autre moyen de vivre; c'est ce qu'il dé-
« clara devant la cour d'assises, ce fut sa seule défense :
« si j'étais resté à Avignon, dit-il, si on m'eût laissé exer-
« cer ma profession, je ne me serais pas livré au vol, je
« ne serais pas redevenu criminel. » (*Id., id., id.*)

En répondant aux partisans de la flétrissure attachée
par le code de 1810 aux peines infamantes, M. de Lamartine semble s'être également préoccupé des dangers non
moins grands et non moins réels d'une autre flétrissure,
de celle résultant du renvoi sous la surveillance que ce
code inflige tout à la fois aux condamnés pour *crimes* et
à certains condamnés pour *simples délits*. « Nous ne
« voyons pas, a-t-il dit, quelle utilité il y a pour la so-
« ciété, pour la famille, pour la personne même du
« coupable, une fois que son crime a été puni, que sa
« récidive est prévenue, que la sécurité des citoyens est
« assurée par la prison ou par la déportation, à lui lais-
« ser éternellement sur le front ce sceau d'infamie que
« M. de Peyramont ne veut pas qu'on en efface ; ce sceau
« d'infamie, qui, ne l'oubliez pas, en dénonçant par-
« tout le forçat à l'animadversion de la société, l'empêche
« de trouver nulle part le travail, la communauté, l'as-
« sistance, la réconciliation qu'il cherche avec les autres
« et avec lui-même, et qui, en le rejetant forcément dans
« le vagabondage, et du vagabondage dans la société de
« ses pareils, devient ainsi pour lui, non pas seulement

« le sceau de l'infamie, mais le sceau de la récidive et
« du crime !

« Permettez que j'apporte à cette tribune un argu-
« ment en action, un fait dont je demande la permission
« à la chambre de lui donner rapidement connaissance.
« En ouvrant un des journaux, qui, dans les meilleures
« et les plus loyales intentions, et, je le reconnais, dans
« la discussion de cette loi, il n'y en a pas d'autres; si
« jamais unanimité de bonnes intentions fut visible, fut
« palpable dans la diversité des opinions, c'est dans la
« discussion d'une loi semblable, je le dis pour la presse
« comme pour la tribune; j'ai donc lu dans le *National*
« l'article ou plutôt la déposition dont je vais donner lec-
« ture à la chambre, et qui montre quel sort fait au
« condamné cette flétrissure éternelle que certains ma-
« gistrats voudraient laisser sur son front. Voici la cita-
« tion, elle est courte :

« Joseph Willaume, officier de santé, forçat libéré,
« condamné à vingt-quatre heures de prison pour rup-
« ture de ban et omission de déclaration de naissance
« d'un enfant, s'exprime ainsi :

« Il raconte d'abord, qu'impliqué dans un vol dont la
« cour d'assises de Draguignan l'a proclamé innocent,
« trois ans plus tard, il prit la fuite, changea de nom,
« servit comme chirurgien-major sur un vaisseau, fut
« réformé par mesure générale, s'établit à Saint-Cyr-
« sur-Mer, et y exerçait la médecine avec succès, lors-
« que, reconnu et dénoncé comme forçat libéré, par un
« officier de marine qui avait son secret, il fut arrêté,
« condamné à cinq ans de travaux forcés pour avoir fait

« un faux sur son diplôme en changeant son nom contre
« celui de sa femme.

« Recommandé par le jury à la clémence du Roi, je
« fus, dit-il, déchargé de toute peine ; je purgeai ma
« contumace, et je fus enfin acquitté de nouveau par la
« cour d'assises, après trois ans de détention. Je revins
« au pays de ma femme. Mais les jugements que j'avais
« subis me firent repousser de partout, personne ne
« m'adressa la parole. Le mépris public me jeta dans
« le désespoir ; je ne pouvais même obtenir le pain de
« la charité publique. Ma femme avait épuisé ses der-
« nières ressources. Je l'abandonnai et je partis pour
« Paris, persuadé que là, n'y étant pas connu, je pour-
« rais au moins y vivre. Il n'en fut pas ainsi ; signalé et
« arrêté peu de temps après mon arrivée, je fus con-
« damné à huit jours d'emprisonnement, et obligé de
« me retirer à Manosque, où l'on a fixé ma résidence.

« J'avais un fils qui me secourait. Il est mort à
« Bone, en Afrique, chirurgien militaire. J'avais une
« fille..... Elle a été séduite, deshonorée. J'ai été obligé
« de l'accoucher moi-même : moi son père ! cause de sa
« honte, car son séducteur ne voulait pas être le gendre
« d'un forçat. C'est son enfant que je portais dans mes
« bras le 24 décembre, quand les gendarmes m'ont ar-
« rêté. J'allais le déposer à l'hospice d'Apt. (Ici le pré-
« venu donne un libre cours à ses sanglots, son émotion
« est partagée par tout l'auditoire.)

« *M. le président.* Prévenu, calmez-vous, il vous
« sera possible de trouver du travail.

« *Le prévenu.* Impossible, M. le président ! Vous ne
« savez pas ce que c'est que la surveillance du condam-

« né. Dès que celui qui en est l'objet est reconnu, et il
« l'est toujours, tous les cœurs sont fermés ; les hommes
« deviennent impitoyables. On ne voudrait pas de moi
« pour valet d'écurie maintenant, car j'accepterais vo-
« lontiers cette condition. Cependant la faim est là qui
« me presse, je suis placé entre le suicide et la tenta-
« tion de commettre une mauvaise action. Aussi, si
« vous le pouvez, retenez-moi longtemps dans les prisons,
« c'est un moyen de vivre. Je suis ici avec un compa-
« gnon de captivité qui n'en a pas d'autre depuis vingt
« ans. Ne trouvant pas de travail, il a la ressource de
« rompre son ban et de vivre du pain des prisons.

« *Le président.* Sous ce rapport, le tribunal ne peut
« rien faire pour vous !

« Voilà le système de la flétrissure, Messieurs ! voilà
« la théorie de l'infamie prise sur le fait, dans tout son
« danger, dans toute son horreur, dans ses déplorables
« effets sur la récidive des libérés. (*Monit. du 7 mai 1844.*)

« Par la surveillance, a dit enfin M. de Sade, vous
« laissez subsister la peine de la marque, seulement,
« vous ne vous servez plus de la main du bourreau et
« de son fer rouge. » (*Moniteur du 23 avril.*)

La mise sous la surveillance de la haute police du condamné pendant toute sa vie étant une conséquence nécessaire de la peine des travaux forcés et de la reclusion
(Art. 47 du Code pénal), certains délits correctionnels
au contraire n'entraînant l'application de cette condamnation accessoire que pour un temps qui peut varier
entre cinq et dix ans (Art. 401.), ne paraît-il pas singu-
lier tout au moins que, dans le premier cas, la loi déclare suspect à tout jamais l'individu atteint par cette

mesure, quelle que soit la nature du fait pour lequel il
aura été condamné et que, dans le second cas, avec
autant de précision dans ses calculs que les astrono-
mes qui présagent les révolutions des astres, elle puisse
annoncer, cinq ou dix ans à l'avance, que la suspicion
dont le condamné est l'objet aura cessé à jour fixe ? ceci
ne constitue, il est vrai, qu'une inconséquence ; mais
il est encore un inconvénient du renvoi sous la surveillance à ajouter à ceux signalés par MM. Schutzenberger,
Joly, de Lamartine et de Sade, c'est que la répression
de la rupture de ban qui, à proprement parler, n'est
pas un délit, mais seulement la menace d'un délit possible, cette répression, qui constitue en quelque sorte une
loi des suspects; est comparativement plus sévère que
celle qui atteint quelques délits contre les personnes ou
les propriétés, ainsi, tandis que l'infraction au ban de
surveillance peut être puni de cinq ans d'emprisonnement, les délits forestiers, les délits de pêche le plus
souvent aussi ne sont punis que d'une amende, certains
délits ruraux comme le vol d'engrais, portés sur les terres,
ne donnent lieu qu'à la détention municipale, les délits
de chasse ne sont passibles que d'un emprisonnement de
six jours à deux ans, ou même à quatre ans, s'il y a récidive (*articles* 12, 13 *et* 14 *de la loi du* 3 *mai* 1844);
le vol même des récoltes non détachées du sol ou déjà
détachées du sol, si, dans ce dernier cas, il n'est accom-
pagné d'aucune autre circonstance aggravante, l'abus de
confiance, etc.... ne peuvent être punis, au maximun,
que de deux années d'emprisonnement, ou de quatre
années en cas de récidive (*articles* 383, 406 *et* 58 *du
Code pénal*). Le libéré dès lors ne doit-il pas se

tenir plus en garde contre une rupture de ban, toujours improductive pour lui, que contre les délits dont je viens de parler et qui d'ailleurs peuvent lui rapporter quelque avantage? On ne saurait donc s'étonner qu'en présence de ces inconvénients, de cette incohérence, les magistrats hésitent à appliquer la surveillance ou ne l'appliquent qu'à regret. Lorsque l'expérience de chaque jour démontre que Paris, la ville interdite avant toute autre aux libérés, recèle les plus redoutables d'entre eux et devient le refuge de tous ceux qui ont intérêt à se soustraire aux yeux de la police; lorsque ce fait est encore mis en lumière par de récentes et nombreuses arrestations, n'est-il pas évident que, semblable à ces toiles qui ne peuvent retenir qu'une proie trop faible pour les rompre, cette mesure n'a pour effet que de gêner la plèbe des malfaiteurs?

Envisagée sous le rapport économique, M. Schutzenberger a également démontré que la surveillance est onéreuse pour l'État : « Les condamnations pour rupture de « ban, a-t-il dit, se sont élevées, en 1835, à 2,024 (1), « dont 326 à plus d'un an de prison. Les arrestations journalières, pour fait de rupture de ban, s'élèvent à 250.

« La dépense annuelle d'un condamné coûte 250 fr. « à l'État. Il est donc facile de calculer ce que coûte la « surveillance de la haute police.

« On peut évaluer à 750,000 fr. la dépense annuelle; « il faut ajouter à cette dépense la construction de deux « mille cellules que vous seriez obligés de construire, « et vous arrivez à une dépense capitale de 6 millions.

---

(1) En 1842, le nombre des individus poursuivis pour rupture de banc a été de 5,095 (Compte général de la justice criminelle pour 1842, page 114).

« Eh bien, je dis que cette somme suffirait à compléter
« votre système pénitentiaire par des moyens plus dignes
« de votre principe, et plus efficaces que la surveillance.»
(*Moniteur*, 17 et 18 mai 1844.)

Toutes les considérations que je viens d'exposer dé-
montrent suffisamment, il me semble, l'inefficacité, les
dangers même, quant à l'avenir du condamné, du renvoi
sous la surveillance : si l'on pensait que cette mesure ne
saurait disparaître entièrement de notre code, on reconnaîtra du moins, je l'espère, qu'elle devrait être restreinte aux condamnés en récidive et subir en outre d'im-
portantes modifications en ce qui concerne son exécution.
Dans le nouvel état de choses qui résulterait de la réforme
pénitentiaire, la surveillance ne pourrait-elle donc pas
être exercée par l'intermédiaire de la société de patronage à laquelle l'administration donnait avis de l'arrivée,
dans sa circonscription, du libéré qui ne pourrait, sans
s'exposer aux peines de l'art. 45 du Code pénal, changer
de résidence, qu'après en avoir obtenu l'autorisation par
l'entremise du patron qui lui aurait été donné? Ainsi
modifiée, cette mesure n'offrirait-elle pas des garanties
suffisantes de sécurité pour la société et de protection pour
le libéré? C'est une question que je livre, en terminant,
aux méditations des publicistes.

FIN.

Appendice : 16 p. + [-] f. de dépl.

APPENDICE.

NOTICE

SUR LE PÉNITENCIER DE TOURS.

Légende explicative.

Rez-de-Chaussée

Cellules : 1, 2, 3, 4, 5, 7, 9, 11, 12, 13, 15, 17, 20, 22, 24, 25, 26, 29, 30, 31, 33, 34, 35, 36 .... Condamnés criminels, accusés et inculpés de crimes — Prisonniers de passage.

6, 8, 10, 14, 16, 18, 19, 21, 23, 27, 28, 32 .... Cellules de punition

A .... Logement du gardien ordinaire

B D .... Infirmerie des hommes

C .... Parloir

1er Étage

Cellules 37 à 63 .... Condamnés correctionnels

64 à 74 .... Femmes et enfants

E .... Logement du gardien ordinaire

F .... Infirmerie des hommes

H .... Infirmerie des femmes

G .... Réservée

2e Étage

Cellules 75 à 101 .... Prévenus correctionnels

102 à 112 .... Femmes et enfants

I .... Logement du gardien ordinaire

J .... Infirmerie des hommes

L .... Infirmerie des femmes

K .... Réservée

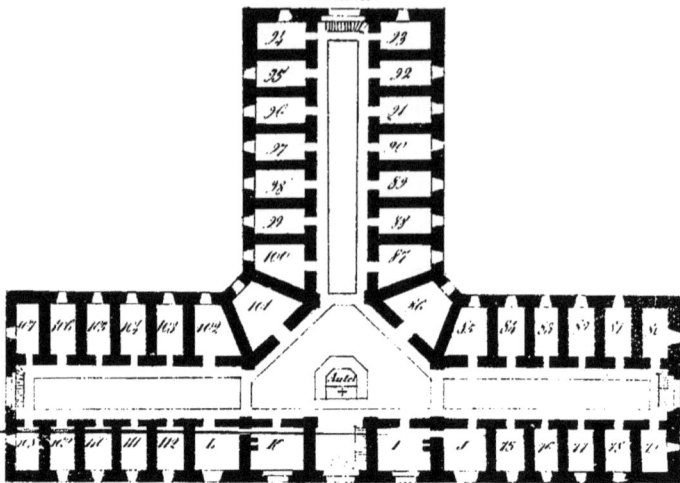

2.ᵉ ÉTAGE.

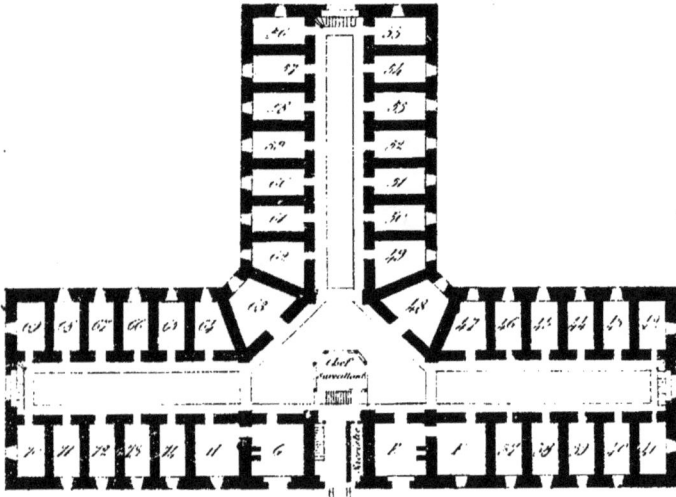

1.ᵉ ÉTAGE.

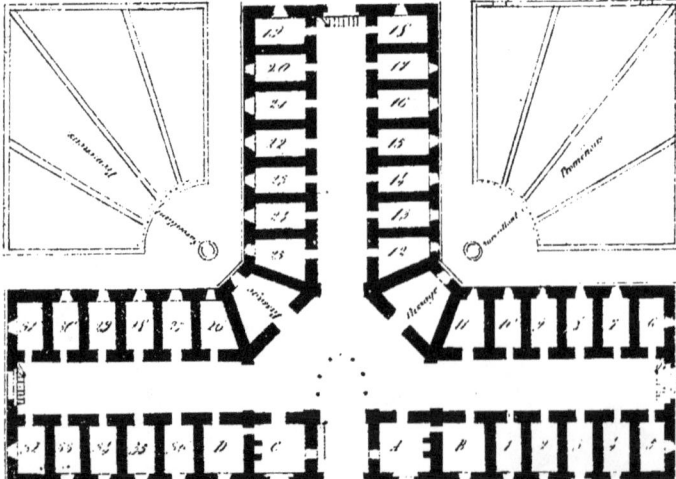

REZ-DE-CHAUSSÉE.

NOTICE

———≫☞———

Au nord des anciens remparts de la ville, dans ce quartier si aéré et si salubre récemment créé par l'ouverture de
la rue parallèle à la promenade du mail, entourée de trois
côtés par la voie publique et joignant, au levant, le Palais-
de-Justice, s'élève la nouvelle prison cellulaire dont les plans
ont été dessinés et les travaux dirigés avec autant de zèle que
de talent par MM. Jacquemin, père et fils, architectes du
nouveau Palais-de-Justice, sous l'administration de M. d'En-
traigues, préfet du département d'Indre-et-Loire, et qui a
été inaugurée le 14 novembre 1843.

A droite et à gauche de la grille d'entrée ouvrant sur la
rue du Mail ont été construites, d'un côté, la prison pour
dettes à laquelle est réunie la prison municipale, de l'autre,
le logement de l'aumônier. En face de cette grille, dont elle
est séparée par une vaste cour, on voit la maison de l'administration contenant: dans les soubassements, la cuisine,
la salle de bain, les serre-bois et autres servitudes; au rez-
de-chaussée, le logement du directeur; au premier étage,
celui des sœurs, la lingerie et une pharmacie.

Derrière ce bâtiment, se trouve le Pénitencier proprement dit, qui est enveloppé d'un mur d'enceinte de six mètres d'élévation. Sa configuration se rapproche beaucoup
de celle du Pénitencier de Kingston, dans le Haut-Canada,
dont MM. Demetz et Blouet ont donné le plan et la description dans *leurs Rapports sur les Pénitenciers des États-
Unis;* il se compose de deux ailes de bâtiments dont la moins
étendue, se dirigeant du nord au sud, vient, affectant la
forme d'un T, se réunir au centre de la plus longue qui s'é-

12

tend de l'est à l'ouest. Chacune de ces ailes, ayant un rez-
de-chaussée, un premier et un second étages, présente l'aspect d'une vaste galerie bordée, de chaque côté, par les
cellules des détenus : les surveillants se tiennent, au rez-de-
chaussée, au point d'intersection des deux galeries ; au premier étage, à ce même point d'intersection, se trouve une
sorte de lanterne vitrée servant de loge au gardien-chef et de
laquelle sa vue peut embrasser à la fois toutes les parties du
Pénitencier ; au-dessus de cette loge, comme l'étoile du salut
vers laquelle se portent tous les yeux, s'élève l'autel consacré
à la célébration du culte divin et du pied duquel l'aumônier,
envoyant à tous les détenus des paroles de consolation et d'espérance, les exhorte à la résignation et au repentir.

La galerie de l'est à l'ouest comprend soixante-dix cellules
réparties, savoir : vingt-deux au rez-de-chaussée, et vingt-
quatre dans chacun des étages supérieurs ; la galerie du centre en contient quarante-deux, quatorze au rez-de-chaussée, et quatorze à chacun des deux autres étages ; ainsi,
le nombre total des cellules est de cent douze, non compris six cellules d'infirmerie. Sur ces cent douze cellules,
soixante-dix-huit sont affectées aux hommes et vingt-deux
aux femmes et aux enfants ; les douze autres sont des cellules
de punition qui ne diffèrent des premières qu'en ce qu'elles
peuvent être plongées dans une obscurité complète. Le pénitencier contient en outre, au rez-de-chaussée, une chambre
servant de greffe et de parloir, et cinq chambres de gardiens
situées, quatre au premier étage et une au second étage. Toutes
ces cellules, planchéiées en chêne et voûtées, sont construites
en meulières disposées de telle sorte que leurs joints ne se
trouvent pas en face les uns des autres. Chacune d'elles a
trois mètres trente-trois centimètres de hauteur sous clé,
deux mètres cinquante centimètres de largeur sur quatre
mètres de longueur, et contient environ trente-cinq mètres

cubes d'air (1) : un chassis en fer et vitré, d'une dimension d'un
mètre cinquante centimètres , placé à deux mètres environ
au-dessus du sol, sert à en éclairer l'intérieur ; ce chassis
s'ouvre et se ferme au moyen d'une corde qui, renfermée
dans un tube en tôle fixé à la voûte de la cellule, va répondre dans les galeries. La baie de la porte est revêtue de
quatre pierres dures d'une seule pièce , l'une formant le
seuil, les deux autres, les jambages et la dernière, le linteau;
elle est fermée par une double porte : la première, en fer,
pleine dans sa partie inférieure, à barreaux arrondis dans sa
seconde partie et munie d'un guichet, est placée du côté de
l'intérieur de la cellule, et l'autre, en chêne massif, du côté
opposé : cette dernière est percée, dans le haut, d'un trou de
vrille recouvert d'une petite plaque mobile en zinc à l'aide
duquel les gardiens peuvent, à chaque instant, surveiller le
détenu. Lorsque l'aumônier officie ou adresse une allocution
aux prisonniers, on ouvre entièrement la porte en fer, et,
placés près de celle en bois tenue entrebaillée par un ingénieux appareil qui vient s'adapter au pêne de la serrure, sans
apercevoir leurs compagnons de détention, sans en être aperçus, ils peuvent saisir et de l'œil et de l'ouïe tout ce qui se passe
à l'autel. Les cellules d'infirmerie sont semblables aux cellules
ordinaires, si ce n'est qu'elles sont carrelées et qu'elles ont
trois mètres quarante centimètres sous clé sur trois mètres
quatre-vingt-quinze centimètres de longueur , et trois mètres
trente-cinq centimètres de largeur. Dans le cas d'encombrement, on pourrait d'autant plus facilement y renfermer des
détenus, si elles ne se trouvaient pas occupées déjà par des

(1) Dans la séance du 27 avril 1844, M. de Tocqueville, rapporteur de la commission de la loi sur les prisons, a déclaré à la tribune de la Chambre des députés,
qu'il faudrait pour chaque détenu, dans les dortoirs, seize mètres cubes d'air,
et qu'il n'en existe que dix mètres cubes dans ceux des maisons centrales. On
voit qu'au pénitencier de Tours les conditions d'hygiène dépassent de plus du
double celles prescrites par ce publiciste.

malades, que ceux-ci seraient traités sans nul inconvénient dans les cellules ordinaires et que d'ailleurs, dans les maladies qui se présenteraient avec des caractères alarmants, on devrait recourir à la translation à l'hospice, mesure qui se pratiquait dans l'ancienne prison et qui se pratique également aujourd'hui dans le Pénitencier.

Aux extrémités de chaque aile et à leur point d'intersection sont des escaliers pour monter aux étages supérieurs qui sont desservis au moyen de balcons en sapin de quatre-vingts centimètres de largeur reliés entre eux de distance en distance par des ponts, et suspendus le long des murs intérieurs de la prison par des arcs-boutants, également en sapin, supportés par des corbeaux en pierre dure (1).

Les détenus couchent dans des hamacs garnis d'un matelas, d'un drap en forme de sac, de deux couvertures et d'un oreiller ; un calorifère placé au centre du Pénitencier chauffe, au moyen d'une bouche de chaleur, chaque cellule qui est toujours maintenue à une température égale de quinze degrés centigrades, par un ventilateur, et dans laquelle se trouve un siége d'aisances qui, par un ingénieux procédé, sert d'appel au courant d'air. L'expérience ayant fait reconnaître que les prisonniers pouvaient, par ces bouches de chaleur qui formaient porte-voix, entretenir des relations entre eux, on y a mis obstacle en les entourant d'une sorte de tambour en grillage.

Au nord de la prison et dans les deux terrains triangulaires qui existent entre les trois rayons formés par les ailes de bâ-

(1) Par un motif d'économie, ces balcons ont été construits en bois ; ils sont d'un effet lourd et désagréable à l'œil et interceptent la vue de l'autel aux prisonniers de quelques cellules ; si, en cas d'incendie, ils ne sauraient communiquer le feu et l'alimenter d'une manière dangereuse, leur destruction aurait néanmoins l'inconvénient d'apporter des obstacles et des retards à l'évacuation du pénitencier. Je regrette que ces balcons n'aient pas été établis en fer ; c'est la seule critique que j'aie trouvé à adresser à la nouvelle prison.

timents que je viens de décrire, on a ménagé huit préaux pour procurer de l'exercice aux détenus et, si le besoin s'en faisait sentir, ce nombre pourrait facilement être doublé ou triplé : chaque préau a environ un are et demi de superficie et vient répondre à un point central d'où le gardien qui s'y trouve placé peut en surveiller quatre à la fois.

Attenant au Palais-de-Justice et voisine de la gendarmerie, la nouvelle prison communique à ces deux édifices par une voûte souterraine fermée, à chaque extrémité, par une grille en fer qui s'oppose à toute évasion de ce côté : un escalier conduit de cette voûte au cabinet du juge d'instruction.

Le Pénitencier occupe le centre d'un trapèze d'une superficie de soixante-onze ares : l'acquisition du terrain peut être évaluée à cent quatre-vingt-dix mille francs ; mais, de cette somme, on doit défalquer : 1° Quinze mille francs, valeur des matériaux provenant de la démolition de constructions qui existaient sur ce terrain, et qui ont été donnés en compte à l'entrepreneur ; 2° Cent mille francs, pour prix des dépendances de l'ancienne prison qui a été aliénée ; ce qui fait qu'il ne faut réellement porter en compte qu'une somme de soixante-quinze mille francs. La dépense de construction, y compris les bâtiments de l'administration, le logement du directeur et celui de l'aumônier, la prison pour dettes, les murs d'enceinte, etc..., s'est élevée à la somme totale de trois cent seize mille francs.

Depuis le 11 novembre 1843, jour où la prise de possession a eu lieu, jusqu'au 10 février 1845, la population du Pénitencier n'a point été au-dessous de 37 individus et n'a jamais dépassé 97 : il a reçu 775 hommes et 158 femmes. Le séjour que ces 933 détenus y ont fait donne une somme de 27,566 journées de présence qui, réparties par une règle de proportion entre les 15 mois écoulés depuis le 11 novembre 1843, jusqu'au 10 février 1845, donnent un chiffre de 22,044 journées de présence pour l'année : cette dernière somme divisée par 365, nombre des jours de l'année, donne donc pour résultat une moyenne de 60 détenus présents au Pénitencier chaque jour de l'année, plus une fraction de 144 journées. On n'a compté que 1,626 jours d'indispositions sans importance ou de maladie contractée avant l'entrée dans l'établissement qui, également répartis sur 15 mois, donnent, pour l'année, 1,300 jours 4/5mes de maladie, lesquels, divisés par 365, établissent une moyenne de 3 malades 3/5mes environ sur 60 détenus : Chez aucun des prisonniers, il ne s'est manifesté d'altération dans les facultés mentales : Comparé avec le chiffre des maladies de l'ancienne prison, l'état sanitaire du Pénitencier offre un résultat tout à l'avantage de ce dernier établissement. Parmi ces détenus, deux y sont restés, l'un, un an et 18 jours, l'autre, un an et 15 jours. Quant aux décès, il n'y en a eu qu'un seul, et encore ne saurait-il entrer en ligne de compte, car il est dû à un suicide auquel un détenu à eu recours, la veille du jour fixé pour son départ, afin de se soustraire à une accusation d'attentat à la pudeur à laquelle il devait aller répondre à Bordeaux et qui lui inspirait de vives inquiétudes.

Trois sœurs de Saint-Vincent-de-Paule, attachées à l'établissement, sont chargées de la lingerie, de la pharmacie et de la surveillance du quartier des femmes.

Les détenus sont visités, chaque jour, soit par le directeur, soit par l'aumônier, soit par un membre de la commission : ils prennent également, chaque jour, à moins de refus de leur part, de l'exercice dans les préaux : la durée de la promenade accordée à chacun d'eux a été d'une heure, en été, et d'une demi-heure, en hiver, la briéveté des jours dans cette dernière saison ayant imposé la nécessité de combiner le nombre des détenus avec leur séjour dans les promenoirs : pendant le temps destiné à cet exercice, ceux qui le

demandent s'occupent à casser des pierres pour l'administration des ponts-et-chaussées, ce qui leur procure un petit
pécule. Ils reçoivent, dans leurs cellules, des leçons de
lecture du directeur, de l'aumônier et même des gardiens,
lorsque ces derniers savent lire : Ces leçons ont également
lieu, pendant le temps consacré à la promenade, au moyen
d'un tableau sur lequel sont tracées les lettres de l'alphabet
et que l'on place en face des préaux, au point central où se
tient la personne chargée de les surveiller et qui fait ainsi participer quatre détenus à la même démonstration : instruites
par les sœurs, les femmes montrent plus d'aptitude et font des
progrès plus rapides qui doivent être attribués moins encore
à une intelligence plus développée qu'à ce que, étant en plus
petit nombre, les leçons reviennent plus souvent et se pro-
longent davantage. L'établissement possède, à l'usage des
détenus une bibliothèque composée d'environ cent ouvrages :
les uns sont des livres de piété, les autres, des voyages et des
romans pieux ou traitent de l'histoire, de la géographie, etc...
plusieurs sont répétés à un plus ou moins grand nombre
d'exemplaires (1).

L'organisation du travail, dans une prison où la population
est essentiellement flottante et où certains détenus ne restent
souvent que fort peu de jours, présentait des difficultés qui
toutefois se sont évanouies devant le zèle et l'expérience du
directeur : les 82 prisonniers qui se trouvent aujourd'hui (2)
au Pénitencier s'occupent à confectionner des boîtes d'allu-
mettes chimiques, des souliers ou des chaussons, à éplucher
de la laine, à la couture, au filage ou au tricot ; deux exercent l'état de passementier ; un, celui de menuisier ; un au-

---

(1) Madame Verdier, veuve du colonel de ce nom, a fait don de quelques-uns
de ces ouvrages et s'occupe en outre à recueillir des souscriptions pour en augmenter le nombre.

(2) 10 février 1845.

tre; celui de relieur ; il n'en est qu'un seul qui, attendant sa
translation dans la maison centrale et ne connaissant aucun
état, reste inoccupé. Le dimanche, l'ouvrage étant interdit,
on leur fait faire de la charpie avec du vieux linge fourni par
l'hospice.

Chaque jour, la prière est faite le matin et le soir ; elle
est précédée d'un chant religieux auquel un certain nombre de détenus prennent part avec beaucoup d'ensemble ;
la grande messe et les vêpres sont chantées le dimanche et
les jours de fêtes de précepte avec toute la solennité possible
et un orgue viendra bientôt ajouter à cette pompe les accords
de ses chants imposants. L'aumônier fait en outre ces jours-
là une instruction religieuse.

Sous le rapport de la conduite, les résultats sont des plus
satisfaisants : 81 prisonniers sont notés comme ne donnant
lieu à aucun reproche, un seul est signalé pour sa conduite
médiocre et, dans l'espace de 15 mois, la seule punition qui
ait été infligée consiste en 24 heures de cellule obscure.

On a voulu savoir des détenus ce qu'ils pensaient de l'emprisonnement cellulaire : afin de n'exercer aucune influence
sur leurs réponses, on leur a dit que leur opinion aurait la plus grande importance, puisqu'elle serait le résultat
des impressions intimes conçues dans la cellule, et qu'elle
devrait contribuer à ce qu'on l'adoptât généralement ou à ce
qu'on le rejetât. Presque tous ont montré une préférence
marquée pour ce régime, et leur conduite est venu confirmer
cette manifestation ; car, sur dix-huit condamnés soit aux travaux forcés, soit à la reclusion, soit à un emprisonnement
de plus d'un an, treize ont demandé à subir leur peine à Tours,
offrant de pourvoir aux frais de leur nourriture, condition
sans laquelle leur demande n'aurait pu être accueillie et,
parmi ces treize condamnés, onze avaient déjà été soumis au

régime des bagnes ou des maisons centrales. Quatre condamnés correctionnels ont obtenu cette faveur et, parmi ces derniers, il en est un qui a agi avec une entière connaissance de cause, puisque, condamné à deux ans d'emprisonnement pour coups et blessures, après avoir subi une détention préventive d'environ un mois, il avait déjà été transféré dans la maison centrale de Melun, lorsqu'il a obtenu de revenir à Tours dont il connaissait pourtant le régime. Quatre condamnés aux dernières assises, l'un à 15 ans, le second, à 10 ans et les deux derniers à 6 ans de travaux forcés, ont également sollicité de subir leur peine dans le pénitencier, et ceux dont la demande n'a pas été accueillie ont manifesté de vifs regrets en le quittant pour être transférés au bagne ou dans une maison centrale. Les individus dépravés, les mendiants et les vagabonds ou les condamnés en état de récidive sont ceux qui se plient avec le plus de difficulté aux exigences de la cellule et auxquels, pour cette raison, ce régime est le plus antipathique et pourtant, cette antipathie n'est pas tellement universelle que, parmi les derniers, plusieurs n'aient demandé à rester à Tours, afin d'éviter de retourner au bagne. Seize condamnés à un an et au dessous, par les tribunaux de Loches et Chinon, ont été transférés au pénitencier par suite d'une mesure administrative : parmi ces condamnés, dix ont exprimé leur préférence pour cette dernière prison ; deux ont accueilli ce changement avec indifférence ; deux ont manifesté leur regret d'être éloignés de leur famille ; deux autres enfin ont déclaré qu'ils s'ennuyaient dans la cellule.

« Supposez, disait à la tribune de la chambre des députés,
« lors de la discussion du projet de loi sur les prisons, M. Du-
« châtel, ministre de l'intérieur, supposez un père de famille
« dont l'enfant aura commis un léger délit, et se trouvera
« arrêté. Demandez à ce père de famille, qui ne sera pas
« un repris de justice, qui aura des sentiments d'honnêteté,

« demandez-lui de choisir pour son fils entre ces deux sys-
« tèmes; demandez-lui de désigner auquel des deux il donne
« la préférence, ou la vie en commun avec son immoralité
« nécessaire, ou l'emprisonnement séparé avec ses rigueurs
« nécessaires : vous verrez s'il hésitera au choix. » (*Moniteur
du 3 mai 1844.*) Ces paroles, en quelque sorte prophétiques,
ont reçu une éclatante confirmation au pénitencier de Tours :
un détenu, *repris de justice*, (M. Duchâtel supposait son père
de famille pur de tout précédent fâcheux) manifestant son
éloignement pour l'emprisonnement cellulaire qui, disait-il,
ne pouvait lui convenir, a laissé échapper cet aveu involontaire que, s'il avait un fils qui dût subir la peine de l'emprisonnement, il aimerait mieux pour lui une prison cellulaire
qu'une prison dans laquelle il se trouverait confondu avec
des voleurs.

L'aumônier de la prison, qui est profondément pénétré de
la mission qu'il a à remplir et qui est intimement convaincu
que l'emprisonnement individuel est le seul moyen efficace de
répression et de moralisation, M. l'abbé Bluteau a recueilli,
dans l'exercice de son ministère, une série d'observations qu'il
a bien voulu me communiquer et qui confirment la préférence accordée au régime cellulaire par les détenus dont
le cœur recèle encore quelques bons sentiments. Je n'en
reproduirai qu'un petit nombre; quoique plusieurs autres ne
soient pas moins intéressantes, la nécessité de circonscrire
cette notice déjà trop longue me force à les passer sous silence.

« . . . Un dimanche que j'avais prêché, dit-il, sur le ju-
« gement général, en l'appelant : *les assises du genre hu-
« main*, un détenu fut profondément touché et me dit le
« lendemain de prime-abord. Ah ! mon cher Monsieur, je
« vais passer aux assises; mais ce sont de bien petites as-
« sises auprès des grandes assises de Dieu. Que je veux bien

« vivre à présent pour mériter que le jugement de Dieu me
« soit favorable !

« . . . . Un autre qui a déjà subi cinq ans de détention à Fon-
« tevrault déclare avec larmes qu'au bout de trois jours, il
« a fait ici plus de solides réflexions et mieux senti les con-
« seils de la religion que pendant cinq années passées dans
« la maison centrale.

« . . . . Un autre, condamné à sept ans de travaux forcés,
« ayant passé plusieurs mois dans la prison cellulaire, après
« son jugement, a subi une transformation extraordinaire.
« Une patience imperturbable, je dirai même sublime, une
« foi éclairée, tels ont été les heureux résultats produits
« dans ce détenu par la religion.

« Enlever de tels hommes pour les conduire au bagne,
« c'est causer une peine bien vive à un aumônier ! Il est
« parti pour Brest, le 24 septembre.

« . . . . Un autre, âgé de 30 ans, et condamné à 18 mois,
« trouve un grand bonheur dans l'isolement, parce qu'il peut
« réfléchir sur lui-même . . . .
« Le même me dit un jour (20 janvier 1845) : « le gouverne-
« ment a bien fait de faire des maisons comme ici. Il n'y a
« qu'ici où l'homme, s'il a à se corriger, puisse réellement
« se corriger. Dans les prisons de communauté, à part tous
« les mauvais conseils qu'on se donne, il s'y fait des choses
« en vérité qui font trembler.... J'y ai vu des choses que je
« n'aurais jamais de ma vie soupçonnées exister.... Il ne
« faut pas croire qu'on ne s'ennuie pas beaucoup d'être
« ainsi toujours seul. Oui, parfois le chagrin me serre le
« cœur.... mais il est besoin d'être puni ; puis voilà, je prie
« Dieu, et mes peines se dissipent. C'est comme ça qu'il faut
« faire.

« . . . . Il en est peu qui ne donnent l'espérance d'être
« amendés et corrigés. Depuis cinq mois, sur plus de 280

« détenus, j'en ai trouvé 8 seulement en qui je n'ai pas eu
« le moindre bon résultat à constater : ils étaient tous les
« huit condamnés à différentes peines. Deux sont encore
« dans notre prison. »

Si l'opinion des détenus est favorable au pénitencier de
Tours ; si les résultats obtenus constatent l'excellence du
système auquel il est soumis, les sympathies publiques lui
sont également acquises. Depuis le 15 juillet 1844, le directeur a ouvert un livre sur lequel les visiteurs ont été appelés à consigner leurs observations ; la louange et le blâme
ont pu se produire sans contrainte : tous ont été unanimes
dans leurs témoignages d'approbation pour cet établissement
modèle, pour la direction éclairée imprimée par l'homme intelligent et dévoué qui se trouve à sa tête, et pour les soins paternels accordés aux prisonniers. Sur plus de cent appréciations
produites sur ce livre par les visiteurs, trois seulement ont
exprimé des doutes sur les dangers du régime cellulaire ou
des craintes sur l'abus qu'on pourrait en faire : je transcris
ici, en terminant, les plus remarquables de ces dires :

EXTRAIT DU LIVRE DES VISITEURS.

L'établissement est parfaitement organisé et dirigé ; il est la meilleure
réponse aux objections contre le système. (DE TILLANCOURT, avocat à la
cour royale de Paris, 17 juillet 1844.)

L'établissement est parfaitement tenu et j'en suis sorti avec des idées en
faveur du système cellulaire. (A. DU GRANDLAUNAY, médecin, directeur
de l'asile public d'aliénés du département de la Manche, 15 août.)

L'établissement m'a paru parfaitement conçu et parfaitement tenu ; je
crois qu'il promet les plus heureux résultats. (Le prince CZARTORISKI,
16 août.)

L'établissement excite toutes mes sympathies ; je l'ai visité quatre jours de suite et l'ai examiné dans tous ses détails. Nulle part je n'ai vu aucune maison de détention aussi bien dirigée, aussi bien tenue. Je suis convaincu que le régime qui y est adopté ne peut produire que de bons résultats: Je les attends avec autant de confiance que d'impatience. (M. Dugravier, *président des assises pour le troisième trimestre*, 30 août.)

Il est impossible de ne pas admirer cet établissement, que j'ai parcouru avec intérêt, avec ma famille. (*Vicomte de* Ségur, 2 septembre.)

J'ai visité avec le plus grand intérêt le pénitencier, qui me paraît être un modèle de construction et d'organisation. (Guersant, *médecin de Paris*, 6 septembre.)

Il est impossible de trouver réunis plus de soins, plus de zèle, plus d'intelligence pour donner au système cellulaire toute la perfection qu'il comporte, mais en rendant la plus entière justice à ce que j'ai vu, je reste plus convaincu que jamais de l'impossibilité de généraliser ce système. Il faudrait trouver les mêmes hommes à placer à la tête de chaque prison, les mêmes administrateurs, les mêmes ressources, ce qui me paraît impossible. La question de durée de la peine reste à mon avis tout entière; on ne peut porter aucun jugement éclairé sur les épreuves faites. A coup sûr, ce que je viens de voir ne modifie en rien mes idées, mais me prouve qu'il est possible de vaincre miraculeusement les plus grandes difficultés. Le petit nombre des détenus, les consolations spirituelles souvent répétées sont aussi deux grandes causes de succès. (*Marquis de la* Rochejaquelin, *député du Morbihan*, 16 septembre.)

Je ne puis qu'ajouter le témoignage de ma sincère admiration pour la manière dont l'établissement est organisé et conduit. Il est impossible qu'après une résidence de quelques mois dans une maison tenue avec tant d'ordre, les détenus ne s'amendent pas, en prenant eux-mêmes l'habitude de l'ordre qui doit prévenir le retour de leurs fautes. (*Comte de* Pambour, 19 septembre.)

L'établissement me paraît réaliser toutes les espérances qu'a fait naître le système pénitentiaire. On désire, après avoir visité le pénitencier de Tours, que ce système se généralise et répande ses bienfaits. Rien ne semble avoir été négligé pour concilier les intérêts des prévenus et les intérêts de la société. Les dangers de l'isolement tant de fois signalés existent-ils réellement? Il est difficile de le croire quand on voit des prisonniers dont la santé se soutient ou s'améliore, qui se livrent volontiers au travail et qui sont à l'abri de la corruption des prisons où les communications sont malheureusement trop faciles. Le bien qu'on veut faire exige un entier dévouement, et M. le directeur n'est certes pas au-dessous de sa mission. (PORTIER, *avocat à la cour royale de Paris*, 23 septembre.)

En visitant l'établissement pénitencier de Genève, je regrettais de voir que la France n'eût pas encore pensé à fonder un établissement aussi moral et aussi utile. Le système est au fond le même, mais je dois rendre justice à M. l'architecte et attester que, sous beaucoup de points, cet établissement est supérieur à celui de Suisse, sous le rapport de la distribution, pour la facilité avec laquelle chaque prisonnier peut entendre la messe sans sortir de sa cellule. (M. GIBAUX, *professeur*, 23 septembre.)

Je ne saurais exprimer toute la satisfaction que j'éprouve de la visite que je viens de faire dans l'établissement pénitentiaire de Tours, où tout ce qui a été inventé par la théorie se trouve admirablement mis en pratique. Ce qui est accompli dans cette prison est sans contredit la meilleure réponse qui puisse être faite aux adversaires d'un système qui, pour se défendre, n'a besoin que d'être connu ; sans doute une grande partie du succès tient aux soins et au dévouement des personnes employées dans l'établissement ; mais c'est précisément un des caractères particuliers du système d'inspirer ce dévouement et de faire naître ces soins. (GUSTAVE DE BEAUMONT, *député de la Sarthe*, 28 septembre 1844.)

La visite de la maison pénitentiaire de Tours me paraît bien propre à dissiper les préventions que l'on pourrait avoir contre le nouveau système. Elle est parfaitement tenue et bien dirigée ; il faudrait désespérer de l'humanité, si l'on n'obtenait enfin ce que l'on attend des effets de la cellule, l'intimidation et l'amendement. (LABAT, *premier avocat-général à Agen*, 4 octobre.)

J'ai pu voir quelques pénitenciers ; celui de Tours m'a paru tenu non-seulement avec la plus rigoureuse vigilance, l'ordre le plus parfait, mais encore avec l'esprit le plus remarquable du bien moral et du bien physique en toutes choses. Grâce à ce système d'isolement et à ce système de moralisation qui en tempère la rigueur, les prisons ne seront plus un enfer, mais seulement un purgatoire social d'où les condamnés sortiront véritablement absous de leurs fautes. (PERSON, *directeur de l'école normale du département d'Eure-et-Loire*, 4 octobre.)

En sortant de cette maison, qui ne laisse rien à désirer sous le rapport de l'ordre et de la bonne tenue, on est heureux de penser que, désormais, la peine sera moralisante et que des hommes livrés de bonne heure à de mauvais penchants, dépourvus de tout principe, seront rendus à la société améliorés par l'habitude du travail, par les conseils que les hommes honorables qui les surveillent leur prodiguent, et surtout par l'action bienfaisante de la religion qui doit changer leur cœur. Je ne saurais trop témoigner combien j'ai été touché des rapports de M. le directeur avec les prisonniers, du ton paternel avec lequel il leur parle, de l'affection filiale qu'ils lui témoignent. On doit lui attribuer une large part dans les bons résultats obtenus. (FOUCART, *doyen de la faculté de droit de Poitiers* 19 octobre.)

Plein d'admiration pour cet établissement modèle. (J. CALMON, *directeur-général de l'enregistrement, député*, 10 octobre.)

Le système cellulaire est l'objet de mes profondes antipathies, fondées sur la double crainte de voir les détenus atteints dans leur santé et leur intelligence. Ce que j'ai vu dans cet établissement élève dans mon esprit un doute que tous mes efforts tendront à éclaircir. Je me joins à tous les visiteurs qui ont donné des éloges complets à l'établissement en lui-même ; mais, appelé à réfléchir sur le système général, sur son application comme peine afflictive et infamante pendant de longues années, j'étudierai avec un soin plus minutieux encore afin de donner à la chambre le résultat le plus consciencieux sur cette importante question. (AD. CRÉMIEUX, *député d'Indre-et-Loire*, 23 octobre.)

Cet établissement me paraît être conforme à l'humanité et à l'hygiène des condamnés ; il serait à désirer que les maisons centrales et les bagnes se changent en établissements semblables. (*Le docteur de la* FRESNAYE, *de Caen*, 5 novembre.)

J'ai examiné le système de cette maison et je trouve tout excellent, tandis que les prisonniers ne sont pas mis hors de toute société, comme dans le *Silent-Système*, en Angleterre, ils ne sont pas exposés à la contamination qui provient de l'entretien de l'un à l'autre. (J. D. BARRY. † J. J. *évêque d'Orléans*, 18 novembre.)

Le pénitencier de Tours me paraît un argument frappant en faveur du système cellulaire, et je crois que plus on approfondira cette question, plus on sera porté à réclamer l'extension de ce système, dont on a fait ici une si heureuse application. (*Marquis de* GABRIAC, *pair de France.*, 19 novembre.)

J'ai vu et approuvé de tout point, avec le désir d'obtenir bientôt pour l'Algérie des prisons ainsi établies. (F. DU BODAN, *procureur-général du roi en Algérie*, 14 décembre.)

J'ai visité avec bonheur cet établissement, et je me suis de plus en plus convaincu que le nouveau système pénitentiaire est appelé à amener les plus heureux résultats pour la moralisation des détenus. Je ne puis quitter Tours sans exprimer à M. le directeur toute la satisfaction que j'ai éprouvée de sa bonne et intelligente administration. (FRÉMONT, *président de la cour d'assises pour le quatrième trimestre de 1844*, 17 décembre.)

Je joins de bon cœur mon suffrage à tous ceux qui m'ont précédé, et l'on ne peut donner trop d'éloges aux soins de toute nature dont les détenus sont l'objet. (*Duc de* FEZENSAC, *pair de France*, 26 décembre.)

La prison de Tours, dans la trop courte visite que j'ai pu lui consacrer, me paraît, par son excellente tenue et la direction humaine et intelligente qui lui est donnée, un des meilleurs arguments en faveur du système cellulaire. En présence de tels résultats, il est difficile de concevoir quelques doutes sur l'excellence de ce système. (GIRARD DE VASSON, *procureur du roi à la cour d'assises de Châteauroux*, (13 janvier 1845.)

Le pénitencier de Tours doit prouver aux esprits les plus prévenus l'efficacité du système cellulaire. L'habileté du directeur est sans doute un élément très-heureux ; mais, il est impossible de ne pas reconnaître que la disposition de la prison est telle, qu'elle marcherait avec un directeur plus médiocre, tandis que les prisons en commun ne peuvent être bien conduites que par des hommes supérieurs si rares à trouver. Cette prison a réalisé toutes mes idées et je me félicite aujourd'hui d'avoir contribué de tout mon pouvoir à les faire pénétrer, pendant le cours de mon administration. (*Comte de* GASPARIN, *pair de France*, 23 janvier, *id.*)

Les cellules ne présentent pas le sombre aspect des cachots du moyen-âge ; mais elles peuvent devenir un terrible moyen de despotisme ! *Timeo Danaos*, etc (*Comte* Abe DE TROBRIAND.)

Tours, imprimerie de LECESNE.

www.ingramcontent.com/pod-product-compliance
Lightning Source LLC
Chambersburg PA
CBHW060358200326

41518CB00009B/1184